Heinz Abels · Michael-Sebastian Honig
Irmhild Saake · Ansgar Weymann

Lebensphasen

Hagener Studientexte zur Soziologie

Herausgeber:
Heinz Abels, Werner Fuchs-Heinritz
Wieland Jäger, Uwe Schimank

Die Reihe „Hagener Studientexte zur Soziologie" will eine größere Öffentlichkeit für Themen, Theorien und Perspektiven der Soziologie interessieren. Die Reihe ist dem Anspruch und der langen Erfahrung der Soziologie an der FernUniversität Hagen verpflichtet. Der Anspruch ist, sowohl in soziologische Fragestellungen einzuführen als auch differenzierte Diskussionen zusammenzufassen. In jedem Fall soll dabei die Breite des Spektrums der soziologischen Diskussion in Deutschland und darüber hinaus repräsentiert werden. Die meisten Studientexte sind über viele Jahre in der Lehre erprobt. Alle Studientexte sind so konzipiert, dass sie mit einer verständlichen Sprache und mit einer unaufdringlichen, aber lenkenden Didaktik zum eigenen Studium anregen und für eine wissenschaftliche Weiterbildung auch außerhalb einer Hochschule motivieren.

Heinz Abels
Michael-Sebastian Honig
Irmhild Saake
Ansgar Weymann

Lebensphasen

Eine Einführung

VS VERLAG FÜR SOZIALWISSENSCHAFTEN

Bibliografische Information der Deutschen Nationalbibliothek
Die Deutsche Nationalbibliothek verzeichnet diese Publikation in der
Deutschen Nationalbibliografie; detaillierte bibliografische Daten sind im Internet über
http://dnb.d-nb.de abrufbar.

1. Auflage 2008

Alle Rechte vorbehalten
© VS Verlag für Sozialwissenschaften | GWV Fachverlage GmbH, Wiesbaden 2008

Lektorat: Frank Engelhardt

VS Verlag für Sozialwissenschaften ist Teil der Fachverlagsgruppe
Springer Science+Business Media.
www.vs-verlag.de

Umschlaggestaltung: KünkelLopka Medienentwicklung, Heidelberg
Druck und buchbinderische Verarbeitung: Krips b.v., Meppel
Gedruckt auf säurefreiem und chlorfrei gebleichtem Papier

ISBN 978-3-531-16024-5

Vorwort

Wir werden geboren, wachsen auf und gehen durchs Leben. So einfach sieht es die Soziologie nicht. Wir werden von der Gesellschaft sozialisiert und tragen selbst dazu bei, zu werden, was wir in jedem Augenblick unseres Lebens sind. Wir gehen mit vielen Anderen tagtäglich um, und auch sie tragen dazu bei, wie wir uns fühlen und wie wir uns selbst sehen.

Dabei spielen auch die sozialen Bilder, die konkrete Bezugspersonen und die vielen diffusen Anderen von „Menschen in einem bestimmten Alter oder in einer bestimmten Lebensphase" im Kopf haben, eine Rolle. Die Unterteilung des Lebens in bestimmte Phasen gibt es natürlich auch in unserem Kopf, auch wenn wir uns dessen nicht immer bewusst sind. So ungefähr wissen wir, wer wir nach einem bestimmten Alter sind und wie wir uns verhalten sollen, und etwas sicherer wissen wir, wer wir nicht mehr oder noch nicht sind. Und manchmal spüren wir auch, dass wir das alles nicht allein entscheiden, sondern dass es eben soziale Bilder von Menschen „in dieser Lebensphase" gibt, nach denen wir erkannt werden. Nach einem allgemeinen Bild erkannt zu werden bedeutet in einer Rolle erkannt zu werden, die grundsätzlich unabhängig von unseren eigenen Vorstellungen, wer wir sein wollen, ist. Aber genau das wollen wir im Grunde: anerkannt werden in unserer Individualität. Und hier liegt, wenn wir uns nicht gleich mit den normalen Erwartungen arrangieren wollen, ein Problem: unter „normalen" Erwartungen ein eigenes, d. h. selbst bestimmtes Profil zu geben, bedeutet Mut zur eigenen Entscheidung. Das ist in Zeiten der Individualisierung nicht leichter geworden, aber wenn wir uns nicht einfach durchs Leben treiben lassen wollen, müssen wir ihn uns zutrauen.

Die folgenden vier Beiträge sollen die gesellschaftlichen Bedingungen aufzeigen, unter denen Kinder, Jugendliche, Erwachsene und Alte ihren Weg durch das Leben finden, aber auch den Sozialisationsprozess beleuchten, in dem wir selbst an unserer Identität arbeiten.

Der Beitrag von *Michael-Sebastian Honig* fragt, was ein Kind ist, und zeigt, dass die gesellschaftliche Antwort ziemlich neu und dass damit auch bestimmte Erwartungen aufkamen, wie und was es als Individuum und als Teil der Gesellschaft sein soll. Heute wird das Aufwachsen in einer als Kindheit definierten Lebensphase gerahmt durch Muster einer Kinderkultur, die auf der einen Seite das Kind zur Autonomie freisetzen, die ihm auf der anderen Seite aber auf vielfältige Weise die Richtung weisen, wie man sich als Kind fühlen und verhalten soll.

Heinz Abels zeichnet nach, wie die Jugend zwischen Kindheit und Erwachsenenstatus sozial verortet wurde und wie die Soziologie die Entwicklung und das Selbstbild der Jugendlichen in diesem Zwischenbereich erklärt hat. Auch hier zeigt sich, dass die Jugend im Laufe der Zeit einen eigenen Status gefunden hat, den sie inzwischen selbstbewusst beansprucht. Das soziale Bild „Jugend" wird allerdings unscharf, weil sich die Phase, in der man als Jugendlicher angesehen wird oder die man für sich beansprucht, immer weiter ausdehnt. Hinzu kommt, dass Jugend zum Paradigma eines modernen Lebensstils geworden ist. Die regelmäßigen Jugenduntersuchungen zeigen, was auf die Erwachsenen zukommt – oder was diese schon längst kopiert haben.

Ansgar Weymann stellt die Lebensphase Erwachsenenalter unter die Perspektive der Sozialisation. Zum einen wird gefragt, wie sich der Erwachsene auf die Gesellschaft einstellt und wie die Gesellschaft durch institutionelle Regelungen darauf einwirkt; zum anderen wird gefragt, welche generellen gesellschaftlichen Entwicklungen die Lebenslaufpolitik des Einzelnen und die Institutionen seiner Sozialisation beeinflussen. Um Instrumente zur Analyse dieser ganz neuen Sozialisationsprozesse in der Lebensphase Erwachsenenalter bereitzustellen, werden klassische und höchst aktuelle Theorien vorgestellt.

Auch der Beitrag von *Irmhild Saake* über die Lebensphase Alter will soziologische Theorien vermitteln, aber sie werden unter drei provokante Fragen gestellt: Hat Alter einen Sinn? Wird man alt gemacht? Wann ist man alt? Die scharfe Differenzierung soll zeigen, wie die Erklärungen der Soziologie, was alte Menschen sind, immer widerspiegeln, was die Gesellschaft von ihnen erwartet. Die Geschichte der soziologischen Perspektiven ist auch eine Geschichte der wachsenden eigenen Bestimmung der Rolle des alten Menschen. In Zeiten der Individualisierung verschieben sich – nicht zuletzt auch durch die demografische Entwicklung – die Gewichte in der Beanspruchung und Anerkennung der sozialen Identität.

Michael-Sebastian Honig: Lebensphase Kindheit

Einleitung. Individualisierung der Kindheit

Die Kategorie „Individualisierung" ist mit der Entstehung der Soziologie eng verbunden und hat ihre authentische Ausprägung schon bei Durkheim, Simmel, Weber und auch bei Marx gefunden. Diese Traditionslinie soziologischen Denkens zentriert sich um die These, „dass das energetische Potential individualisierter Individuen zum entscheidenden Movens der Produktion und Reproduktion sozialer Strukturen" (Junge 1997, S. 66), anders gesagt: von Prozessen der Modernisierung wird. „Individualisierung" beschreibt Prozesse der Modernisierung also aus der Perspektive der Person.

Die Kategorie der Individualisierung ist in der Jugendforschung rezipiert worden, ehe sie Eingang in die deutsche sozialwissenschaftliche Kindheitsforschung gefunden hat. Individualisierung der Kindheit meint

- *zum einen,* dass die Gegenwart der Kinder von der Bindung an eine Zukunft der Nachfolge gelöst wird. Die Verrechtlichung des Status „Kind" verschafft ihnen einen Bürgerstatus;
- *zum anderen* heißt Individualisierung, dass die Kinder gezwungen sind, aus der Freisetzung aus traditionalen Kindheitsmustern „etwas zu machen". Damit ist gemeint, dass Kinder strukturell auf Selbst-Konstituierung verwiesen sind; entsprechend werden sie in der Sozialisationsforschung als Akteure ihres Aufwachsens gesehen.

Diese Veränderungen werden oft an klassischen Kindheitsmustern gemessen; das verleiht der Debatte über die Individualisierung der Kindheit einen rückwärtsgewandten Unterton. Die Rationalisierung der Lebenswelt im Prozess der Modernisierung ist der „klassische" Anknüpfungspunkt für sozialwissenschaftliche Kindheitsdiskurse in den achtziger Jahren. Das Individualisierungskonzept fordert dazu auf, diese Veränderungen unter dem Gesichtspunkt der Institutionalisierung von Kindheit zu analysieren – nicht als Erosion, sondern als Konstituierung von Kindheit also. Institutionalisierung meint nicht etwa die Lokalisierung von Kindern in Einrichtungen, die von Erwachsenen zu ihrem angeblichen Besten geschaffen wurden. Der Ausdruck bezieht sich vielmehr auf dynamische Prozesse der Schöpfung, Gestaltung und Weiterentwicklung sozialer Ordnungen. Als Beispiel kann die öffentliche Kleinkindererziehung dienen. Je mehr sie sich von ihrer hergebrachten komplementären, familienergänzenden Funktion löst, desto größer wird ihre Bedeutung für die Individualisierung der Kindheit. In der Verknüpfung von Dienstleistungs- und Bildungsfunktion sind Tageseinrichtungen für Kinder zu Agenturen der „De-Familialisierung" der Familienkindheit geworden und haben die Kinder „näher an den Markt" gerückt. Der Besuch des Kindergartens ist – wiewohl nach wie vor freiwillig – zu einem durchschnittlich erwartbaren Element der Lebensphase Kindheit geworden.

Das Konzept der Individualisierung auf Kinder und Kindheit zu beziehen, stößt häufig auf Skepsis. Das Konzept verleugne die Anthropologie der Entwicklungstatsache, wird kritisiert, für die Kindheit seien Entwicklungs- und Reifungsprozesse konstitutiv. Dieser Einwand erinnert an die Diskussion um das biologische und das soziale Geschlecht von Frauen und Männern. Tatsächlich ist die Soziologie der Kindheit in den angelsächsischen und skandinavischen Ländern Mitte der 80er Jahre des 20. Jahrhunderts nicht zuletzt als Kritik der Geschlechterforschung und als Kritik der Sozialisationsforschung entstanden. Damals wurde der entscheidende Gedanke formuliert, dass „Kindheit" nicht als Inbegriff individueller Entwicklungsprozesse zu verstehen ist, sondern als soziokultureller Kontext des Kinderlebens, als generalisierte Zuschreibung des „Kindseins". Die Frage, was ein Kind „ist", ist historisch äußerst unterschiedlich beantwortet worden; eine Kindheit in dem Verständnis, das uns heute selbstverständlich erscheint, gibt es erst seit der Aufklärung.

Kinder und Kindheit sind daher zwei unterschiedliche Themen der Kindheitssoziologie; und die Frage, wie sie miteinander zu verknüpfen oder aufeinander zu beziehen seien, ist ein zentrales Thema der empirischen Forschung. Daher steht die Kindheitsforschung auch nicht in einem Gegensatz zur Sozialisationsforschung. Im Gegenteil: Sozialisationsforschung muss die Einsicht in die Geschichtlichkeit von Kindheitsmustern in ihren Konzepten berücksichtigen. Sie macht sich nicht lediglich im Wandel von Sozialisationsbedingungen, sondern im Typus der Lebensphase Kindheit geltend. Sozialisationsprozesse historisch zu betrachten heißt entsprechend, dass Persönlichkeitsentwicklung nicht mehr als Durchlaufen einer bestimmten Reihe von gleichsam programmierten Stadien oder als Verinnerlichung von Rollenmustern gefasst werden kann; eine entscheidende Rolle spielt das Individuum als Akteur, als „Konstrukteur" seiner Entwicklung. Eine Radikalisierung der Individualisierungsdynamik verweist die Individuen schon als Heranwachsende – auch als Kinder – darauf, ihre soziale Wirklichkeit in aktiver Selektivität und Konstruktivität zu konstituieren.

Vor dem Hintergrund dieses Grundgedankens werden nun vier Aspekte erörtert:

- Im ersten, ideengeschichtlichen Abschnitt geht es um klassische Antworten auf die Frage „Was ist ein Kind?". Modernisierung bedeutet hier ein Reflexiv-Werden sozialen Wandels. „Kindheit" ist ein Erkenntnismuster, in dem moderne Gesellschaften sich der Bedingungen der Möglichkeit des Neuen vergewissern.
- Im zweiten Abschnitt geht es um Modernisierung als sozialgeschichtlichen Prozess. Wie bildet sich die Kindheit als eine historische Lebensordnung heraus, welche die Beziehungen zwischen Erwachsenen und Kindern im 20. Jahrhundert strukturiert und normiert?
- Im dritten Abschnitt geht es um die sozialwissenschaftliche Transformation der Kindheitsfrage in ein Sozialisationsproblem. Kindheit lässt sich zur Jahrtausendwende indes weniger durch die Verinnerlichung von Rollen-Codes als durch die Biographisierung einer institutionalisierten Lebensphase charakterisieren.
- Im vierten Abschnitt schließlich geht es um Kinder als Akteure und um die soziale Kinderwelt. Im Mittelpunkt steht eine Kultur der Lebensführung, in der Kinder eine Identität als Kinder ausbilden.
- In einer abschließend-zusammenfassenden Überlegung wird auf Grenzen der Individualisierung von Kindheit im Kontext eines Konzepts generationaler Ordnung hingewiesen.

1 Was ist ein Kind?

Die Unterscheidung zwischen Kindern und Erwachsenen als ein Erkenntnismuster der Moderne

Die klassischen Kindheitsbegriffe – beispielsweise John Locke's (1632-1704) *tabula rasa*, Jean-Jacques Rousseaus (1712-1778) kindliche Natur oder die romantische Idee des Kindes – sind pädagogische Begriffe. Wenn sie von Kindern sprechen, meinen sie aber keine Altersgruppe, vielmehr ist exemplarisch von Menschen die Rede – exemplarisch, weil der Bezug auf Kinder die Frage aufwirft, wie Neues entstehen, wie Mögliches wirklich werden kann – bei Locke: wie der Mensch zu seinen Ideen kommt; bei Rousseau: wie eine gute Gesellschaft möglich ist; in der Romantik: wie der Erwachsene Identität gewinnen kann.

Als der englische Aufklärer und Begründer des Empirismus John Locke das alte Bild der tabula rasa aufgriff, übernahm er auch das klassische Verständnis von *Erziehung* als *Gewöhnung*. Locke gibt der antiken Vorstellung von der unbeschriebenen Wachstafel allerdings eine neue Wendung, indem er fragt: „Wie kommt der Mensch zu seinen Ideen?" Seine Antwort lautet: durch Beobachtung, Erfahrung und Denken. Das „unbeschriebene Blatt" wird nicht allein durch den Erzieher, sondern auch durch Selbsttätigkeit beschrieben. Bei Locke bildet sich also ein neuer Begriff des Lernens heraus, der mit der These, dass der Mensch eigene Erfahrungen macht und sie selbsttätig zu Mustern weiterer Erkenntnisse verarbeitet, zusammenhängt. Obwohl Locke diesen Begriff des Lernens noch nicht auf das Kind, sondern auf den Menschen schlechthin bezogen hat, hat er sich als Begründung für ein bestimmtes Bild vom Kind durchgesetzt. Nach Locke bildet sich der Mensch zum Menschen in Auseinandersetzung mit seiner *Umwelt*. Dies war ein neuer Gedanke. Denn es dominierte die Doktrin der Gottesebenbildlichkeit des Menschen, die durch Erziehung zur Erscheinung zu bringen sei. Die Romantik sah in der tabula rasa aber eine Metapher der Manipulation und stellte ihr die Vorstellung einer ursprünglichen Einheit und Ganzheit jenseits und vor aller Gesellschaft entgegen. In der Romantik wird die Locke'sche Metapher des Kindes als „unbe-

schriebenes Blatt" negativ, als Vorstellung einer widerstandslos plasti-
schen Größe verstanden, in die sich wie in eine Wachstafel einschrei-
ben lässt, was immer die Erwachsenenwelt für notwendig, für zukunfts-
fähig hält. Dagegen entwickelt die Romantik die Vorstellung, dass
Kinder vollendete Wesen eigener Art sind, „ein vollkommenes Ganzes,
das sich von der Ganzheit des Erwachsenen von Grund auf unterscheidet" (Hans-Heino Ewers zit. in: Baader 1996, S. 35). Der Gegensatz
zwischen den Kindheitsbegriffen der Aufklärung und der Romantik
lässt sich anhand folgender Gegensatzpaare veranschaulichen (Baader
1996, S. 36):

- Kindheit als Übergangsphase ohne Eigenwert vs. Eigenwert der
  Kindheit;
- Kindheit als anthropologische Unvollkommenheit vs. spezifisch
  eigene Vollkommenheit;
- Unendliche Prägsamkeit vs. das Eigene des Kindes, das dieses
  vor aller Prägung, vor aller Vergesellschaftung mitbringt.

Diese Gegensätze werden erstmals um die Wende vom 18. zum 19.
Jahrhundert formuliert und sind bis heute ein strukturierendes Element
der Diskurse über Kinder und Kindheit geblieben.

1.1   Die romantische Idee des Kindes

Die romantische Idee des Kindes wurde zum Bezugspunkte für alle
Positionen, die für die Rechte der Kinder in der Erwachsenengesell-
schaft, für den Respekt vor der Besonderheit und für das Hier-und-Jetzt
des Kindseins eintreten – für alle Positionen, die in der Kindheit eine
eigenständige, von der Erwachsenenwelt grundsätzlich verschiedene
Welt erkennen. Es speisen sich aus ihr aber auch Vorstellungen von der
Hilflosigkeit und Schutzbedürftigkeit des Kindes, die Behütung und
Vorbereitung in einer außergesellschaftlichen Sonderwelt verlangen.
Beiden Polen dieser Ambivalenz liegt eine voraussetzungsvolle Vorstellung von der Autonomie des Kindes zugrunde, auf die sich ebenso
Begründungen von Kinderpolitik und Anti-Pädagogik wie von advoka-
torischer Fürsorge und Bevormundung berufen können. Die Vorstel-
lung einer Autonomie des Kindes ist also schillernd und mehrdeutig.

Im Folgenden werden verschiedene Aspekte erörtert, um die zugrunde liegende Problemstellung zu erschließen und ihre Aktualität und Gültigkeit abschätzen zu können.

Ein berühmtes Dokument der romantischen Kindheitskonzeption ist der Briefroman „Die Leiden des jungen Werther" von Johann Wolfgang von Goethe. Im Brief vom 29. Juni 1771 schildert Werther, wie er mit Kindern auf allen Vieren am Boden spielt, was von einem anwesenden Arzt der Familie als eines Erwachsenen unwürdig angesehen wird. Dann heißt es:

> „Ich ließ mich aber nicht stören, ließ ihn sehr vernünftige Sachen abhandeln und baute den Kindern ihre Kartenhäuser wieder auf, die sie zerschlagen hatten. Ja, (...) meinem Herzen sind die Kinder am nächsten auf der Erde. Wenn ich ihnen zusehe und in dem kleinen Dinge die Keime aller Tugenden, aller Kräfte sehe, die sie einmal so nötig brauchen werden, wenn ich in dem Eigensinne künftige Standhaftigkeit und Festigkeit des Charakters sehe, in dem Mutwillen guten Humor und Leichtigkeit, über die Gefahren der Welt hinzuschlüpfen, erblicke, alles so unverdorben, so ganz! – immer, immer wiederhole ich dann die goldenen Worte des Lehrers der Menschen: Wenn ihr nicht werdet wie eines von diesen! Und nun, mein Bester, sie, die unsresgleichen sind, die wir als unser Muster ansehen sollten, behandeln wir als Untertanen. Sie sollen keinen Willen haben! Haben wir denn keinen? Und wo liegt das Vorrecht? – Weil wir älter sind und gescheiter! – Guter Gott von deinem Himmel, alte Kinder siehst Du und junge Kinder und nichts weiter; und an welchen Du mehr Freude hast, das hat dein Sohn schon lange verkündet." (Goethe 1774, S. 33f.)*

Diese Passage enthält eine ganze Reihe von zentralen Elementen eines Mythos, der bis heute lebendig ist; es soll aber lediglich auf zwei Aspekte hingewiesen werden:

- Zunächst fällt – etwa im Gegensatz zu dem aufklärerischen Erziehungsoptimismus eines Locke – auf, dass Kinder nicht als unvollkommene Wesen betrachtet werden, sondern dass ihnen eine Ganzheit und Unverdorbenheit zugeschrieben wird, die nicht vervollkommnet werden muss, sondern auf eine spezifische Weise bereits vollkommen ist. Diese Vollkommenheit wird nicht nur als „Keim" erwachsener Kräfte betrachtet, sondern als Zeichen moralischer Überlegenheit. Werther unterscheidet klar zwischen „Groß-Werden" und „Erwachsen-Sein".

- Zugleich nimmt die zitierte Passage das alte christliche Motiv von der Gottesebenbildlichkeit wieder auf, allerdings erscheint hier das empirische Kind bereits als Offenbarung des Göttlichen. Was im Horizont eines christlichen Kindheitskonzepts als Ausdruck der Gottesferne erschienen ist, der eigene Wille, der Eigensinn des Kindes, wird hier umgewertet als positives Zeichen eines Eigenwerts und zur Begründung eines Eigenrechts der Kindheit.

Die Romantik hat ein zwiespältiges Verhältnis zur christlichen Tradition des Kindheitsbildes. Zum einen bricht sie radikal mit der Erbsünde-Lehre und zelebriert die Unschuld des Kindes; andererseits knüpft sie an eine Tradition der christlichen Kindesverehrung an. Im Kern aber bleibt das Bewusstsein der Säkularisierung. Daher ist der Mensch darauf verwiesen, sich selbst zum Maßstab zu nehmen, für sich selbst Verantwortung zu übernehmen und seine Vervollkommnung nicht durch Nachahmung eines Vorbildes, sondern als Selbst-Vervollkommnung zu betreiben.[1] Auf der anderen Seite darf man aber auch nicht übersehen, dass sich in der romantischen Idealisierung der ursprünglichen Unschuld und Identität des Kindes die Ahnung des Erwachsenen von seiner Selbstentfremdung spiegelt.

1.2 Das Kind als Vorbild

Das Kind ist unverdorben, ihm eignet eine ursprüngliche Unschuld und Identität, eine Ungebrochenheit, die der Abwesenheit von Wissen und Reflexion entspringt. Der Hinweis auf die Unmittelbarkeit der Kinder, rückt das Verhältnis von Individuum und Gesellschaft in den Blick.

---

1 Vgl. dazu Abels (2006): Identität, Kap. 9 „Aufklärung" und Kap. 10 „Zwei Formen des Individualismus und eine Definition von Individualität" und dort besonders Kap. 10.3 „Exkurs: Romantik – jeder Gegenstand ist eine in sich vollkommene Welt".

Das Motiv der Selbstentfremdung des Menschen – es tauchte schon bei Rousseau[2] auf – rückt in den Mittelpunkt des Kindheitsdiskurses.

„Die Leiden des jungen Werther" stellt die Sehnsucht nach einer Harmonie zwischen Einzelnem und Allgemeinem dar, die nach der Aufklärung, nach der Religionskritik, nach der bürgerlichen Revolution bereits zerfallen war. In der säkularisierten Welt erhebt sich der Mensch, der nun ohne Korrektiv sich selbst gegenübersteht und allein vor sich selbst verantwortlich ist, zum Gott. Salopp gesagt: Angesichts der Kinder wird den Erwachsenen der Preis der Aufklärung, die Kosten der Säkularisierung, die Strapazen der Selbst-Verantwortlichkeit schmerzhaft deutlich. Die Selbst-Entfremdung des Menschen in der modernen, nach-aufklärerischen Welt stellt Kinder und Erwachsene auf paradoxe Weise auf dieselbe Stufe: Beide leben gleichsam unbewusst, kennen die Motive ihres Wollens und Strebens nicht. Die Kinder allerdings sind in ihrer selbstzufriedenen Glückseligkeit dem Augenblick verhaftet und wissen nichts von Zeit und Tod. Die Beziehung von Mutter und Kind erscheint als Bild für die soziale Form dieser ursprünglichen Ganzheit, denn ihre Beziehung ist noch nicht von einer Ökonomie des Warentauschs bestimmt: Das ist das Urbild vollkommenen Glücks.

Vor diesem Bild wird Erziehung zwiespältig. Bei FRIEDRICH FRÖBEL (1782-1852), neben Jean Paul und Ernst Moritz Arndt der klassische Pädagoge der deutschen Romantik und bis heute als Begründer des Kindergartens und der Spielpädagogik einflussreich, ist es nicht – wie bei Goethe – das Wissen und die Reflexivität, sondern die Erziehung, die für den Verlust der Unschuld der Kindheit verantwortlich ist.

Fröbel wurde 1782 als Sohn eines Pfarrers geboren und studierte zunächst Naturwissenschaften, dann Architektur, später Mineralogie. Er ist in dieser Zeit, um die Jahrhundertwende, befreundet mit Novalis und Schelling. Nach einer Reise zu Pestalozzi arbeitet er als Hauslehrer und nimmt 1813/14 an den Freiheitskriegen gegen Napoleon teil. Fröbels Bedeutung begründet sich in zahlreichen pädagogischen Schriften und vor allem in einer Modellschule, die er „Allgemeine deutsche Erzie-

---

2 Vgl. dazu Abels (2006): Identität, Kap. 9.2 „Gefühle und die natürliche Entwicklung des Individuums".

hungsanstalt" genannt hat, und dem „Allgemeinen deutschen Kindergarten", den er 1840 in Thüringen gegründet hat.

Bei Fröbel rückt das Verhältnis von Mensch, Natur und Gott in eine neue, in eine panentheistische Perspektive. In Gottes Welt bildet sich alles aus einem heraus. In dieser Perspektive wird auch das Verhältnis von Kindheit und Erziehung begriffen. Fröbels Pädagogik ist jedoch alles andere als eine irrationale Mythisierung der Kindheit, sondern zielt in der Gedankenwelt der Romantik auf einen vorwissenschaftlichen Verstand von Selbsttätigkeit und Lebensbemächtigung. Fröbel verknüpft religiös christliches Denken mit der Überzeugung, dass der Mensch zu Bewusstsein, Vernunft, Freiheit und Selbstbestimmung geschaffen ist. Er geht von einem Bildungstrieb, von der Selbsttätigkeit des Menschen aus.

Erziehungsaufgabe ist daher eine Entwicklung zu immer höheren Stufen des Bewusstseins; bereits beim kleinen Kinde äußert sich ein Streben des Bewusstwerdens. Erziehung ist Vermittlung von gespürter Ganzheit und begriffener Mannigfaltigkeit, von innen und außen: „Lebenseinigung"; zentral ist die Idee der Einheit von Mensch, Natur und Gott – hier scheint im Ideal das Problem auf: Die Zerrissenheit des Verhältnisses von Individuum und Gesellschaft.

Kern der Fröbelschen Pädagogik ist eine Theorie des Spiels. Sie ist ein Erziehungsprogramm, das die im Kinde liegende, ursprüngliche Einheit und Ganzheit, zentrales Motiv der romantischen Idee des Kindes, bewahren soll. Das Spiel hat als Medium der Vermittlung von sinnlichem Umgang und höherem Gesetz eine erkenntnisfördernde Funktion. Ihm liegt die Ahnung eines in sich einigen lebenden und liebenden Urguten als Urgrund und Schöpfer aller Dinge zugrunde.

Berühmt sind die so genannten Spielgaben, die Fröbel für den Kindergarten entwickelte: Der Ball als Symbol der Einheit, gefolgt von Kugel und Würfel als entgegengesetzt Gleiches, die immer komplizierter teilbaren Würfel als aus der Einheit hervorgehende Mannigfaltigkeit, die zur Einheit in Gestalt der Kugel zurückfindet.

1.3 Das Kind als soziales Wesen

Fröbel ist als Begründer des Kindergartens bekannt. Er ist jedoch nicht etwa der Erfinder institutioneller Betreuung und Erziehung von Kindern im vorschulischen Alter. Vorformen der öffentlichen Kleinkindererziehung – Spiel- und Warteschulen, die in Deutschland besonders einflussreichen, zunächst in England entstandenen Kleinkinderschulen, die Bewahranstalten, unterschiedliche Formen konfessioneller Kleinkinderpflege – fand Fröbel vor und motivierten ihn zu seinem Gegenentwurf des „Kindergartens", wobei die Rede vom „Garten" kein Zufall, sondern im Zusammenhang mit dem erwähnten panentheistischen Weltbild Fröbels zu verstehen ist. Der Kindergarten ist eine pädagogische Einrichtung, die sich der Erhaltung jener ursprünglichen kindlichen Unschuld zur besonderen Aufgabe gemacht hat. Sein Ziel ist es, die Selbsttätigkeit des Kindes und seine Ahnungen für die höheren Lebensgesetze zu wecken. Fröbel liefert indes nicht nur metaphysische und geschichtsphilosophische Begründungen, sondern auch soziale Gründe für den Kindergarten. Sein bildendes, das heißt: entwicklungsförderndes Moment soll allen Kindern, ungeachtet Stand und Klasse zuteil werden.

Der Kindergarten ist zunächst jedoch weniger als frühpädagogische Einrichtung, sondern als Ort des Lernens für Mütter und als Ausbildungsstätte für Kinderpflegerinnen konzipiert. Die Mütter sollen erahnen, dass bereits im Säugling ein zur Vollendung und Vollkommenheit bestimmtes Wesen ruhe. Auch die Mutter- und Koselieder jedoch sind keine Zeugnisse sentimentaler Überschwänglichkeit, sondern enthalten eine Vorstellung von Interaktion und Beziehung, in denen sich Individualität ausprägt. Das Kleinkind soll angesprochen werden; der Mensch wird als ein auf Kommunikation angelegtes Wesen verstanden. Die frühe Aktivierung des Kindes lässt einen neuer Typus des Individuums entstehen, der über eine gesteigerte Selbstwahrnehmung verfügt und eine Biographie hat.

Mit diesem Gedanken ist ein Denkansatz angedeutet, mit dem das moderne Konzept des Kindes als Menschen seine sozialwissenschaftliche Fassung bekommt. Es war JOHANN GOTTFRIED HERDER (1744-1803), der mit seiner philosophischen Anthropologie den Menschen als ein historisches und soziales Wesen begriff und damit auch das Denken über Kinder und Kindheit in einen anderen Zusammenhang stellte. Der Naturbegriff spielt in diesem Zusammenhang eine Schlüsselrolle. Während Rousseau aber noch mit einem Naturbegriff operiert, der durch Erziehung als Natur des Menschen erwiesen werden muss, erkennt Herder die von Beginn an soziale Natur des Menschen.

Herder wurde als Sohn eines Lehrers in Ostpreußen geboren und studierte bei Kant in Königsberg. Auf einer seiner zahlreichen Reisen lernte er Goethe kennen, der ihn als Oberhofprediger und Inspektor des Schulwesens nach Weimar vermittelte. Herder hat diese Stellung über 25 Jahre lang ausgeübt und starb auch in Weimar. Herder hat die Philosophische Anthropologie und die Geschichtsphilosophie maßgeblich bestimmt. Er spielt auch für die Erziehungswissenschaft eine Schlüsselrolle, weil er mit seiner „Abhandlung über den Ursprung der Sprache" wesentlich dazu beigetragen hat, den Bildungsbegriff zu begründen, der dann – vom Neuhumanismus ausgehend – zum Schlüsselbegriff des pädagogischen Denkens im 19. Jahrhundert und darüber hinaus geworden ist.

Herder geht – anders als Rousseau, von dem er sich scharf abgrenzt – nicht von der Unterscheidung zwischen Mensch und Bürger, Natur und Kultur, Gut und Böse aus, sondern von der Unterscheidung zwischen Mensch und Tier. Diese Unterscheidung führt zu der Frage, was das Spezifische, das Menschliche des Menschen ausmacht. Zunächst ist dieses Spezifikum ein Mangel, ein Mangel an Instinkten, gleichsam „Nicht-Natur". Dieser Mangel macht den Menschen schutzlos und elend, aber er ist auch nicht festgelegt, er ist offen. Der Mensch ist ein Wesen, das sich entwirft, das sich seine Umwelt herstellt[3], weil er mit Verstand begabt ist und weil dieser Verstand der Sprache mächtig ist. Die Sprache ist das Medium, in dem sich der Mensch als Ganzheit erfährt: „Der Mensch empfindet mit dem Verstande und spricht, indem er denket" (Herder 1770, S. 86). Sprache macht den Menschen zu einem

---

3   Vgl. zum kulturhistorischen Hintergrund dieser These Herders und zu den Spuren, die sie in einer Theorie der Institution hinterlassen hat, Abels (2006): Identität, Kap. 6.2 „Der Mensch als Schöpfer seiner selbst" und Abels (2004): Einführung in die Soziologie, Bd. 1, Kap. 4.6 „Gehlen: Institutionen – sich feststellende Gewohnheiten".

individuellen, seine Erfahrungen reflektierenden, aus seinen Erfahrungen lernenden Wesen, das als sprachmächtiges zugleich ein kommunikatives, ein gesellschaftliches Wesen ist. Die Sprache ist das Medium eines schöpferischen Prozesses, in dem das Individuum sich selbst hervorbringt.

Während Rousseau uns das Kind als Modell des instinktsicheren, unreflektierten Selbst-Seins vorstellt, so dass seine leibliche Natur konsequent das erste Erziehungsalter bestimmt, unterstreicht Herder, dass der Mensch nicht anders als das Kind dem Handikap und der Chance der Abwesenheit aller Instinkte unterliegt. Kinder sind von Anfang an Menschen, nicht halbe Tiere, deren Verstand – wie bei Rousseau – sich erst in einem späteren Entwicklungsalter bildet.

Während die Sprache eine unüberwindbare Grenze zwischen Menschen und Tieren zieht, ist das Verhältnis zwischen Kindern und Erwachsenen relational, ein Verhältnis der wechselseitigen Bezogenheit. Es ist durch Hilflosigkeit, Schwäche und Abhängigkeit bestimmt. Während Rousseau die Menschwerdung des Menschen als einsame Begegnung mit den Gesetzen der Natur darstellt, rückt Herder die wechselseitige Angewiesenheit der Menschen in den Mittelpunkt. Am Beispiel der Kinder, besonders der Säuglinge, zeigt Herder, wie sehr die Instinktarmut kognitive und leibliche Aspekte verknüpft. „Endlich in Sonderheit das menschliche Junge, der auf die Welt gesetzte Säugling, wie sehr ist er ein Vasall menschlicher Hülfe und geselliger Erbarmung" (Herder 1770, S. 95). Hilflosigkeit und Schutzbedürftigkeit sind bei Herder die leiblichen Bedingungen von Sozialität, mehr noch: Sie erzwingen sie geradezu. Der instinktarme Mensch ist angewiesen auf andere Menschen, die spezifisch menschliche, nämlich liebevolle, die unmittelbaren eigenen Bedürfnisse überschreitende, verlässliche Bindungen zu ihm aufbauen.

1.4 Persönliche und soziale Identität als Konfliktfeld

Mit seiner Theorie der Kindheit als Anthropologie der Verwiesenheit bietet Herder Anknüpfungspunkte für moderne sozial- und erziehungswissenschaftliche Analysen des Kindheitsproblems als Sozialisations-

problem. Herder entwickelt eine Vorstellung von der Autonomie des
Kindes, in der die Grundzüge des modernen Bildungsbegriffs skizziert
sind. Die Aktivierung zur Selbsttätigkeit, Prägsamkeit/Bildsamkeit und
natürliche Entwicklung gehen darin eine Verbindung ein. Indem Herder
Erziehung als ein Interaktionsverhältnis zwischen Erwachsenen und
abhängigen Kindern beschreibt, eröffnet er auch den Übergang, oder
besser: die Verknüpfung zwischen Bildungsphilosophie und empiri-
scher Bildungsforschung als Kindheitsforschung.

Die romantische Idee des Kindes tendiert dagegen dazu, das Verhältnis
von Kindheit und Erwachsensein umzuwerten. Erwachsenwerden, Bürger werden, Gesellschaftsmitglied werden stehen in Gefahr, Hoffnungen und Wünsche zu zerstören; Realitätsanpassung erscheint als Verlust von Identität. Die erwähnte Stelle aus Matthäus 18, „So ihr nicht
werdet wie die Kinder ..." wird als Appell an die Erneuerung der Erwachsenen aus dem Geist der Kindheit verstanden. Kinder sind nicht
nur Zeichen einer verlorenen Welt, sondern auch Verheißung einer erst
noch zu gewinnenden Welt; das Verhältnis kehrt sich um, das Kind
wird zum Maßstab.

Die Romantik rückt damit die alten Motive der Tüchtigkeit und Vernunft in eine neue Perspektive. Denn wenn Kinder gleichsam die besseren Erwachsenen sind, wenn sie den Erwachsenen vorführen, was sie
verloren haben, dann muss sich die jeweilige Verfasstheit von Kultur
und Gesellschaft an der Potentialität, mit der die Kinder ausgestattet
sind und die zu immer neuen Hoffungen auf eine bessere Welt berech-
tigt, messen lassen. Dabei liegen das Leiden an der Moderne und die
Regression auf eine illusionäre Ursprünglichkeit ganz nah beieinander.

1.5 Das Jahrhundert des Kindes

Das romantische Kindheitsbild hat im 20. Jahrhundert durch die Reformpädagogik, eine Bewegung, die sich Ende des 19. und im ersten
Drittel des 20. Jahrhunderts für eine Reform der Schule hin zu einer
Stätte des freien Lernens und eine „Erziehung vom Kinde aus" stark
machte, eine Renaissance erlebt, die bis heute anhält. „Das Jahrhundert
des Kindes" (1900), ein Buch der schwedischen Reformpädagogin und

Feministin ELLEN KEY (1849-1926), steht bis heute für diese Renaissance. Es ist keine wissenschaftliche Abhandlung, obwohl es sich auf die seinerzeit aufblühende Kinderpsychologie und auf die Eugenik bezieht, es ist auch kein pädagogisches Programm, sondern eher schon eine erziehungspolitische Kampfschrift, die mit der Unterscheidung von „richtiger" und „falscher" Erziehung operiert. Insofern steht das Buch in der Tradition einer Gesellschaftsreform als Erziehungsreform. Dazu passt das breite Echo: Das Buch war vor dem Ersten Weltkrieg ein Bestseller.

Die Formel vom »Jahrhundert des Kindes« verbindet sich heute in erster Linie mit der Forderung nach der Anerkennung des Kindes als einer sich entwickelnden Persönlichkeit. Diese Forderung muss eine innere Berufung und eine bewusste Anstrengung sein: „Der vieltausendjährige Schlendrian – seine Jungen zu schneuzen, zu streicheln und zu schlagen – ist nicht Erziehung. Es bedarf ungeheurer Kräfte, um einem Kind gerecht zu werden. Das bedeutet durchaus nicht, dem Kinde jede seiner Stunden zu geben. Aber es bedeutet, dass unsere Seele von dem Kinde erfüllt sei, so wie der Mann der Wissenschaft von seinen Forschungen, der Künstler von seinem Werk erfüllt ist: es in Gedanken mit sich zu haben, wenn man in seinem Hause sitzt oder über den Weg geht, wenn man sich niederlegt oder wenn man aufsteht!" (Key 1900, S. 71).

Key spricht von der „Majestät des Kindes": „Bevor nicht Vater und Mutter ihre Stirne vor der Hoheit des Kindes in den Staub beugen; bevor sie nicht einsehen, dass das Wort Kind nur ein anderer Ausdruck für das Wort Majestät ist; bevor sie nicht fühlen, dass es die Zukunft ist, die in Gestalt des Kindes in ihren Armen schlummert, die Geschichte, die zu ihren Füßen spielt – werden sie auch nicht begreifen, dass sie ebensowenig die Macht oder das Recht haben, diesem neuen Wesen Gesetze vorzuschreiben, wie sie die Macht oder das Recht besitzen, sie den Bahnen der Sterne aufzuerlegen" (Key 1900, S. 120).

In diesem Pathos verschmelzen aufklärerisches Befreiungsversprechen und religiöse Verheißungen von Erlösung miteinander. „Wenn das Kind zu seinem Rechte gekommen ist, dann ist die Sittlichkeit vervollkommnet" (Key 1900, S. 36f.).

Eltern und Erzieher können dem Kind aber nur gerecht werden, wenn sie etwas von psychologischen Entwicklungsprozessen verstehen: „Es ist zu hoffen, dass wenn man (...) durch empirische Forschung anfängt, etwas über die wirkliche Natur der Kinder zu wissen, die Schule und das Haus von ihren absurden Begriffen über das Wesen und die Bedürfnisse des Kindes befreit werden, den absurden Begriffen, die jetzt jene empörende physische und psychische Misshandlung veranlassen, die noch auch von gewissenhaften und denkenden Menschen in Schule und Haus – Erziehung genannt wird" (Key 1900, S. 133).

Erziehung als Qual – dieses Motiv taucht auch bei der italienischen Ärztin und höchst einflussreichen Pädagogin MARIA MONTESSORI (1870-1952) auf und wird zum „roten Faden" der Erziehungskritik. Die Reformpädagogik um die Wende zum 20. Jahrhundert steigerte die romantische Vorstellung von der ursprünglichen Unschuld und damit fast verbürgten Gottesähnlichkeit des Kindes („Wenn Ihr nicht werdet wie die Kinder ...") bis zu einem Erlösermythos: Das Kind gilt nicht nur als Vorbild eines wirklichen Menschen, sondern – bei Montessori – als Messias (Montessori 1938, S. 220).

1.6   Zusammenfassung

Die „Kindheitsfrage" steht seit der beginnenden Neuzeit in einem Zusammenhang mit dem Zerbrechen der alten Gesellschaftsordnung und dem Aufstieg des Bürgertums. Die Kindheit symbolisiert die Möglichkeit des Neuen, und insofern Kinder als Menschen gesehen werden, symbolisieren sie die Möglichkeit der Selbst-Erneuerung der menschlichen Gattung. Die Bedeutung des romantischen Kindheitsbildes ist in diesem Zusammenhang keineswegs sentimental. Sein entscheidender Beitrag zu unserem Verständnis von Kindheit besteht vielmehr darin, dass die Romantik darin nicht mehr einen unvollkommenen und so rasch wie möglich zu überwindenden Zustand sieht, sondern ihr Eigenwert und Eigensinn beimisst. Dies ist Voraussetzung für die Konstitution einer Form von Subjektivität, die Selbstgestaltungsmöglichkeit beansprucht und sich in der Erinnerung an die eigene Kindheit ihrer selbst vergewissert; zugleich steckt darin die Gefahr einer Regression auf ein scheinbar vor- oder außergesellschaftliches Selbst.

Darin liegt zugleich seine Aktualität im Kontext von Modernisierungs-prozessen, die für die Individuen einen Verlust an Bindungen und einen Gewinn an Optionen beinhalten.

2 Der Wert von Kindern

Sozialgeschichte der Kindheit im 20. Jahrhundert

Für die Ausdifferenzierung einer eigenständigen Sozialform „Kindheit" ist die Relation von Arbeit und Erziehung von entscheidender Bedeu-tung. Erziehung durch und zur Arbeit ist für den vormodernen Typus des „Ganzen Hauses" als Regulationszusammenhang von Ökonomie, Politik, Recht und Generationenfolge in einer politischen, ständischen Ordnung kennzeichnend. Diese moralische Ökonomie wurde in der Frühindustrialisierung zerstört. Die Trennung von familialem Lebens-zusammenhang und erwerbsförmiger Subsistenzsicherung verwandelt den Reichtum, den Kinder in der vorindustriellen Familienökonomie strukturell bedeuteten, in eine Last: Der soziale Wert von Kindern ver-liert seine haushaltsökonomische Basis. Kinder werden zu einem Kos-tenfaktor, der mit Verschulung und verzögerter Selbständigkeit eine bis heute wachsende Bedeutung gewinnt.

In der Zeit nach dem Ersten Weltkrieg hat sich die Kindheit als univer-saler Wert und als Recht und Anspruch aller Kinder auf eine glückliche und geschützte Kindheit durchgesetzt; dieser universale Maßstab war neu.

Es ist relativ unstrittig, dass dieses Kindheitsideal für die Kindheitsge-schichte des 20. Jahrhundert kennzeichnend ist, dass es normativ und sozial allgemeine Geltung erlangt hat. Weniger klar ist, welche Bedeu-tung es für die soziale Wirklichkeit kindlicher Lebensverhältnisse und ihren historischen Wandel hat. Seine Vor-Bilder stammen aus der bür-gerlichen Kindheit, aber einmal durchgesetzt, ist das neue Ideal auch der bürgerlichen Kindheit gegenüber eine unabhängige und kritische Instanz, weil die Kindheit den Kindern gehören soll. Die klassen- und geschlechterübergreifende Verallgemeinerung von Kindheitsidealen verspricht eine Freisetzung aus persongebundenen Abhängigkeitsverhältnissen, bringt aber auch neue Normalitätsmaßstäbe, Kriterien der Unterscheidung und Behandlungsbedürftigkeit mit sich (Zinnecker, 1995).

2.1 Wandel der Lebensverhältnisse von Kindern

Mit der „Klassischen Moderne" um die Wende vom 19. zum 20. Jahrhundert kam in Deutschland eine Umwälzung der Lebensführung in Gang. Die Jahrzehnte von 1870-1920 lassen sich mit Detlev J. K. Peukert (1987) als „Schwellenzeit" der gesellschaftlichen Modernisierung in Deutschland bezeichnen.

- Demographisch ist dieser Zeitabschnitt von einem nach 1880 einsetzenden und bis heute anhaltenden Geburtenrückgang, zugleich von einem Rückgang der Säuglings- und Kindersterblichkeit gekennzeichnet. Vorbeugende Impfungen und Unterweisung in Hygiene und Kinderpflege bewirkten einen Rückgang der Infektionskrankheiten und der Säuglings- und Kindersterblichkeit. Neue Technologien ermöglichten die Versorgung mit sauberem Wasser, sauberer Luft und die Entsorgung bzw. Kanalisation; dadurch verbesserte sich die Gesundheitssituation in den Städten. Auch Qualität, Menge und Regelmäßigkeit der Ernährung stabilisierten sich. Zwischen 1871 und heute hat sich die Lebenserwartung bei der Geburt verdoppelt.
- (Familien-)Ökonomisch ist das ausgehende 19. Jahrhundert im Zeichen des zweiten Industrialisierungsschubs vom Durchbruch zu einer Verallgemeinerung der Lohnarbeit gekennzeichnet. Sie entzieht einem individuell-ökonomischen Interesse an Kindern die materielle Voraussetzung und verändert dadurch die Grundlagen der Eltern-Kind-Beziehungen. Ihre Konsequenzen für die Lebens- und Erziehungsverhältnisse lassen sich an einigen ganz unterschiedlichen Aspekten verdeutlichen: Sie bedingt eine beträchtliche Binnenmigration und eine rasche Urbanisierung. Sie erzeugt neue, nämlich von Marktmechanismen und Konjunkturzyklen geprägte Formen der Armut. Sie schafft durch die Trennung von Arbeit und Freizeit eine neue Zeitordnung, die das

Zeitbudget der Familien bestimmt. Diese drei Aspekte tragen dazu bei, dass die klassische Moderne auch eine Blütezeit von Straßenkindheit und Straßensozialisation ist. Die Verallgemeinerung der Lohnarbeit bringt das „kleinfamiliale Strukturproblem" (Reyer u. Kleine 1997, S.79ff.) hervor, materielle Reproduktion und Kinderbetreuung miteinander zu vereinbaren. Es ist die Ursache für die Herausbildung eines zwischen privatfamilialer und öffentlicher Kleinkindererziehung gespaltenen Sozialisationsfeldes.

- Die Schulpflicht ist erst seit etwa 1890 in den deutschen Ländern wirklich vollzogen: erst sechs, in den Städten später acht Jahre lang erfüllen alle Heranwachsenden die Unterrichtspflicht. Zugleich zeigen sich in Deutschland nach 1890 „ausgeprägte Maßnahmen und Intentionen der Jugendkontrolle, -fürsorge und Jugendpflege", die im Jugendhilfeerlass von 1911 münden. Kinder(arbeits)schutz ist eine der Wurzeln des allmählich sich herausbildenden Sozialstaats, ohne den es die Kindheit als eine eigenständige Lebensphase unter den Bedingungen frühkapitalistischer Industrialisierung für breite Bevölkerungsteile kaum noch gegeben hätte. „Die ersten großen sozialpolitischen Maßnahmen im 19. Jahrhundert, das Verbot von Kinderarbeit, die spiegelbildliche Einführung der Schulpflicht und die Schaffung der Rentenversicherung ... haben dazu beigetragen, Kindheit und Alter als genuine Lebensphasen im sozialen Sinne erst zu schaffen" (Leibfried u. a., 1995, S. 24f.).

Die Jahre von 1920-1960 lassen sich als eine Epoche der Modernisierungskrisen der westeuropäischen Industriegesellschaften charakterisieren. Kriege, Inflation, Völkermord und Vertreibung kennzeichnen sie ebenso wie die Entwicklung sozialstaatlicher Instrumentarien der Krisenbewältigung, eine Durchsetzung der Marktökonomie und eine Enttraditionalisierung von Sozialmilieus, Geschlechter- und Generationenverhältnissen.

- Die demographischen Folgen des Ersten Weltkrieges gehen weit über die Verluste durch Gefallene und Invaliden hinaus. Sie führen im Verein mit einer absoluten Verringerung der Geburtsjahr-

gänge zu einer bis dahin unbekannten kohorten- und geschlechtsspezifischen Segmentierung von Lebenschancen.

• Ökonomisch wird Erwerbslosigkeit nach dem Ersten Weltkrieg
  bis heute zur Regel, während sie vor 1914 die Ausnahme war; die
  Gesamtzahl der Arbeitslosen sank in der Weimarer Zeit nie unter
  eine Million, Jugendliche – besonders die Geburtsjahrgänge
  1900-1910 – waren von Erwerbslosigkeit überproportional stark
  betroffen. Erst die Währungsreform von 1948 leitet in der Bundesrepublik Deutschland eine lang anhaltende Phase wirtschaftlicher Prosperität unter demokratischen und rechtsstaatlichen Bedingungen ein.

• Die Familialisierung des Arbeiteralltags wird von Geburtenrückgang, Ausweitung der Freizeit und sozialstaatlicher Risikovor-
  sorge verstärkt. Die Kernfamilie wird schicht- und milieuüber-
  greifend zum kulturellen Modell und zur Normalform des Privat-
  lebens. Sie bestimmt die Erziehung in früher Kindheit.

• In Weimar erhielt das Sozialstaatsprinzip Verfassungsrang, der
  Achtstundentag war in der Verfassung ebenso verankert wie die
  achtjährige Schulpflicht. Das Verbot der Erwerbsarbeit von Kindern wird grundsätzlich durchgesetzt. Die Institutionen der Fürsorge, Erziehung und Bildung bilden einen gesellschaftlichen
  Sektor, der Kindern vorbehalten bzw. für Kinder gedacht und mit
  Kindern beschäftigt ist. Das Reichsjugendwohlfahrtsgesetz von
  1922 versprach jedem Kind „das Recht auf Erziehung zur leiblichen, seelischen und gesellschaftlichen Tüchtigkeit", das Reichs-
  jugendgerichtsgesetz von 1923 verankerte das Erziehungsprinzip
  bei jugendlichen Rechtsbrechern. Die sozial- und bildungspoliti-
  sche Debatte der 1920er Jahre entdeckt die Kinder als Ressource
  der Modernisierung. Kindheit wird als eine spezifische Lebensphase der Minderjährigkeit und der Sozialisation institutionalisiert.

• Die Kinder- und Jugendpsychologie hatte mit Beginn des 20.
  Jahrhunderts die kategoriale Differenz von Kindern und Jugendlichen in ihrem Entwicklungsalter bestimmt und begann in den
  zwanziger Jahren ihren aktiven Umgang mit den Lebensbedin-

gungen in einer urbanisierten kapitalistischen Industriegesellschaft zu studieren.

Seit Mitte der sechziger Jahre des 20. Jahrhunderts lässt sich ein Modernisierungsschub feststellen, der die Bundesrepublik schrittweise in eine postindustrielle Konsum- und Dienstleistungsgesellschaft verwandelt. Die Lebensverhältnisse von Kindern erreichen in den siebziger Jahren – ob es sich um die Gesundheitsversorgung, die Ernährung, die Wohnbedingungen, die Bildungschancen oder die Zuwendung in ihren Familien handelt – ein nach den Maßstäben der vorangegangenen Jahrzehnte beispielloses Niveau trotz fortbestehender Disparitäten. Zunehmendes Gewicht kommt allerdings den Umweltbelastungen von Kindern zu. Bemühungen, eine sozialwissenschaftliche Berichterstattung über Lebensverhältnisse und Lebensqualität von Kindern zu etablieren, führen zum ersten Nationalen Kinderbericht der Bundesrepublik Deutschland (1998).

- Während die Säuglingssterblichkeit auf das niedrigste Niveau seit hundert Jahren sinkt, fallen nach dem „Goldenen Zeitalter der Familie" in den 60er Jahren auch die Geburtenziffern auf ein historisches Tief; Kinder werden demographisch zur Minderheit.
- Die Veränderung des Eltern/Kind-Verhältnisses in der Nachkriegszeit ist seit den späten sechziger Jahren eines der herausragenden Merkmale der Sozialgeschichte von Kindheit. Die größere emotionale Intensität und der Abbau autoritärer Umgangsformen in den Familien bei gleichzeitiger Labilisierung der Partnerbeziehungen wird Thema ambivalenter Beobachtungen.
- Nach dem Zweiten Weltkrieg setzte sich eine Bildungsexpansion fort, die schon in den zwanziger Jahren begonnen hatte. Sie brachte seit Mitte der sechziger Jahre qualitative Veränderungen wie die Gleichstellung von Mädchen mit Jungen hinsichtlich ihrer Bildungsbeteiligung. Seit den neunziger Jahren stehen im Durchschnitt der alten Bundesländern für deutlich über 80 Prozent aller 3- bis 6jährigen Kindergartenplätze zur Verfügung, mit steigender Tendenz; seit August 1996 haben die Kinder auch einen Rechtsanspruch darauf. Schule ist „für immer mehr Heranwachsende zu einem zentralen Instrument der Lebensplanung gewor-

den" (Fend 1988, S. 149). Die Rechte von Kindern auf Schutz, Erziehung und Entfaltung der Persönlichkeit und ihre Ansprüche auf gesellschaftliche Teilhabe sind seit dem Zweiten Weltkrieg kontinuierlich gestärkt und altersspezifisch stärker differenziert worden. Besonders seit Ende der sechziger Jahre ist der Rechtsstatus „Kind" in der Bundesrepublik grundlegend reformiert worden.

2.2 Kindheitsideale und Lebensverhältnisse von Kindern

In ihrem Buch „Pricing the priceless child" (1985), einem Meilenstein der Sozialgeschichtsschreibung zur Kindheit, beschreibt die amerikanische Soziologin VIVIANA A. ZELIZER, wie sich ein neues, betont anti-ökonomisches Ideal der Kindheit artikuliert und in den USA zwischen 1870 und 1930 durchsetzt. „War es im 19. Jahrhundert kulturell akzeptiert, Kindern einen Marktwert zuzuschreiben, schloss später das neue Ideal des Kindes als eines ausschließlich gefühlsmäßigen Besitzes jede instrumentelle oder fiskalische Betrachtung aus. In einer zunehmend kommerzialisierten Welt war Kindern ein abgeschlossener nicht-kommerzieller Raum reserviert. Der ökonomische und der gefühlsmäßige Wert von Kindern wurden für radikal unvereinbar erklärt" (Zelizer 1985, S. 11). Mitte des 19. Jahrhunderts wurde dieses Ideal in den bürgerlichen Mittelschichten bereits kultiviert; die Arbeiterklasse hatte es – nicht zuletzt unter dem Druck von Kinderarbeitschutzgesetzen und Schulpflicht – bis 1930 übernommen. Zelizer spricht von einer Sakralisierung der Kindheit.

„Sakralisierung" ist nicht metaphorisch gemeint; Zelizer will damit zum Ausdruck bringen, dass Kinder eine Bedeutung erlangen, die Gefühle von religiöser Intensität hervorruft – was an Pathos und Metaphorik von Key und Montessori denken lässt, die ebenfalls zu Beginn des neuen Jahrhunderts wirkten. Der Begriff „Sakralisierung" bezeichnet einen Prozess der Ausgrenzung als Hervorhebung, als Auszeichnung; damit charakterisiert Zelizer eine Besonderheit der gesellschaftlichen Position von Kindern. Während Marginalisierung eine Trennung vom Zentrum der Gesellschaft meint, verweist Ausgrenzung als Auszeichnung auf die Dialektik von Zentrum und Peripherie. Diese Dialektik steht im Zentrum der Untersuchungen der Autorin: Es ist die Dialektik von (ökonomischem) Preis und (sozialem) Wert. Es handelt sich um einen kulturellen Wandel, der die Bedingungen des Warentauschs verändert. Anders als viele Studien zur Geschichte der Kindheit begrenzt Zelizer ihn nicht auf einen Wandel der Eltern-Kind-Beziehungen; vielmehr stehen das Verhältnis von Familien- und Marktökonomie sowie öffentliche Moralisierungskonflikte – Kämpfe um Mentalitäten – im Vordergrund, in denen das neue Kindheitsideal durchgesetzt wird.

Den materialen Kern der Studie Zelizer's bildet die Untersuchung von drei großen Institutionen, die mit der ökonomischen und emotionalen Bewertung des Lebens von Kindern zu tun haben:

- Lebensversicherungen für Kinder sind vor dem Hintergrund der großen Säuglings- und Kindersterblichkeit und vor dem Hintergrund einer Familienökonomie zu sehen, in der die Kindererwerbsarbeit einen unverzichtbaren Beitrag zum Familieneinkommen leistet. In England gab es solche Versicherungen bereits seit 1854, in den USA entstanden sie seit 1875. Sie waren zunächst gedacht als Ausgleich für den Verlust der Einkünfte, der durch den Tod eines Kindes bedingt war; aber ihren überwältigenden Erfolg hatte sie als Sterbeversicherung: So konnten die Eltern der Arbeiterklasse ihren Kindern das Armenbegräbnis ersparen. Die Lebensversicherung für Kinder war ein großer Erfolg; binnen weniger Jahre wurden Millionen Kinder von ihren Eltern versichert. Dieser Erfolg provoziert um die Jahrhundertwende einen mehrjährigen, publizistisch und politisch ausgetragenen öffentlichen Konflikt zwischen Lebensversicherern und Kinderschutzbewegung. Während die Kinderschützer in den Lebensversicherungen eine Verlängerung der Kinderarbeit sahen, verteidigten sich die Versicherungsgesellschaften mit dem Hinweis, dass die Eltern mit den Versicherungssummen die Trauer über ihre verstorbenen Kinder angemessen ausdrücken können. Die Auseinandersetzung drehte sich also gar nicht um das neue Kindheitsideal, es lag ihr vielmehr zugrunde.
- Wenn Kinder bei einem Unfall oder durch anderes Fremdverschulden ums Leben kamen, konnte bereits im 19. Jahrhundert

vor Gericht um Schadensersatz gestritten werden. Seine Höhe bemaß sich dann selbstverständlich nach dem materiellen Verlust, den der Familienhaushalt durch den Ausfall der kindlichen Arbeitskraft erlitten hatte. Wie aber bemisst man den Wert eines Kindes, das seine ökonomische Funktion verloren hat, ja: seinen Wert erst gerade dadurch unter Beweis stellt? Der zunehmende Straßenverkehr in den 20er Jahren ließ – insbesondere in den großen Städten – die tödlichen Unfälle von Kindern und damit auch die entsprechenden Schadensersatzprozesse zunehmen. Zelizer schildert die erbitterten Kontroversen, in denen es um ein Maß für den emotionalen Verlust ging und zeigt, wie dabei die Kosten in den Blick rücken, die Kinder ihren Eltern verursachen. In den 60er Jahren des 20. Jahrhunderts setzt es sich durch, die Kinderkosten zum Maß des Verlusts zu nehmen, Kinder gleichsam als verlorene Investition zu betrachten.

- Die Vorstellung, dass es einen Markt für Kinder gibt, erscheint uns heute besonderes abscheulich. Dennoch demonstriert gerade die Analyse von Fremdunterbringung und Adoption die nicht-ökonomischen Voraussetzungen von Märkten. Als im 19. Jahrhundert die Arbeitskraft von Kindern selbstverständlich in Rechnung gestellt wurde, war die Unterbringung von Waisen bei Pflegefamilien kein Problem. Sie wurden als Arbeitskräfte vermittelt; unvermittelbar waren hingegen Babies. Ihnen blieben die Waisenhäuser vorbehalten oder sie gelangten in kommerzielle Pflegestellen, sogenannte *baby farms*; dies betraf besonders uneheliche Kinder, die dort ohne große Umstände gegen einen bestimmten Betrag untergebracht werden konnten. Mit der Sentimentalisierung der Kinder änderte sich das. Nun wurde die hohe Kindersterblichkeit des *baby farming* von den Kinderrettern als *baby killing* gebrandmarkt, die Adoption gewann an Bedeutung, und an Stelle der Arbeitskraft suchten adoptionswillige Eltern nun die Liebe und Zuneigung der Kinder. Es entstand ein Markt für sentimentale Werte: Für die Möglichkeit, ein Baby zu adoptieren, wurde nun gezahlt. Als die Adoption im Interesse der Kinder reguliert wurde, entstand ein Schwarzmarkt, der Handel mit Babies. Körperliche Eigenschaften erlangten Geldwert: Blonde blauäugi-

ge Mädchen wurden bei adoptionswilligen Eltern besonders be-
gehrt, Kinder über sechs waren dagegen unvermittelbar.

2.3 Kindheit als pädagogisches Moratorium

Während Zelizer Mechanismen des *Warentauschs* untersucht, wendet
sich der Siegener Soziologe und Kindheitsforscher JÜRGEN ZINNECKER
der Kindheit als *öffentlichem Gut* zu. Kindheit ist, wie es sich seit dem
Fünften Familienbericht (1994) durchgesetzt hat, das „Humanvermögen" einer Gesellschaft, in das Familie und Staat investieren; es ist als
pädagogisches Moratorium organisiert (Zinnecker 2000, S. 60f.). Pädagogische Moratorien waren zunächst lediglich ein Kindheitsideal, sie
wurden später zum Privileg und im 20. Jahrhundert zum durchschnittli-
chen Muster des Aufwachsens; dabei hat sich nicht nur die Wirklichkeit von Kindern und Jugendlichen, sondern auch die Idee des pädagogischen Moratoriums selbst verändert.

Zinnecker betrachtet das pädagogische Moratorium als Spezialfall sozialer Moratorien. Die Institution des Moratoriums ist eine Art anthropologische Universalie; das *pädagogische* Moratorium setzt die Jüngeren
von ihren Reproduktionsverpflichtungen frei (Arbeitsverbot, „Unschuld"), um Lernen zu ermöglichen. Das pädagogische Moratorium ist
zeitlich und örtlich bestimmt und ist in ein spezifisches Generationenverhältnis eingelassen, das als sozialer Vorbereitungsraum durch stellvertretende Inklusion strukturiert ist, das heißt: Pädagogische Experten
deuten stellvertretend für die Erwachsenen die Fremdheit der Novizen
und vermitteln diesen die Erwachsenenwelt und ihre kulturellen Traditionen. Die stellvertretende Inklusion durch Erwachsene findet in Familie, Schule etc. seine institutionelle Form als „pädagogische Provinz"
und ist spezifischen „Zeitfenstern" im Lebenslauf der Heranwachsenden zugeordnet.

Das schulisch-familial organisierte Bildungsmoratorium, als das uns
die moderne Kindheit vertraut ist, lässt sich nicht trennen von der zunächst normativen, nach dem Zweiten Weltkrieg aber auch faktischen
Hegemonie der *male-breadwinner-family*. Die historische Sozialpoli-
tikforschung meint damit das Modell eines Familienhaushalts, in dem
der Mann als einziger erwerbstätig ist, während die Frau mit unbezahl-

ter Arbeit ihre Familie versorgt und die Kinder erzieht. Janssens erläutert dieses „Ernährer-Modell" und macht die Position der Kinder darin deutlich: „Durch diese elterliche Arbeitsteilung werden die Kinder bis zu einem bestimmten Alter von produktiven Aktivitäten freigestellt und mit Zeit für Erziehung und persönliche Entwicklung ausgestattet" (Janssens 1998, S. 3).

Der Epochaltypus der Erziehungskindheit ist also nicht nur eine familiale und eine politische, sondern auch eine ökonomische Struktur. Es war der Fordismus – eine Form der Organisation industrieller Arbeit, aber mit spezifischen Folgen für die Haushaltsproduktion der Lohnarbeiterfamilien –, der nach dem Zweiten Weltkrieg mit der standardisierten Massenproduktion von Gebrauchsgütern den Haushalt in einen Dienstleistungshaushalt verwandelte und die Verallgemeinerung des „Ernährer-Modells" möglich machte (Ostner 1999, S. 69).

Allerdings ist das Verhältnis zwischen den Ansprüchen der Ökonomie, des Staates und den wohlverstandenen Eigeninteressen des Kindes nicht spannungsfrei. Die rhetorische Figur der „familienergänzenden Erziehung" verdeckt dies nur. Ein Beleg ist GERTRUD BÄUMERS berühmter Aufsatz „Die historischen und sozialen Voraussetzungen der Sozialpädagogik und die Entwicklung ihrer Theorie" (Bäumer 1929), der den Volkskindergarten nicht lediglich als eine fakultative „Unterstützung" von Familien, sondern als integralen Bestandteil, als Strukturmerkmal der modernen Lohnarbeiterfamilie versteht. Von ihm soll „die pädagogische Durchdringung des häuslichen Lebens, der häuslichen Arbeit und des familienhaften Pflichtenkreises" (Bäumer 1929, S. 14) seinen Ausgang nehmen. Er hat den Sinn, dem Kind neben der Familie eine weitere Erziehungsgemeinschaft zu geben, „zugleich als Forschungsstätte der Pädagogik, Bildungsstätte der Mütter und Verbindungsorgan zwischen Familie und Volksgemeinschaft" (S. 13). Der Status des Kindes in diesem „Zwischenreich", wie ihn der Kulturphilosoph und Pädagoge Hermann Nohl bezeichnet hat, wird im Reichsjugendwohlfahrtsgesetz (RJWG) durch sein Recht auf Erziehung definiert, das staatlich garantiert und von den pädagogischen Professionen anwaltschaftlich eingelöst wird.

Diesem Recht des Kindes entspricht das Recht der Gesellschaft auf einen fähigen Nachwuchs. Der Staat wird dadurch zum subsidiären Träger der

Erziehung, die Priorität der Familie – so interpretiert Bäumer den neuen §
1 des RJWG – „ist rein praktischer Natur" (Bäumer 1929, S. 9). Die Pri-
vatsphäre der Familie hat einem übergeordneten, auf die Behütung von
Kindheit und Jugend gerichteten Anspruch zu genügen. Der familiale
Beitrag zur Erziehung der Kinder ist faktisch nur ein Beitrag „auf Probe", den sie stellvertretend für die Öffentlichkeit ausführt, und dessen
Wert sich erst an den Resultaten erweist (Harney, Groppe, Honig 1997,
S. 173). Die Familie wird über die Elternschaft definiert, umgekehrt
jedoch definiert sich die Kindheit nicht mehr allein über die Familienzugehörigkeit. „Aus der Perspektive des Kindes gesehen macht es die
Grundstruktur seiner Lebenswelt aus, dass diese einen familial-privaten
und einen öffentlich-institutionellen Bereich aufweist, wobei sich beide
gegenseitig »definieren«" (Reyer 1981, S. 301).

Die Realgeschichte pädagogischer Moratorien ist eine Geschichte der
Durchsetzung und Verallgemeinerung bei gleichzeitiger Differenzierung und Erosion. Die Verallgemeinerung bezieht nicht nur beide Ge-
schlechter und tendenziell alle Schichten und Milieus mit ein, sondern
expandiert auch in den Lebenslauf hinein. Die Erosionstendenzen entstehen im Modell selbst: Zum einen räumt es als Moratorium Kindern
und Jugendlichen einen Raum der Selbstregulation ein, zum anderen ist
die Idee der Integration durch Separation von strukturellen Ambivalenzen bestimmt. Als entscheidend erweist sich die diskurs- und realge-
schichtlich zu beobachtende Ablösung der Idee des Moratoriums von
spezifischen, chronologisch bestimmten Altersgruppen („lebenslanges
Lernen"); sie manifestiert sich u.a. in einer Schere von soziokultureller
Selbständigkeit und ökonomischer Abhängigkeit, wie sie in der Jugendforschung schon seit geraumer Zeit beschrieben wird; auch Kinder
werden zu „kleinen Bürgern" und „jungen Konsumenten" (Zinnecker
2000, S. 60f.).

Zinnecker prognostiziert, dass pädagogische Moratorien nicht verschwinden, sondern sich segmentieren werden. „Aus der Neugestaltung
moderner Lebensverläufe und Biographien läßt sich eine Neuverteilung
und Durchmischung aller Altersphasen mit Elementen pädagogischer
Moratorien prognostizieren" (Zinnecker 2000, S. 61). Es werde unterschiedliche Typen (post-)moderner Kindheit geben, und die Moratori-

umskindheit werde nurmehr eine unter mehreren Mustern des Aufwachsens sein. Zinnecker unterscheidet vier Typen:

- einen post-modernen Typus der Kindheit als *Experimentierfeld*
  von Modernisierung,
- einen klassisch-modernen Typus von Kindheit als *Bildungsmoratorium*,
- einen traditionalen Typus der Kindheit als *Schutzraum*
- und einen gleichsam fundamentalistischen Typus moderner
  Kindheit als *Gegengesellschaft*, wie er paradigmatisch in der Reformpädagogik entworfen wurde.

Das Moratoriumskonzept lässt sich denn auch als Spezialfall generationaler Ordnungen auffassen und als Instrument zur Analyse der Interdependenzen von Institutionalisierung des Lebenslaufs und Biographisierung des Kinderlebens.

2.4 Zusammenfassung

Die Geschichte der Kindheit ist nicht lediglich die Geschichte der Fa-
milien- oder der Schulkindheit; sie lässt sich auch nicht allein als Geschichte der Eltern-Kind-Beziehungen schreiben, nicht einmal allein als
eine Geschichte der Lebensverhältnisse von Kindern. Veränderungen
des sozialen Werts von Kindern wirken vielmehr auf Familie und Schule zurück. Der Eigenwert des Kindes und der Kindheit ist also alles
andere als eine reformpädagogische Sentimentalität, als die sie am Ende des vorigen Kapitels erscheinen mochte. Die „Sakralisierung des
Kindes" hat vielmehr eine kulturelle und ökonomische Relevanz. Im
20. Jahrhundert gewinnen Kinder einen eigenständigen sozialen Wert
für ihre Eltern und für die Gesellschaft, sie sind zu einem öffentlichen
Gut geworden sind, zu Humankapital bzw. zu Humanvermögen, das
gepflegt und gefördert werden muss, damit es die Zukunft der Gesellschaft sichern hilft. Die Homogenisierung der Kindheitsfiguration, die
sich gegen Ende des 19. Jahrhunderts in einem universellen Kindheitsideal äußert und sich im ersten Drittel des 20. Jahrhunderts sozial generalisiert, ist jedoch nicht lediglich der Siegeszug einer Idee. Sie wird
vielmehr in einem empirisch beschreibbaren Prozess sozial konstruiert.

Der „Wert von Kindern" ergibt sich nicht von selbst, sondern ist Gegenstand gesellschaftlicher Auseinandersetzungen und Interessenkämpfe und gewinnt als pädagogisches Moratorium einen institutionellen Ort und eine organisatorische Form. Gesetzgebung und Arbeitsmarkt spielen eine hervorragende Rolle. Die Regulierung von Altersgrenzen machen das Kind zu jemandem, der zu jung ist, um zu arbeiten, und zu jemandem, der seine Schulbesuchspflicht noch nicht erfüllt hat. Daher taugt die Kategorie des Wertes von Kindern als Bezugsgröße, um die soziale Organisation der Kindheit und die gesellschaftliche Position von Kindern zu beschreiben.

3 Individuierung und Vergesellschaftung

Kindheit als Sozialisationsproblem

Erst in der Sozialgeschichte des zu Ende gegangenen 20. Jahrhunderts hat sich die Kindheit als eine eigenständige Lebensphase konstituiert. Elementare Voraussetzung für diese epochale Entwicklung war die Verringerung der Geburtensterblichkeit, aber die Eigenständigkeit der Lebensphase Kindheit war seit dem ausgehenden 19. Jahrhundert maßgeblich bestimmt von öffentlicher Erziehung und Bildung. Die Scolarisation der Kindheit ist bis heute nicht abgeschlossen; sie hat sich im späten 20. Jahrhundert bis in die Postadoleszenz und in das frühe, vorschulische Lebensalter ausgedehnt.

Mit der Konstituierung der Kindheit als eigenständiger Lebensphase wird die Kindheitsfrage zum Thema der Erfahrungswissenschaften. Seit Ende des 19. Jahrhunderts wird die Psychologie für den wissenschaftlichen Diskurs über Kinder und Kindheit maßgeblich; sie macht die Kindheit zum „Entwicklungsalter". Die Soziologie stellt die Kindheitsfrage im Horizont ihrer Leitfrage, wie Sozialität möglich ist. Sie begreift die Kindheit als Sonderfall des Verhältnisses von Individuum und Gesellschaft. Das soziale Phänomen der Kindheit wirft aus soziologischer Sicht die Frage auf, wie Individuierung durch Vergesellschaftung möglich ist. Die Antwort lautet: durch „Sozialisation".

3.1   Moralische Autonomie und soziale Integration

Der Sozialisationsbegriff ist von dem französischen Soziologen EMILE DURKHEIM entwickelt worden. Er wurde 1858 in Lothringen geboren und starb 1917 in Paris als Professor an der Sorbonne. Wie zuvor bereits an der Universität von Bordeaux, hatte er einen Lehrstuhl für Soziologie und Pädagogik inne. Durkheim gilt als einer der Begründer der modernen Soziologie, aber er hat auch Grundlinien einer soziologischen Pädagogik entwickelt. Bedeutend an der Fassung des Sozialisationsproblems durch Durkheim ist bis heute, dass er die Auflösung traditionaler gesellschaftlicher Strukturen und Lebensverhältnisse als ein soziales Problem erkannte, das sich nicht in psychologische Vorgänge auflösen lässt, sondern ein kulturelles Problem aufwarf.[4] Anders aber als die etwa zur gleichen Zeit entstehende Sozialpädagogik war Durkheim weit davon entfernt, aus seiner Diagnose eine Kulturkritik zu entwickeln, die in vormodernen sozialen Verhältnissen die Lösung zeitgenössischer gesellschaftlicher Probleme sieht. Durkheim erkannte vielmehr, dass die funktionale Differenzierung und dynamische Arbeitsteilung moderner Gesellschaften jene Freiheit erst ermöglicht, die in der Aufklärung philosophisch versprochen war. Sie realisiert sich in der Beziehung von Vergesellschaftung und Individuierung[5].

Die Sozialisationsfrage betrifft also keineswegs nur Kinder, sie stellt sich freilich für Kinder in einer spezifischen Weise. Durkheim unterteilt die Kindheit in zwei Perioden (vgl. zum folgenden Durkheim 1911). Die erste Periode, oder die „frühe Kindheit" – die ersten drei oder vier Lebensjahre – verbringt das Kind in der Familie; die „zweite Kindheit" ist die Lebensphase institutioneller Erziehung und Unterrichtung. Die Rolle der Erziehung für den Sozialisationsprozess sieht Durkheim in der zweiten Kindheit. Die frühkindliche Erziehung – gleichsam die Erste Kindheit, die in der Familie stattfindet – betrachtet

---

4   Vgl. zu der Theorie der Sozialisation bei Durkheim Abels (2004): Einführung in die Soziologie, Bd. 2, Kap. 2.1 „Durkheim: Socialisation méthodique".

5   Zu Durkheims Vorstellung von der Chance der Individualität gegenüber der Gesellschaft vgl. Abels (2006): Identität, Kap. 14.3 „Differenzierte Gesellschaften: Solidarität der Individualität".

er nicht als soziologisches, sondern als psychologisches Problem; er setzt sie voraus, beschäftigt sich aber nicht näher damit.

Das Wesen der Kindheit ist Wachstum, das bedeutet: Kindheit ist die Periode im Leben eines Menschen, in dem Individualität in einem körperlichen und in einem moralischen Sinne nicht existiert. Was treibt dieses Wachstum an? Es ist Schwäche und Bewegung. Das Kind wächst in einem körperlichen und in einem übertragenen Sinne, weil es unvollständig ist, weil es schwach ist, weil es nach Vervollkommnung strebt. Es wächst, weil es eine Kraft gibt, die auf Veränderung drängt. Daraus ergibt sich ein paradoxes Wesen: einerseits Schwäche und Unvollkommenheit, andererseits Kraft und Bedürfnis nach Bewegung. Das Kind steht dem Erzieher – seien es Eltern oder Lehrer – als ein Wesen gegenüber, das ein Sein im Entstehen ist, im Prozess der Formierung. Einerseits ist das Kind daher auf unablässige Intervention der Eltern angewiesen, andererseits ist das Kind ein Ausbund an Energie, Intensität und unerschöpflichem Fortschritt. Dies manifestiert sich körperlich, ist aber auch für die geistige und moralische Entwicklung charakteristisch. Es ist das Bild eines verletzlichen und inkompetenten noch-nicht-Erwachsenen, das auf die Pflege und Erziehung seiner Erzieher angewiesen ist. Zugleich aber verfügt sein „Kind" über Potentiale und über Energie, es ist also nicht lediglich formbar und rezeptiv. In dieser Ambivalenz kündigt sich die Möglichkeit an, das Bild des Kindes als Educandus, als Sozialisanden hinter sich zu lassen und die Eigenaktivität des Kindes im Dialog mit seiner Umwelt zu betonen.

Das Sozialisationsproblem wird bei Durkheim als Problem verstanden, eine moralische Autonomie der Individuen mit der Anerkennung universell gültiger Wertorientierungen in Einklang zu bringen, auf denen die Integration der Gesellschaft basiert. Das Kind muss lernen, seine Handlungen zu koordinieren und seine Kräfte zu beherrschen und zu steuern, denn Selbstkontrolle ist die Voraussetzung für Individualität. Aber Durkheim hat den Prozess der Verinnerlichung nicht näher untersucht. Das hat erst der amerikanische Soziologe TALCOTT PARSONS (1902-1979) getan, der die Familienerziehung bzw. die Frage nach dem Verhältnis von individueller Entwicklung und Vergesellschaftung, die mit dem Konstrukt der Verinnerlichung verbunden ist, ins Zentrum eines sozialisationstheoretischen Ansatzes (Parsons & Bales 1956) gestellt hat.[6]

Moderne Sozialisationstheorien fassen Kinder nicht mehr lediglich als zukünftige Erwachsene auf, sondern tragen der „Rolle des Kindes" Rechnung. Der Schweizer Soziologe KURT LÜSCHER hat diesen Begriff in den 70er Jahren des 20. Jahrhunderts im Zusammenhang einer Soziologie der Sozialisation entwickelt. Lüscher begreift die Rolle des Kindes als soziokulturellen Kontext des sozialisatorischen Geschehens auf, als Institutionalisierung der Sozialisations*aufgabe* in Generationenbeziehungen. Sie koordiniert und selegiert also die Beziehung zwischen der Person des Kindes und seiner sozialisationsrelevanten Umwelt und generalisiert Sorgeverpflichtungen, denen Normalitätsmaßstäbe kindlichen Verhaltens entsprechen (Lüscher 1975, S. 360).

Die Sozialisationsaufgabe verändert sich in Abhängigkeit von der Evolution des Wissens Erwachsener über die Bedürfnisse von Kindern nach Pflege, Lernen und Persönlichkeitsentwicklung. Die Evolution des Sozialisationswissens vollzieht sich nach Lüscher in vier Dimensionen:

- Sie setzt zunächst eine kognitive Operation voraus, die Gegenwart und Zukunft, frühkindliche Erfahrungen und spätere Verhaltensweisen verknüpft.
- Sie setzt sodann voraus, dass Vorstellungen über die Entwicklung der Persönlichkeit institutionalisiert werden, wie dies historisch mit der Herausbildung von Familie und Schule als Institutionen der Pflege- und Lernbedürfnisse von Kindern geschah.
- Sie setzt drittens Vorstellungen von der Funktion voraus, die Kinder für die Gesellschaft zu übernehmen haben.
- Die vierte Dimension des Sozialisationswissens bezieht sich auf den Sozialstatus „Kind"; hier ist eine zunehmende Anerkennung subjektiver Rechte von Kindern zu konstatieren.

Kindheit als institutionalisierte Sozialisationsaufgabe im Generationenverhältnis zu verstehen, überschreitet die Vorstellung von Kindern als

---

6 Vgl. zu dieser strukturfunktionalistischen Theorie der Sozialisation Abels (2004): Einführung in die Soziologie, Bd. 2, Kap. 2.6 „Parsons: Herstellung funktional notwendiger Motivation".

noch-nicht-erwachsenen Menschen. Die Einbettung der Sozialisations-aufgabe in Generationenbeziehungen wirft die Frage nach der Perspektive der Kinder auf. Sie gibt daher Raum für eine Vorstellung von Kindern als Akteuren, die sich mit ihrer dauerhaft verfügbaren und qualitativ zu beschreibenden Umwelt auseinandersetzen.

Generationenbeziehungen sind aber nicht lediglich interaktive, sondern auch sozialstrukturelle Phänomene. Daher eröffnet dieser Zugang zum Sozialisationsproblem auch die Möglichkeit, die Kindheit als Phase eines institutionalisierten Lebenslaufs zu verstehen, die sich im soziokulturellen und sozialstrukturellen Kontext wandelt. Schließlich rückt er Generationenbeziehungen und Generationenverhältnisse als Ordnungen des Wissens in den Vordergrund; in diesem Sinne spricht die finnische Soziologin LEENA ALANEN von Kindheit als generationaler Ordnung (*generational ordering of childhood*, Alanen 1992).

3.2 Kindheit als Sozialisationskontext

Der Sozialisationsforscher DIETER GEULEN hat ein „Modell der Weichenstellungen" (Geulen 1987, S. 16) entwickelt. Indem es „Entwicklung" als Abfolge von Krisen und Entscheidungen im Lebenslauf versteht, weist das Modell der Eigenaktivität der Individuen, also auch der Kinder, eine Schlüsselrolle zu. Diese Eigenaktivität nimmt in diesem Modell einerseits die Gestalt der Verarbeitung früherer Ereignisse in späteren Sozialisationserfahrungen an; andererseits regulieren biographische Entscheidungen zwischen begrenzten Alternativen das Wechselverhältnis von Person und Umwelt. Schließlich umfasst Geulens Entwicklungsmodell den kulturellen Wandel der Maßstäbe von Vergesellschaftungs- und Individuierungsprozessen. In diesem Kontext verändern sich nicht lediglich die Bedingungen von Sozialisationsprozessen, sondern die Lebensphase Kindheit selbst. Ihre Milieubindung lockert sich. Sozialisation muß mehr sein als Verinnerlichung von Modellen und Codes, nämlich selektive Konstruktion signifikanter Umwelten und Entwurf eines Selbst (Wehrspaun et al. 1993). Anders gesagt: Kindheit als Kontext wird von Kindern im Prozess ihres Aufwachsens mit-hervorgebracht.

In gleichsam umgekehrter Blickrichtung betont der Schweizer Soziologe und Lebenslaufforscher MARTIN KOHLI, dass in der individualisierten Sozialordnung westlicher Industriegesellschaften der Gegenwart nicht nur die „Selbst-Sozialisationsarbeit" der Individuen, sondern auch der Lebenslauf selbst zu einer der „wesentlichen Vermittlungsinstitutionen zwischen Gesellschaftsstruktur und Individuum" (Kohli 1986, S. 183) geworden ist.

Moderne Gesellschaften lassen sich bis zu einem gewissen Grade als altersgeschichtetes System von Zugangschancen und -pflichten verstehen. Das chronologische Lebensalter gewinnt dadurch eine hohe Bedeutung als Selektionskriterium. Altersstufen bilden einen differenzierten Index rechtlich gewährter Soziabilität. Sie betreffen nicht nur die zeitliche Ordnung des individuellen Lebens, die Gesellschaftsstruktur und Individuum vermittelt, sondern auch solche Aspekte, welche die sozialen Beziehungen zwischen Individuen strukturieren, die sich in unterschiedlichen Lebens- bzw. Altersphasen befinden, also die Generationenbeziehungen und das sozialstaatliche Lebenslaufregime mit ihren Handlungsregulativen. Die Chronologisierung des Lebensverlaufs und die Verzeitlichung der Biographie lassen sich als sozialstrukturelle und lebensweltliche Modi von Zeitlichkeit unterscheiden und systematisch aufeinander beziehen (Kohli 1985).

Kohlis Konzept des Lebenslaufs als Institution lässt sich auch auf die Lebensphase Kindheit beziehen. Über die individuellen Entwicklungsprozesse von Kindern hinaus rückt „die Kindheit als wichtige Lebensphase des *gesamten* Lebenslaufs" (Büchner 1990, S. 79; Hervorh. i. Orig.) in den Blick. Im Leben des Einzelnen ist die Kindheit ein vorübergehender Zustand; aber als Lebensphase und als kulturelles Muster ist die Kindheit auch eine Institution, ein Element der Sozialstruktur. Die Chronologisierung der Kindheitsphase macht einen lebensweltlichen Horizont möglich, in dem sich eine verzeitlichte, das heißt: sich selbst in einer Logik der Entwicklung und Selbst-Realisierung verstehende Individualität bewegen kann. Biographisch steht die Kindheit in Beziehung zu den übrigen Lebensphasen; sozialstrukturell steht sie in Beziehung zu anderen Altersgruppen der Gesellschaft. Die Zeitlichkeit der Ontogenese steht im Kontext einer Chronologie sozial und historisch strukturierter Lebensereignisse. Als soziale Tatsache ist „Aufwachsen" im Schnittpunkt von Kindheit als individueller Lebensgeschichte und institutionalisierter Lebensphase zu situieren.

„Kindheit" ließe sich entsprechend „als der Lebensabschnitt (fassen), in dem ein Mensch als Kind betrachtet wird, und als die kulturellen, sozialen und ökonomischen Charakteristika dieses Lebensabschnitts" (Frönes 1994, S. 148). Die Bestimmung betont den askriptiven, institutionellen (statt quasi-biologischen) Charakter von Alterszugehörigkeit. „Kindheit" ist ein interpretativer Rahmen, ein Set von Symbolen und Bedeutungen, die – z. B. in Gestalt von kulturellen und rechtlichen Altersnormen – ein Lebensalter als „kindlich" deuten (statt „altersgebunden" zu sein). Schließlich beinhaltet Frönes' Kindheitsbegriff eine sozio-ökonomisch und rechtlich bedingte Position im Generationenverhältnis sowie die soziale Lage einer altersspezifisch bestimmten Gruppe der Bevölkerung und damit auch den Sachverhalt an Alterszugehörigkeit gebundener Teilhaberechte. Die Kindheit gewinnt dadurch als Lebensphase, kulturelles Muster und Sozialstatus Eigenständigkeit als soziales Phänomen, in dem die Entwicklungstatsache mit der Sozialstruktur verknüpft wird. „Kindheit wird nicht als ein Prozess betrachtet, der von anderen Faktoren beeinflusst wird, sondern als ein Strukturmuster, das seinerseits den sozialen Wandel beeinflusst und das als eine analytische und konzeptuelle Brücke funktioniert, welche die Strukturen der Gesellschaft mit den Strukturen der individuellen Entwicklung und Sozialisation verknüpft. Diese Brücke ist von entscheidender Bedeutung in Gesellschaften, die durch sozialen Wandel charakterisiert sind" (Frönes 1994, S. 164).

Kindheit ist also nicht lediglich eine individuelle Lebensphase des Übergangs, sondern ein konstitutives Element in den komplexen Mechanismen der Veränderung der Gesellschaft.

3.3 Altersnormen und Biographisierung

Der Sozialstaat organisiert die Lebensphase Kindheit als alterssegregiertes Ablaufmuster. Bernhard Nauck stellt fest, dass kein anderes Segment des Lebenslaufs eine so hohe altersgradierte Regelungsdichte aufweist wie die Kindheit (Nauck 1995, S. 16), und nennt die altersspezifische Schulpflicht dafür ebenso als Beispiel wie die Altersgradierung im Vereinssport, Altersbegrenzungen beim Kindergartenbesuch und anderer Betreuungseinrichtungen oder die altersgradierte stufenweise Mündigkeit. Das Konzept einer „Normallebensphase" müsste entsprechend auf eine altersgeschichtete Chronologisierung von Lebensereignissen einerseits, auf eine identitätskonstitutive Kontinuitätsidealisierung der Kinder andererseits bezogen werden. Die Normierungen des Altersstatus „Kind" umfassen die Abhängigkeit von den Eltern, ökonomische und sexuelle Inaktivität, Leben im Elternhaus und rechtliche Minderjährigkeit. Kinder sind nicht geschäftsfähig, Kinder sind altersspezifisch gestaffelt strafunmündig, Kinder haben keine politischen Beteiligungsrechte. Dafür umfasst der Rechtsstatus Kind Schutzrechte für Kinder (Proksch 1996). Vor dem Hintergrund der allgemeinen Schulpflicht hat die Schülerrolle Parallelen mit der Staatsbürgerrolle, weil sie alle Kinder, unabhängig von Herkunft und Familienzugehörigkeit, in ein formal gleiches und direktes Verhältnis zum Staat bringt (Lenhardt 1993).

Seit Ende der sechziger Jahre sind die Rechtsgrundlagen der Altersordnung in der Bundesrepublik grundlegend reformiert worden; zu erwähnen ist das Nichtehelichenrecht von 1969, die Senkung des Volljährigkeitsalters von 1974, das Sorgerechtsgesetz von 1979, die Reform des Jugendgerichtsgesetzes von 1990, das Kinder- und Jugendhilfegesetz von 1990 sowie die Reform der Schulverfassung in den Ländern seit den siebziger Jahren. Das Kinder- und Jugendwohlfahrtsgesetz (KJHG, in Kraft mit dem 1. Januar 1991, in den neuen Bundesländern bereits am 3. Oktober 1990) stärkt – trotz aller Halbherzigkeiten und entgegenstehender Regelungen – die Rechtsposition von Kindern gegenüber Eltern und Staat. Zuletzt ist das neue Kindschaftsrecht am 1. Juli 1998 in Kraft getreten, das die Rechtsstellung von Kindern in ihren Familien regelt und die Ungleichbehandlung von ehelichen und nichtehelichen Kindern beseitigt. Vorläufiger Höhepunkt der Entwicklung und zugleich Zeichen einer transkulturellen Universalisierung von Kindheitsnormen ist die UN-Konvention über die Rechte des Kindes vom 20. November 1989 (für Deutschland in Kraft getreten am 5. April 1992).

Die bis zu drei Jahre alten Kinder leben überwiegend eine private und verhäuslichte Familienkindheit, wenn allerdings auch der Ausbau der Krippenbetreuung einen neuen Trend anzeigt. Dagegen ist es in der alten Bundesrepublik seit den siebziger Jahren die Regel geworden, dass 3- bis 6jährige einen Kindergarten besuchen und dabei einen engen und zeitlich ausgedehnten Kontakt mit professionellen Erzieherinnen haben, in der DDR war dies immer schon anders. In der mittleren Kindheit hat die Schule zwar vordergründig immer noch eine beherrschende Stellung inne, aber die „Schulkinder" führen häufig schon einen Alltag, dessen Zeitökonomie und Planungsrationalität mit dem vertrauten Bild von „Spielen und Lernen" nicht mehr viel zu tun hat. Spätestens bei den 12jährigen verfließen dann die Unterschiede zwischen „Kind" und „Jugendlichem", und mit ihnen relativieren sich die Lebensphasen „Kindheit" und „Jugend". Eine vereinheitlichende Rede von „der Kindheit" ist auch deswegen irreführend, weil die Lebensverhältnisse und Lebenschancen von Kindern in Deutschland regional, schicht- und geschlechtsspezifisch sowie – von wachsender Bedeutung – auch ethnisch differenziert sind.

In den achtziger Jahren des 20. Jahrhunderts ist ein „Brüchigwerden von klar fixierten Altersnormen" (Büchner 1990, S. 86) beobachtet worden. Die Lebensphase Kindheit hat sich „von einer sozial präformierten Statuspassage (...) zu einer Phase (gewandelt), die durch eine biographische Verselbständigung von kindlichen Lebenslaufstrukturen gekennzeichnet ist" (ebd.). Diese Veränderung wird mit Hilfe von zwei Konzepten diskutiert.

Die These von der *Biographisierung der Kindheit* (Krüger 1994, S. 221) bezieht sich auf eine reflexive Dimension der Lebensführung. „Unter Biographisierung verstehen wir eine selbstreferenzielle Behandlung (das kann heißen: Thematisierung) von biographisch relevanten Ereignissen und Situationen. Dabei gehen wir davon aus, dass für ein solches Biographisierungsverfahren eine verbindliche Zielvorstellung fehlt" (Brose u. Hildenbrand 1988, S. 21). Die Biographisierung ist potentiell grenzenlos und folgt Maßstäben, die nur sie selbst revidieren kann.

Es ist also ein Missverständnis, Biographisierung sei gleichbedeutend mit einer Erweiterung von Autonomiespielräumen. Man müsste ebensosehr von einem Zwang zur Biographisierung sprechen, der sich aus einer Enttraditionalisierung von Orientierungs- und der Pluralisierung von Lebensverlaufsmustern ergibt. Biographisierung – und die Fähigkeit zu ihr – wird um so notwendiger, je diskontinuierlicher der Lebensverlauf bzw. der soziale Wandel sich vollziehen, in den er eingebettet ist. Als Aspekt von Individualisierung ist Biographisierung ebenso zwiespältig wie diese: Sie eröffnet Chancen der Selbst-Verfügbarkeit, aber unter dem Individualisierungszwang kann sie zum reinen Zurechnungsschema werden, zu einer Bewusstseinsform, welche das institutionell vorgegebene Ablaufprogramm des Lebenslaufs verdeckt. „Statt in (übersichtliche) traditionelle Subkulturen hineinzuwachsen, (müssen) Kinder ihren Alltag selbst gestalten, indem sie kulturelle Praxiselemente aus einer (unübersichtlichen) Fülle auswählen und zu einer für sie selbst möglichst zufrieden stellenden Lebensform verbinden. Sozial vorgegebene Lebensverlaufsmuster (werden) bereits im Kindesalter (zumindest teilweise) in selbst hergestellte und herzustellende Biographien transformiert, die privat und institutionell besonderer Planung und Abstimmung bedürfen“ (Büchner u. Fuhs 1994, S. 66). Anders gesagt: Kindheit kann, wie schon die Jugendphase, nicht mehr angemessen nur als Übergang beschrieben werden; sie ist zu einem Ernstfall eigener Art geworden. Der Ausbau der öffentlichen Kinderbetreuung und die mütterliche Erwerbstätigkeit haben die Lebensphase Kindheit stärker scolarisiert und normalbiographisch verregelt denn je. Daher erkennt eine andere Deutung in den Phänomenen der Biographisierung auch eher eine Verallgemeinerung und Entgrenzung jenes kulturellen Moratoriums, das ehedem ein Privileg bürgerlicher Kindheit war.

Kinder wachsen hierzulande zwar in aller Regel bis zu ihrem 18. Lebensjahr bei ihren leiblichen, verheirateten Eltern auf, aber ihre Gegenwart ist ebenso wenig durch die Vergangenheit ihrer Eltern determiniert wie ihre Zukunft durch deren Gegenwart. Eltern verlieren in vielen Bereichen ihre Orientierungsfunktion für Kinder, mehr noch: Die ältere Generation lernt von der jüngeren. Die amerikanische Ethnologin MARGARET MEAD (1901-1978) hat diese Umstrukturierung der

Sozialisationsverhältnisse schon in den 70er Jahren mit der Formel vom Wandel einer post- zu einer präfigurativen Kultur charakterisiert. Kinder scheinen eher ein Projekt der Eltern zur eigenen Sinnstiftung als ein Kindheitsprojekt zu verkörpern, das einen Zukunftsentwurf von Gesellschaft beinhaltet.

Zu den wenigen empirischen Untersuchungen zur Biographisierung der Lebensphase Kindheit zählt eine vergleichende Studie über 12- bis 14jährige Jungen und Mädchen in Ostdeutschland, den alten Bundesländern und den Niederlanden (Krüger u. a. 1994). Biographisierung wird dort als kognitive und alltagspraktische Verselbständigung verstanden und nach dem Grad des Eingebundenseins in familiale Verpflichtungen und Zeitbudgets bemessen (Krüger u. a. 1994, S. 231). Die Autorinnen und Autoren richten dabei ihr besonderes Augenmerk auf die Eltern/Kind-Beziehungen, die kinderkulturelle Praxis und auf die Muster sozialer Beziehungen unter Kindern. Sie weisen auf eine Tendenz zur Informalisierung der Generationenbeziehungen, besonders der Eltern/Kind-Beziehungen, hin und demonstrieren an zahlreichen Belegen das Zeitmanagement der außerschulischen Aktivitäten und Beziehungen sowie das selbständige Disponieren, Handeln und Entscheiden der Kinder als Marktteilnehmer und Konsumenten.

An anderer Stelle hat Peter Büchner auf die Bedeutung des Sports für die Verselbständigung von Kindern hingewiesen. „In weitgehend individualisierter Form läuft hier über Freizeit-Karrieren ein Stück (leistungsorientierter, Ergänzung MSH) Habitus-Erwerb ab, der unter Individualisierungsbedingungen nur noch mittelbar von der Herkunftsfamilie beeinflussbar ist" (Büchner 1990, S. 91). In den Untersuchungen zu Lebensverläufen ostdeutscher Kinder wurde bislang vielleicht am überzeugendsten demonstriert, welche Schlüsselbedeutung Prozesse der Biographisierung, also von Praktiken der lebenslaufbezogenen Konsolidierung von Identität. in der Lebensphase Kindheit erlangen können. Leidecker, Kirchhöfer u. Güttler (1991) stellen solche Praktiken dar, indem sie Äußerungen von Kindern darüber dokumentieren, wie sie den Zusammenbruch der DDR erlebt haben und was er für ihre Lebensentwürfe bedeutete.

Die zweite These, mit der das Brüchig-Werden von Altersnormen beschrieben wird, gilt der *De-Standardisierung von Kindheitsverläufen* (Büchner 1990). Sie fasst die Kindheit als komplexe Ereignis- und Zustandsgeschichte in institutionellen Lebensbereichen und richtet sich auf die Analyse der Wechselbeziehung von Lebensbereichen, sozialen Gruppen und strukturierenden Einflüssen von Institutionen unter historisch gewordenen gesamtgesellschaftlichen Bedingungen. Die De-Standardisierungsthese zielt auf die Ausdifferenzierung eines mehr oder minder eigenständigen Sozialstatus „Kind", bezieht sich also auf die Sozialstruktur des Lebensverlaufs, wo die Biographisierungsthese von Identitätsbildung spricht.

Für die Forschung zum zeitgenössischen Kinderleben ergeben sich aus den beiden Thesen zunächst zwei unterschiedliche Problemstellungen.

- Aus der Biographisierungsthese folgt die generelle Frage, ob und wenn ja: wie Kinder sich *als Kinder* entwerfen. Diese Frage hat entwicklungspsychologische Implikationen, denn Biographisierung setzt „eine Lebens- und Zeitperspektive (voraus), die Vergangenheit, Gegenwart und Zukunft umfasst, das Wissen von der Endlichkeit des Lebens und die Fähigkeit, über das eigene Leben Bilanz zu ziehen" (Heinritz 1994, S. 177).

- Aus der De-Standardisierungsthese folgt die generelle Frage nach der Ausdifferenzierung eines Status „Kind" und den Teilhaberechten von Kindern. Die Institutionalisierung der Kindheit in der Moderne erfolgt primär indirekt, das heißt: Kinder werden nicht als Bürger, sondern über ihre Zugehörigkeit zu Familien und anderen kindzentrierten Organisationen vergesellschaftet. Womöglich wäre daher im Kontext einer Ausdifferenzierung des Status Kind eher von einer „Konstitutionalisierung" (Daele, v. d. 1988) als einer De-Standardisierung der Kindheit zu sprechen. Belege für eine Entstrukturierung der Lebensphase „Kindheit" bleiben eher mager.

3.4 Zusammenfassung

Die Formulierung des Sozialisationsproblems setzt die Institutionalisierung der Kindheit als Lebensphase voraus. Gemeint ist damit, dass die Kindheit nicht lediglich eine soziokulturelle Einkleidung von Entwicklungsprozessen, sondern sozial konstuiert ist. Kindheit ist nicht der Inbegriff individueller Entwicklungsprozesse, sondern ein soziokultureller Kontext des Kinderlebens, auch von Sozialisationsprozessen. Diese Einsicht öffnet den Blick für Kinder als Akteure und ihre Selbst-Sozialisation. Sie verleiht aber auch der Frage nach den nicht-sozialen Voraussetzungen der Lebensphase Kindheit erneut Relevanz.

4 Alltag und Sozialwelt der Kinder

Die sozialräumliche Konstituierung von Kindheit

Die Einrichtungen des Bildungssystems, die Ausstattung der familialen Kinderwelt wie Kinderbücher, Kindermoden oder Spielzeug, kulturelle Rituale wie Taufe und Kindergeburtstage sind „für Kinder gemacht", aber sie sind auch Schauplätze eines Wandels von Kindheit, der die Bedingungen der Erfahrung, Kind zu sein, verändert. Der sozialgeschichtliche und sozialstrukturelle Wandel der Kindheit hat Alltagsorganisation und Lebensführung von Kindern verändert und ihre Spielräume für gestaltende Handlungsentscheidungen erweitert: Dies gilt besonders im Blick auf die Medialisierung der Erfahrungswelten, die Verrechtlichung des Subjektstatus und die Kommerzialisierung der gesellschaftlichen Teilhabe von Kindern.

In der sinnkonstituierenden und sinnaneignenden Tätigkeit von Kindern und den Erfahrungen der alltäglichen Lebensführung von Kindern manifestiert sich die Geschichtlichkeit der Kindheit. Kinder sind zu „Mit-Spielern" der Gesellschaft geworden. Bildungsprozesse von Kindern müssen neu begriffen werden. „Es gilt die Möglichkeit und die Wirklichkeit dieser Kinderkultur in den Blick zu rücken, um sowohl die Mitarbeit des Kindes an seiner Entwicklung (...) als auch die Einbettung der Kinder in soziokulturelle Zusammenhänge (...) angemessen herauszustellen" (Krappmann 1993, S. 365f.).

Die Verallgemeinerung der Lohnarbeit im ausgehenden 19. Jahrhundert
bedingte u. a. eine beträchtliche Binnenmigration und eine rasche Urbanisierung. Für die Konstituierung der Kindheit und die Lebensführung von Kindern besonders bedeutsam ist ein Aspekt der Urbanisierung, den IMBKE BEHNKEN und JÜRGEN ZINNECKER „Verhäuslichung"
nennen.

„Verhäuslichung" ist zunächst allgemein als eine zivilisatorische Ent-
wicklungsrichtung zu verstehen, also als eine Kategorie der Historischen Anthropologie, nicht der Kulturkritik, der eine Vorstellung unbe-
schädigter Natur implizierte. „Verhäuslichung" meint einen Prozess der
sozialräumlichen Segregation, der Ein- und Abgrenzung, der funktions-
spezifischen Differenzierung, insbesondere der Ausdifferenzierung
privater und öffentlicher Räume. Im Sinne von Norbert Elias' Zivilisa-
tionstheorie, von der das Konzept inspiriert ist, verbindet sich in der
„Verhäuslichung" ein Modus sozialer Kontrolle mit einer Sensibilisie-
rung der Sinneswahrnehmungen, einer Verfeinerung der Körpermoto-
rik, einer größeren Personorientierung der sozialen Beziehungen.
„Verhäuslichung" ist also Humantechnologie (was ist gemeint?) und
sozialräumliche Erfahrung zugleich.

Prozesse der Verhäuslichung differenzieren zwischen „innen" und „außen". Die Zentrierung auf familial und schulisch bestimmte Innenräu-
me strukturiert Erfahrung und soziale Wahrnehmung nach „Straße" und
„Haus" (bzw. Familie), „vertraut" und „fremd", „geborgen" und „bedrohlich" (Behnken u. Zinnecker 1989). Mit der Urbanisierung differenzieren sich Familie, Schule und Straße als soziale Kindheitsräume
aus und bringen bereichsspezifische Kinderkulturen und Kindheitser-
fahrungen hervor. Sie prägen Biographien, bestimmen kindbezogene
Sozialmilieus und koppeln kindliche Lebensverhältnisse an sozialstaatliche Interventionen. „Straße" bedeutet nicht nur einen objektiven, primären Raum, der mit der Enge städtischer Wohnungen, zumal ärmerer
Bevölkerungsschichten, kontrastiert (und ihn zugleich in den öffentlichen
Raum erweitert) und von der Entwicklung der Märkte und des Trans-
portwesens in seiner Beschaffenheit bestimmt wird. „Straße" wird auch
zum „Möglichkeitsraum" für Kinder, zu einer „Welt, in der Kinder in

lockeren oder festeren Gruppen weitgehend nach eigenen Regeln und Gesetzen" sich bewegen und handeln (Schlumbohm 1979, S. 707). Die berühmten Studien von MARTHA und HANS HEINRICH MUCHOW über den „Lebensraum des Großstadtkindes" (Muchow u. Muchow 1938) stellten dar, wie Kinder ihre städtischen Lebensbedingungen „umleben", „um-nutzen", in diesem Sinne: sich aneignen und dabei die Kultur einer eigenständigen kindlichen Sozialwelt entfalten.

Schließlich ist „die Straße" seit dem Urbanisierungsschub des ausgehenden 19. Jahrhunderts zu einem Topos des pädagogisierenden Diskurses geworden, zu einem Ort restaurativer und progressiver Projektionen (Zinnecker 1979, S. 728). Insbesondere nach dem Ersten Weltkrieg wurde „die Straße" und die vermeintlich mit ihr verbundenen Gefährdungen bzw. Befreiungshoffnungen Thema einer breiten pädagogischen und politischen Literatur. Kurz: „Verhäuslichung" vermag die Kindheit in einer komplexen Weise als sozialen Raum zu beschreiben. Zinnecker geht sogar so weit zu formulieren, dass Kindheit im heutigen Verständnis „letztlich erst im Prozess der Verhäuslichung konstituiert" wird (Zinnecker 1990, S. 142).

4.1 Kinderkultur als Entwicklungsaufgabe

Von „Kinderkultur" zu sprechen, ist mehrdeutig. Vertraut ist, von einer Kultur für Kinder zu sprechen; was unter einer Kultur der Kinder zu verstehen ist, muss geklärt werden. Einen scharfen Unterschied zu machen, wäre aber irreführend. Die Kinderkultur repräsentiert keinen Kanon von Bereichen, Instanzen, Medien, Aktivitäten und Aspekten, sondern ist als ein Prozess der Bedeutungsproduktion zu verstehen. Es geht um die „Sinngebungsarbeit" von Kindern (Fatke), um den Aufbau eines eigenen Verhältnisses zur Welt und um die Hervorbringung einer sozialen Welt, die eine Welt symbolisch vermittelten Sinns, eines Eigen-Sinns ist, der sich von den Bedeutungen, die Erwachsene dieser Lebensphase zuschreiben, klar unterscheidet. Die sinnkonstituierende und sinnaneignende Tätigkeit der Kinder tritt den Erwachsenen als eine fremde Eigenwelt entgegen, die eine Herausforderung und Grenze erwachsenenzentrierter Kindheitsbilder markiert.

Vor diesem Hintergrund lassen sich drei Dimensionen des Konzepts unterscheiden:

- Einerseits bildet die Kinderkultur einen Erfahrungsraum, der es Kindern erleichtert, sich einen Zugang zur Erwachsenenwelt zu erarbeiten. Diese Welt erscheint als Rätsel, das Kinder zu lösen suchen. Sie entwickeln Hypothesen, Erklärungen, Handlungsstrategien. Sie tun dies nicht nur allein, sondern vor allem miteinander, in einer eigenständigen Sozialwelt, die sich selbst zum Gegenstand, zur Aufgabe wird, indem Kinder eigene Sozialformen, Territorien, Ideale und Regeln entwickeln und dabei auf kinderkulturelle Traditionen, beispielsweise Lieder und Spiele, zurückgreifen. Dabei schreiben Kinder Wirklichkeitsausschnitten Bedeutung zu, wobei sie auf vorhandene Zeichen- und Symbolwelten, Wissensvorräte, Gepflogenheiten, anders gesagt: auf „signifikante Bedeutungsnetze" ihrer Lebenswelt zurückgreifen.

- Andererseits kann man die Kinderkultur als eine Form sozialer Praxis auffassen: Freundschaften und Gruppen, Spiele und Lieder, Rituale, Tabus, und nicht zuletzt die Bilder, die sich Kinder von sich und der Welt machen, in der sie leben. In der Kultur der Kinder finden die kindliche Lebenslagen, Beziehungsstrukturen und Handlungsmotive ihren Ausdruck und werden in Handeln umgesetzt. Mit Hilfe kinderkultureller Praktiken gestalten Kinder ihre sozialen Beziehungen, bearbeiten sie ihre Lebensprobleme; in ihnen offenbart sich der Kindern deutliche Lebenssinn einschließlich ihrer Probleme, Ängste und Sehnsüchte.

- Orte der Kinderkultur sind soziale Kindheitsräume. Sie stehen im Schnittpunkt makro- und mikrostrukturellen Wandels sowie von Topoi alltagskulturellen Wissens und Handelns. Soziale Räume haben einen lokalen Bezug, aber sie sind von physikalischen Räumen zu unterscheiden. Das Konzept der sozialen Kindheitsräume bezieht sich auf die Symbolisierung der materiellen Umwelt, auf Regeln, Deutungsmuster und Weltbilder, die den Raum strukturieren, ihm Bedeutung geben und von den Kindern, die ihn bevölkern – der Sozialwelt der Kinder –, erlebt werden.

Die Kultur der Kinder stellt eine eigenständige Lebensform dar, mittels derer Kinder als Kinder in ein kollektives Verhältnis zu Erwachsenen treten. Sie stellt die Aufgaben, über deren Bearbeitung Kinder ihren Zugang zur Erwachsenenwelt intensivieren und differenzieren. Lothar Krappmann nennt die Kinderkultur in diesem Sinne eine „institutionalisierte Entwicklungsaufgabe" (Krappmann 1993). Die Sozialwelt der Gleichaltrigen hat also nicht lediglich eine kompensatorische oder entlastende Funktion, wie man lange glaubte. Sie stellt ihren Mitgliedern andere Entwicklungsaufgaben als intergenerational strukturierte Lebensbereiche, weil sie nicht von vornherein durch ein Machtgefälle bestimmt sind wie die Beziehungen zwischen Erwachsenen/Eltern und Kindern. Das bedeutet: „Das Kind »konstruiert« seine Begriffe, Vorgehensweisen, seine Schemata und Fähigkeiten in Auseinandersetzung mit Objekten und Personen" formulieren LOTHAR KRAPPMANN und HANS OSWALD (Krappmann u. Oswald 1994, S. 7), und rekonstruiert dabei aktiv die Regeln der gesellschaftlichen Institutionen, in die es hineinwächst, liest sie gewissermaßen ihrer Praxis ab. Kinder lernen, an der sozialen Welt teilzunehmen, indem sie in der sozialen Kinderwelt ihre Erfahrungen mit der Erwachsenenkultur darstellen und zur Organisation ihrer sozialen Beziehungen nutzen. Der Erwerb von Wissen und Können geht nicht als eine Verinnerlichung von kulturell und sozial vermittelten Regelstrukturen, nicht lediglich als eine Übernahme von Werten, sondern als ihre „interpretative Reproduktion" (Corsaro 1997) vor sich. Mit dem Ausdruck „interpretative Reproduktion" wird betont, dass Kinder zu eigenen Deutungen und Problemlösungen gelangen, die sie in einem eigenen Symbol- und Handlungssystem – peer culture, Kinderkultur – organisieren.

Routinen sind bei der Bewältigung dieser Aufgaben von zentraler Bedeutung. Routinen sind wiederkehrende und vorsehbare Handlungsmuster, die das Alltagsleben strukturieren. Ihr habitueller, selbstverständlicher Charakter verschafft den kindlichen Akteuren Sicherheit und ein geteiltes Verständnis von Zugehörigkeit zur Gruppe der Kinder. Dies ist entscheidend, um die Unverständlichkeit und Ungewissheit der Erwachsenenwelt aufarbeiten zu können. Ihre Vorhersagbarkeit erlaubt, dass Routinen als „Rahmungen" fungieren können, in denen eine große Bandbreite von soziokulturellem Wissen hervorgebracht, dargestellt und kollektiv interpretiert werden kann. In diesem Sinne sind Routinen soziale Repräsentationen von Regeln der Erwachsenenwelt und Moment ihrer Überarbeitung zugleich. WILLIAM CORSARO (Corsaro 1997) hat zahlreiche Routinen der Kinderkultur beschrieben, darunter Zugangsrituale, Freundschaftsmuster, Rollenspiele, Aushandlungsprozesse und vor allem auch differenzierte Strategien, sich den durch Erwachsene gesetzten Regeln und Normen zu entziehen, sie umzuinterpretieren oder die Erwachsenen mit ihren eigenen Waffen zu schlagen.

Auch Krappmann und Oswald haben viele Jahre die unterschiedlichen Sozialformen von Kindern untersucht. Sie sind an Fragen einer Soziogenese von Moral interessiert und untersuchen unter dieser Perspektive identitätsbildende Prozessen des Aushandelns von Regeln und Bedeutungen. „Spiele auf der Grenze", Streiten, Sanktionieren, Helfen, Trösten haben sie ebenso untersucht wie das aggressive Entgleisen dieser Prozesse. Ein langjähriger Untersuchungsschwerpunkt sind Kinderfreundschaften, die für die Entwicklung konsensueller Wahrheit und einer interpersonell ausgehandelten Moral besonders günstige Bedingungen bieten. Die Anstrengungen, in Aushandlungen und Konflikten mit Personen, die gleich mächtig sind, gegensätzliche Rechte und Interessen zu einem Ausgleich zu bringen, haben für Kinder eine andere Bedeutung als die Interaktionen mit Erwachsenen. „Kinder stehen mit anderen Kindern vor dem Ernstfall sozialer Koordination und Kooperation" (Krappmann 1999, S. 230).

Die Ko-Konstruktion einer autonomen Moral markiert den Unterschied zwischen Kinderkultur und generationaler Ordnung mit ihrem Macht- und Autoritätsgefälle. „Denn während sie mit den Eltern eher ‚spielen', was sie als Rollen und Erwartungen in ihrer Tragweite gar nicht überblicken, sind Kinder in ihren Aushandlungen von Spielregeln, Aufgabenverteilungen oder gemeinsamen Ansichten miteinander wirklich damit beschäftigt, ihr Sozialleben aufzubauen und sich zu sozialisierten Wesen zu entwickeln." (Krappmann 1999, S. 233).

4.2   Kinderkultur als Lebensführung: Kinderalltag

Die von Kindern eigentätig hergestellte „Sinngestalt" (Lippitz 1999) der Kindheit bildet sich in den Erfahrungen der kindlichen Lebenswelt und äußert sich in der alltäglichen Lebensführung von Kindern. Analog zur Entwicklung lebenswelt- und alltagsorientierter Fragestellungen in der Sozialisationsforschung hat sich im Laufe der achtziger Jahre das Interesse am Wandel der Kindheit von der Frage nach Sozialisationsbedingungen zu einem Interesse an der Lebensführung von Kindern in ihrer alltäglichen Umwelt verlagert.

Eine ganze Reihe von Studien haben gezeigt, wie Interdependenzen zwischen modernen Lebensbedingungen und Mustern kindlicher Lebensführung von Kindern aktiv hergestellt und gestaltet werden, besonders eindrucksvoll im Ost/West-Vergleich. In diesen Beobachtungen und Beschreibungen drückt sich nicht lediglich das Bemühen aus, die Perspektive von Kindern zur Geltung zu bringen; sie demonstrieren vor allem, dass heutige Kindheit nicht im Windschatten der Gesellschaft stattfindet. Sie beschreiben Muster zeitgenössischen Alltagslebens, in denen Kinder als Akteure im Prozess der Modernisierung auftreten. Der Erfahrungsraum von Kindern, in dem die dinglichen Gegebenheiten zu Ressourcen kindlicher Eigenaktivität und Kompetenz werden, ist immer auch ein Handlungsraum Erwachsener. Implizit stellen diese Studien daher die Frage, was die Verfasstheit der Kindheit als institutionalisierter Vorbereitungsphase, als Bildungsmoratorium heute eigentlich noch bedeutet.

Den Gedanken, Kinder als Akteure der Modernisierung – also nicht lediglich als Subjekte ihrer persönlichen, sondern auch der gesellschaftlichen Entwicklung – zu sehen, haben HARTMUT und HELGA ZEIHER (Zeiher u. Zeiher 1994) in einer Konzeption kindlichen Handelns ausgearbeitet. „Handeln" fassen Zeiher u. Zeiher als Sequenz zeitdisponierender Entscheidungen unter ständig wechselnden kontingenten Bedingungen (Zeiher u. Zeiher 1994, S. 81). Als gesellschaftliche Lebensform ist die zeitgenössische Kindheit nach den Zeiherschen Befunden durch eine „dual socialization" (Dencik 1989) bestimmt. „Den öffentlichen Aktivitäten entsprechen Raum, Gruppe, Gleichheit; den privaten Aktivitäten Zeit, Individuum, Einzigartigkeit. Kinder leben in beiden

Sphären: in Kinderbetreuungseinrichtungen und Schule einerseits, in der Familie andererseits. Die Erfahrung des täglichen Wechsels zwischen der Behandlung als Mitglied eines Kinderkollektivs und als Familienkind erzeugt Brüche und Widersprüche. Diese wiederum können Kinder herausfordern, in Auseinandersetzung mit beiden Seiten Eigenständigkeit zu erlangen" (Zeiher u. Zeiher 1994, S. 193f.).

Die Analyse von Lebensraumstrukturen muss durch eine Analyse von Wissensstrukturen ergänzt werden. Die aktive Bewältigung der komplexen Anforderungen moderner Lebensbedingungen ist nur durch die Ausprägung von Lebensstilen möglich, die Verhaltensweisen mit Orientierungsmustern und Ressourcen in Einklang bringen. Mustern der Lebensführung kommt ein eigenständiges Gewicht und ein eigenständiger konzeptueller Status zu, dessen übersituative Bedeutung sich in Aushandlungsprozessen herausbildet und von der Persönlichkeit des Kindes zu unterscheiden ist. Die Untersuchungen von DIETER KIRCHHÖFER zur Lebensführung Ostberliner Kinder (Kirchhöfer 1998) lesen sich wie eine Probe aufs Exempel dieses Vorschlags. Kirchhöfer vergleicht auf der Basis von retrospektiven Befragungen und Tageslaufprotokollen Praktiken der alltäglichen Lebensführung 10- bis 14jähriger Kinder vor und nach dem politisch-ökonomischen Umbruch in Ostdeutschland. „Lebensführungen halten offensichtlich die konflikthaft angelegten Beziehungen zwischen Individuum und Gesellschaft noch aus, sie vermitteln zwischen beiden im Sinne eines praktischen Reparaturdienstes (...), aber sie können in ihren instabilen und inkonsistenten Inhalten auch ein hochsensibler Anzeiger dafür sein, wenn die Konflikte durch die Individuen nicht mehr verarbeitet werden können" (Kirchhöfer 1995, S. 11).

Die gegenständliche Umwelt der Kinder repräsentiert nicht als solche, sondern qua sozialer Vermittlungsprozesse Möglichkeiten und Grenzen der Nutzung. Chancen und Risiken sind ungleich verteilt. In diesem Sinne wäre die deskriptive, am Eigen-Sinn kindlicher Aktivität orientierte Perspektive zu ergänzen durch eine Analyse der Ungleichheit der Chancen, die Kindern vermittels sozialräumlicher Faktoren eröffnet oder verschlossen werden.

4.3 Familie, Kindergarten, Schule als soziale Welten der Kinder

Der Übergang von einem ausschließlich familial bestimmten Leben in den öffentlichen Raum eines Kindergartens bringt für die betroffenen Kinder eine Reihe von generalisierten Erwartungen mit sich. „Im Gefolge der von pädagogischen Institutionen unterstützten Ablösung vom Elternhaus wird von den Kindern erwartet, dass sie (...) Alltagsaufgaben ohne permanente Assistenz Erwachsener bewältigen. Dies gibt ihnen auch Raum zur selbstbestimmten Vergesellung" (Krappmann 1993, S. 367). Sie müssen nun zum ersten Mal ihre sozialen Beziehungen selber anbahnen und aufrechterhalten und bewegen sich dabei erstmals in einer Gruppe von gleich mächtigen Altersgenossen. Es sind aber nicht nur neue Aufgaben, sondern auch andere Regeln, mit denen sich Kinder im öffentlichen Raum des Kindergartens konfrontiert sehen.

Der Kindergarten ist ein Raum der Erwachsenenwelt, gerade weil er „für Kinder gemacht" ist. In öffentlichen Räumen werden die Unterschiede zwischen Kindern und Erwachsenen betont, Maßstäbe „normaler Kindheit" spielen eine große Rolle (Cahill 1990). Als öffentliche Räume sind Kindereinrichtungen also keine „Freiräume". Dencik (1989) begründet mit eigenen Befunden die These, dass Kindergärten als öffentliche Einrichtungen von ihrem Publikum, den Kindern, ein spezifisches, nämlich zivilisiertes, affekt-kontrolliertes Verhalten verlangen: eine Handlungskompetenz, die zur Bewältigung des Lebens in komplexen moderner Gesellschaften erforderlich ist und die nur in öffentlichen Institutionen wie dem Kindergarten, nicht in der Familie erworben werden kann. Der private und der öffentliche Erfahrungsraum sind nicht in einander übersetzbar, sie stehen aber auch nicht in einem Verhältnis von Zentrum und Peripherie zueinander, sondern bilden gleichsam Soziotope, deren Handlungslogiken sich wechselseitig ergänzen, neutralisieren oder überlagern können. Dencik spricht von einer dualen Sozialisationssituation für Kinder (Dencik 1989, S. 167).

Das Geschehen wird von einer doppelten Differenz bestimmt: zum einen von der Differenz zwischen dem öffentlichen Handlungskontext der Tageseinrichtungen für Kinder und dem privaten Handlungskontext der familialen Erziehung, zum anderen von der Differenz zwischen den

pädagogischen Repräsentationen der Erwachsenkultur und der Kultur
der Kinder (Corsaro 1997, Kap. 5).

- In einer Studie über finnische Ganztagseinrichtungen hat Harriet
  Strandell untersucht, wie der Handlungskontext öffentlicher Tageseinrichtungen die Aktivitäten von Kindern in den Einrichtungen normiert. Diese Normierung funktioniert als Administration
  von Zeit und Raum und bringt eine soziale Ordnung alltäglicher
  Abläufe hervor: Zeitstrukturen legen Parallelität und Abfolge unterschiedlicher Aktivitäten fest („Fahrpläne"), regulieren Beziehungen, bestimmen Gewohnheiten und Praktiken (Strandell 1997,
  S. 3).
- Frances C. Waksler (1991) hat die Praxis disziplinarischer Regeln
  untersucht und ist dabei einer Logik der Erzieherinnen-Kinder-
  Interaktion „unterhalb" der pädagogischen Programme auf die
  Spur gekommen. Sie folgt einem „heimlichen Lehrplan", der eine
  erhebliche Kompetenz der Ermittlung und Befolgung differenzierter, situationsabhängiger und auf systematische Weise inkon-
  sequent gehandhabter Verhaltensanforderungen vermittelt – ein
  Befund, der dem Bild des unfertigen und lernbedürftigen Kindes
  widerspricht, mit dem sich das formelle pädagogische Programm
  der Einrichtung legitimiert, die Waksler untersucht hat.
- William Corsaro zeigt in einem Aufsatz, der den bezeichnenden
  Titel „The underlife of nursery school: young children's social
  representations of adult rules" (1990) trägt, dass die Kinderkultur
  subversive Strategien des Umgangs mit den Regeln der erwachsenen Erzieherinnen kennt, die eine genaue Kenntnis dieser Regeln, der Normen und Werte voraussetzt und über Kompetenzen
  verfügt, die nicht „auf dem Lehrplan stehen" (Corsaro 1990).
  Corsaro betont vor allem zwei zentrale Themen der Kinderkultur
  im Vorschulalter: Kontrolle zu gewinnen über das eigene Leben
  und diese Kontrolle mit anderen zu teilen, also soziale Teilhabe
  zu gewinnen, Beziehungen aufzubauen und aufrechtzuerhalten
  sowie im Konflikt zu behaupten (Corsaro 1997, insbes. Kap. 6
  und 7).

GERD SCHÄFER (1995) und HANS-JOACHIM LAEWEN (2000) rücken die Auseinandersetzung der Kinder mit ihrer von Erwachsenen bestimmten Lebenswelt in eine bildungstheoretische Perspektive. Sie beschreiben minutiös die Prozessualität individueller Aneignungsprozesse in der frühen Kindheit. Im Rückgang auf neuere Erkenntnisse der Neurobiologie argumentieren sie, dass Kinder durch die Evolution darauf vorbereitet sind, sich von Beginn an und mit all ihren Kräften zu bemühen, sich ein Bild von der Welt zu machen. Kinder bringen ihre Sinneseindrücke mit eigenen Aktivitäten in Zusammenhang und ordnen ihnen auf diese Weise Bedeutung zu. Kinder konstruieren selbsttätig und in Interaktion mit der belebten und unbelebten Umgebung eine komplexe Struktur, die mehr ist als ein bloßes Abbild der Umgebung. Sie besteht aus mehr oder weniger vernetzten und mit emotionalen Wertigkeiten verknüpften Detailwahrnehmungen auf den verschiedenen Sinnesebenen und ist mit Handlungen, Handlungsabsichten, Handlungskontexten verbunden, die den Wahrnehmungen eine subjektive Bedeutung verleihen (Laewen 2000, S. 8). „Wir meinen dieses selbsttätige Bemühen des Kindes um Weltsicht und Handlungskompetenz, wenn wir von Selbst-Bildung in einem doppelten Sinne sprechen: Bildung durch Selbst-Tätigkeit und Bildung des Selbst als dem Kern der Persönlichkeit (ebd.). „Bildung wäre ... die in einen relevanten sozialen Bezug eingebettete Eigenbewegung des Kindes zur Aneignung der Welt" (Laewen 2000, S. 11).

LOTHAR KRAPPMANN und HANS OSWALD beschreiben die soziale Welt von Grundschulkindern (Krappmann u. Oswald 1995). Sie zeigen in filigranen Interpretationen von Interaktionsprozessen, wie Jungen und Mädchen sich in einem unablässigen Prozess der Aushandlung ihre sozialmoralische und kognitive Entwicklung erarbeiten. Georg Breidenstein und Helga Kelle stehen mit ihren Studien zur Gleichaltrigenkultur 9- bis 12jähriger in Schulklassen in einer ethnographischen Tradition (Breidenstein u. Kelle 1998). Sie beobachten die interaktiven Praktiken, mit denen Schülerinnen und Schüler kulturelle Bedeutungen erzeugen, u.a. die Geschlechterdifferenz oder die Unterscheidung von Öffentlichkeit und Privatheit.

4.4 Medialisierung und Kommerzialisierung der Kinderkultur

Seit der klassischen Straßenkindheit zur Wende vom 19. zum 20. Jahrhundert haben sich die sozialen Räume der Kinder qualitativ verändert. Medienwelt und kommerzielle Kultur sind zu einem signifikanten Aspekt der sozialen Erfahrung von Kindern und unterscheiden sich von den Erfahrungen, die sie in Familie, Schule und pädagogischen Institutionen machen können, deutlich (Hengst 2002). Die Bedeutung dieser Entwicklung wird immer noch unterschätzt oder in kulturkritischen Klagen verzerrt. Die politische Ökonomie moderner Kindheit verknüpft die Freisetzung der Kinder von Erwerbsarbeit mit der Informalisierung des Eltern-Kind-Verhältnisses. Sie schafft damit zugleich die Voraussetzung für die Instrumentierung der Sorge um Kinder durch den Markt, früh bereits durch die Spielzeugindustrie, aber auch durch die pharmazeutische Industrie. Indem der Markt Kinder als Konsumenten anspricht, behandelt er sie wie Erwachsene, eröffnet ihnen Zugänge und Gestaltungsmöglichkeiten und entlastet sie von den Zumutungen des Erziehungsprojekts (Hengst 1996).

Medien und kommerzielle Kultur infiltrieren das Alltagsleben nicht nur auf der Ebene ökonomischer Entscheidungen, sozialer Aktivitäten und häuslichen Lebens. Sie affizieren darüber hinaus die Gestaltung von Beziehungen und die Rahmung von Ereignissen sowie die individuellen und kollektiven Identitätskonstruktionen. Sie bilden materielle Voraussetzungen und inhaltliche Vorgaben für die Ausdifferenzierung einer eigenständigen Kinderkultur. Die klassische Bindung der Kindheit an Familie und Schule wird relativiert durch die Medialisierung der Erfahrungs- und die Kommerzialisierung der Handlungsräume. Markt und Medien konstituieren Kindheit mit.

Die Kommerzialisierung und in ihrer Folge die Medialisierung kindlicher Lebensräume wird zu einer Herausforderung des klassischen Kindheitsmodells, sobald die Filterfunktion der Eltern eingeschränkt wird. Dabei spielt das Fernsehen eine Schlüsselrolle (Lange u. Lüscher 1998). Es relativiert das Monopol der Eltern auf Umweltvermittlung. Medienprodukte können Bedeutung als Materialien gewinnen, mittels derer in der Gleichaltrigenkultur kommuniziert, Gefühle artikuliert, Identitäten formuliert und Entwicklungsaufgaben bearbeitet werden. In postmodernen Dienstleistungsgesellschaften verwischt sich die Trennung von Spielen und Lernen einerseits, Arbeiten andererseits und damit die Trennung von Welten der Kinder und der Erwachsenen. Markt und Medien werden so zu Szenen eines Wechselspiels von kulturindustrieller Steuerung und „Sozialisation in eigener Regie" (Hengst 1996).

4.5 Zusammenfassung

Die Sozialform Kindheit im 20. Jahrhundert ist durch das Spannungsverhältnis der sozialen Räume „Familie", „Straße" „Schule" und „Markt/Medien" bestimmt. Sie sind in dreierlei Hinsicht für die Konstituierung von Kindheit relevant:

- als primärer Raum, der einem empirisch-historischen Wandel unterworfen ist,
- als sozialer Handlungsraum und
- als pädagogischer Topos als Element eines kulturellen Kindheitsmusters.

Die Sozialwelt der Gleichaltrigen ist ein sozialer Raum der Kindheit, der sich der Monopolisierung durch Familie und Schule entzieht; gleichwohl ist er in historisch spezifische soziokulturelle Kontexte eingebettet. Die kindliche Sozialwelt ist weniger durch die individuellen Handlungskompetenzen als die sozialen Beziehungen der Inter-Akteure, der *peers* bestimmt. Sie ist daher mehr als ein Schauplatz individueller Entwicklungsprozesse: Die soziale Kinderwelt ist eine eigenständige Sozialisationsinstanz, ein sozialer Raum interaktiver Institutionalisierung von Kindheit, in der die kindlichen Akteure Intersubjektivität vorfinden/herstellen und in der sie Autonomie und Zugehörigkeit im Medium von Aushandlungsprozessen balancieren können. Sie setzt eine Institutionalisierung des Lebenslaufs voraus, und fungiert als Träger einer eigenständigen Kultur der Kinder.

Die Kultur der Kinder ist das Ergebnis von Anstrengungen, der sozialen Welt Sinn abzugewinnen in dem Versuch, in ihr handlungsfähig zu sein. Diese Lebensform ist eine Form der gesellschaftlichen Teilhabe und zugleich der Beitrag der Kinder zu Reproduktion und Wandel von Kultur und Gesellschaft. Es erscheint nicht allzu überzogen, die Kin-

derkultur als Medium einer kollektiven Identität der Kinder anzuerken-
nen, die sich der pädagogisierenden Dichotomie von „wertvoller" Kultur für Kinder und „gefährdender" Kommerzkultur (Medialisierung)
entzieht. Die Kultur der Kinder muss als ein ambivalenter Modus der
Institutionalisierung von Kindheit neben und in den klassischen Institutionen Familie und Schule aufgefasst werden – ambivalent, weil sich
darin auch eine Kommerzialisierung der Kindheit äußert, die gegenüber
dem Kindheitsprojekt der Moderne (Hengst 1996) indifferent ist. Damit
verliert die Kindheit als eigenständige Lebensphase an Gewicht, während sie als plurale Lebensform und Lebenslage an Gewicht gewinnt.

5 Ausblick. Grenzen der Individualisierung

Die Frage nach der Individualisierung der Kindheit setzt ein Verständnis von Kindheit als gesellschaftliches Phänomen voraus. Dies ist
Thema einer internationalen Soziologie der Kindheit, die sich seit Mitte
der 70er Jahre des 20. Jahrhunderts allmählich herausgebildet hat und
etwa seit Mitte der 80er Jahre mit eigenständigen Konzepten und Theorien hervorgetreten ist (Skolnick 1976; Thorne 1987). „Kindheit" war,
wie „Jugend", zuvor ein Kollektivsingular gewesen, der alle sozialen
und kulturellen Differenzen im gemeinsamen Nenner vermeintlich uni-
verseller biologischer Reifungsprozesse und psychologischer Entwick-
lungsgesetze aufhob. Unter diesem Blickwinkel erscheinen Kinder, mit
Hartmut von Hentigs schöner Formulierung, „wie das Gras – zu allen
Zeiten gleich" (von Hentig 1975, S. 32).

Seit Mitte der 70er Jahre des 20. Jahrhunderts entstand jedoch eine
Diskussion, die diesen Blickwinkel („Entwicklungsparadigma") prob-
lematisierte und nach *individuellen* Entwicklungsprozessen und ihren
sozialen, historischen und kulturellen *Kontexten* fragte. In den 80er
Jahren radikalisierte sich diese Diskussion, als die Frage „Was ist ein
Kind?" ausdrücklich gestellt und die Forderung erhoben wurde, sie mit
einer Soziologie der Kindheit zu beantworten (Jenks 1982).

Möglich wurde diese Entwicklung indes erst durch die Einsicht, dass die Kindheit, wie wir sie zu kennen meinen, erst im 17. Jahrhundert entstanden ist und mithin auch wieder vergehen kann. Am wirkungsvollsten hat der französische Historiker PHILIPPE ARIÈS die Aufmerksamkeit für die Vielfalt und Unterschiedlichkeit der sozialen und kulturellen Bedingungen und Formen des Kindseins geschärft; seither ist es schwierig geworden, von „der" Kindheit zu sprechen. Ariès meint die bürgerliche Familien- und Schulkindheit, wenn er von der „Entdeckung" (oder „Erfindung") der Kindheit spricht. Sie wird nicht als eine naturgegebene Lebensphase des Menschen entdeckt, sondern als ein gesellschaftlich zu realisierendes Projekt entworfen, und zwar in einem dreifachen Sinn: Als ein Projekt der sozialen Emanzipation und Reproduktion des Bürgertums, als ein Projekt der individuellen Vervollkommnung durch Erziehung und nicht zuletzt als ein aufklärerisches Projekt der Versittlichung der Menschheit. In der Einheit dieser drei Dimensionen ist die Kindheit eine pädagogische Kategorie, vielleicht sogar die pädagogische Kategorie schlechthin.

Die Soziologie der Kindheit stellt ihre Frage nach dem Kind, als dieses Fortschrittsprojekt seine Glaubwürdigkeit bereits verloren hat; ihre Antworten unterscheiden sich danach, welche Bedeutung sie diesem Projekt für die Kindheit der Gegenwart zumessen. Dabei lassen sich idealtypisch zwei Diskussionslinien unterscheiden:

- Eine *kinderpolitische* Diskussionslinie entlarvt die Familien- und Schulkindheit der Moderne als *kulturelle Erfindung* (Kessel u. Siegel 1983) und setzt dem Paradigma des Kindes als Entwicklungswesen ein anderes Bild des Kindes entgegen. Statt als Werdende, als noch nicht Erwachsene, werden Kinder als Seiende, als Akteure und Personen aus eigenem Recht verstanden; statt als unmündige und schutzbedürftige Lerner werden sie als kompetente Wissende betrachtet. Entsprechend haben die Rechte von Kindern und ihre gesellschaftliche Teilhabe eine große Bedeutung (Verhellen u. Spiesschaert 1994). In dieser Diskussionslinie wird das Modell der Entwicklungs- und Erziehungskindheit zwar zurückgewiesen, die Kindheit als ein normatives Konstrukt aber nicht in Frage gestellt. Obwohl sie sich anti-pädagogisch gebär-

det, beerbt sie – offenbar ohne es zu bemerken – den romantischen, spezifischer: den reformpädagogischen Mythos des vollkommenen Kindes, das der problematischen Welt der Erwachsenen als Ideal gegenüber gestellt wird.

- Eine *kindheitstheoretische* Diskussionslinie wendet die Einsicht
  in die Geschichtlichkeit der Kindheit zu einer Meta-Theorie der
  Kindheit als Konstrukt (James u. Prout 1990). Diese Kritik der
  Kindheit als Wissensform erlaubt, zwischen der Kindheit als einer symbolischen Ordnung und Kindern als sozialen Akteuren
  begrifflich-analytisch zu unterscheiden. Die kinderpolitische Diskussionslinie dagegen nimmt ein spezifisches Kindheitsmodell in
  Anspruch, wenn sie Kinder als kompetente Akteure gleichsam
  gegen den Zwang eines Kindheitsmodells in Stellung bringt, das
  Kinder als defizitär und erziehungsbedürftig betrachtet. Die kindheitstheoretische Perspektive hilft zu erkennen, dass die kinderpolitische Position in der Gefahr steht zu übersehen, dass die Er-
  ziehungszumutung Moment eines Kindheitsmoratoriums ist und
  Chancen der Individuierung in sich birgt; zudem kann die advo-
  katorische Normativität ihres Gegen-Bildes vom Kind ironi-
  scherweise den Blick auf die wirklichen Veränderungen des Kinderlebens verstellen. Kindheit als Konstrukt zu betrachten erweist
  sich dagegen als fruchtbar für eine empirische Kinder- und Kindheitsforschung. Ihre Leitfrage lautet: Wie wird „Kindheit" als
  Wissensform und als soziokulturelle Gegebenheit hervorgebracht? Bei der Suche nach Antworten werden auch die Erfahrungen und das Wissen der Kinder selbst in methodisch reflek-
  tierter Weise einbezogen.

Diese beiden Zugänge zur Kindheitsfrage sind nacheinander entstanden, werden gegenwärtig aber in zahlreichen Varianten nebeneinander
vertreten; Kinderpolitik und Kindheitsforschung führen heute eigenständige, aber untereinander kommunizierende Diskurse. In der internationalen soziologischen Kindheitsforschung sind drei objekttheoreti-
sche Ansätze besonders einflussreich:

- *Kindheit als Element der Sozialstruktur (Qvortrup 2005).* Dieser
  Ansatz geht davon aus, dass die Kindheit für jedes Kind eine in-

dividuelle Lebensphase, für die Gesellschaft aber ein strukturelles Merkmal, eine permanente Form ist. Die Merkmale dieser Form können im historischen Wandel oder auch im interkulturellen Vergleich differenziell bestimmt werden und lassen den institutionellen Charakter der Kindheit sichtbar werden. Vertreter dieses Ansatzes betonen den Unterschied zwischen dem Wandel von Kindheit und der Entwicklung von Kindern. Forschungsziel ist es, den Status „Kind" in der Sozialstruktur sichtbar zu machen; dies geschieht vornehmlich in Studien zur Sozialstatistik und zur Sozialpolitik.

- *Kindheit als generationale Ordnung (Alanen 2005).* Dieser Ansatz betont, dass jede Rede von Kindern perspektivisch ist, dass sie vom Standpunkt der Kinder oder der Erwachsenen aus formuliert wird (Relationalität). Ausgangspunkt ist also eine Kritik des Wissens über Kinder; These ist, dass die generationale Ordnung eine Strukturkategorie des Sozialen ist, vergleichbar der Geschlechterkategorie *(gender)*. Die Perspektive der Kinder wird durch diese Machtstruktur systematisch verdeckt. Ziel ist, die Praktiken des *generationing* in den verschiedenen gesellschaftlichen Bereichen zu analysieren und die Perspektive der Kinder zur Geltung zu bringen.

- *Kindheit als Kinderkultur (Kelle 2005).* Dieser Ansatz ist in der empirischen Kinder- und Kindheitsforschung wahrscheinlich am fruchtbarsten geworden; er hat dabei konkurrierende theoretische Varianten ausgeprägt. Gemeinsam ist so unterschiedlichen AutorInnen wie Corsaro, Kelle und Krappmann, dass die soziale Kinderwelt als eine Welt eigenständiger kultureller Praktiken aufgefasst wird. Die Generationendifferenz ist keine Gegebenheit, sondern wird „gemacht". Kinder bringen Kindheit hervor, indem sie ihre sozialen Beziehungen regelhaft gestalten und sich die fremde Welt der Erwachsenen in ihren Sinnhorizonten zugleich erschließen und reproduzieren (*interpretive reproduction*, Corsaro).

Seit Mitte der 70er Jahre hat sich auch die Entwicklungs- und Sozialisationsforschung sehr verändert, so dass die Soziologie der Kindheit ihrerseits vor der Herausforderung steht, sich ihrer Fragestellungen und Konzepte neu zu vergewissern und die Frage nach dem Verhältnis der

Kinder als Akteure zur Kindheit als soziokulturellem Kontext des Kinderlebens zu überdenken. Die Frage der Spezifität, der Besonderheit, der Differenz, der Unterscheidung nicht nur zwischen Kindern und Erwachsenen, sondern auch zwischen Kindern und Jugendlichen einerseits, Kindern und Neugeborenen andererseits erweist sich als nur vordergründig beantwortet. Mehr noch: Vieles spricht dafür, dass manche vertrauten Unterschiede verschwimmen und andere Unterschiede die vertrauten Kategorien sprengen. Es dämmert die Einsicht, dass „Kind" *nicht* die Bezugskategorie einer Kindheitssoziologie sein könnte. Der hier vorliegende Text bettet denn auch die Kindheitsfrage in die übergreifende Frage ein, wie individualisierte Personen eine vernünftige Identität ausbilden können, und wählt eine integrative lebenslauftheoretische Perspektive, in der die Kindheit mit anderen Lebensaltern verknüpft werden kann.

Das Konzept des Lebensalters ist indes mehrdeutig. Es ist einerseits an körperliche Reifungs- und Verfallsprozesse gebunden; andererseits erhalten diese biologischen Umstände ihre soziale Relevanz erst durch Zuschreibungsprozesse, die in Altersnormen institutionalisiert werden. Diese sind heftig umstritten; das gilt nicht nur für die Übergänge zwischen Kindheit und Jugend, sondern auch für die Kindheitsphase selbst, die gerade in der Kindheitssoziologie oft sehr pauschal adressiert wird. Aber auch das Erwachsenenalter ist alles andere als stabil und „fertig", sondern von heftigen Identitätskonflikten gekennzeichnet, die nicht zuletzt daher rühren, dass der Arbeitsmarkt die Lebensphase des Alters an die Verwendbarkeit in der Erwerbsarbeit koppelt. Die Alterskategorie taugt daher nur begrenzt als „unabhängige Variable" der Analyse von Identitätsbildungsprozessen. Das Lebensalter kann diese Aufgabe m. E. nur erfüllen, wenn es im Spannungsverhältnis von Autonomie, Verwiesenheit und Reziprozität als relationale Kategorie behandelt wird, anders gesagt: Die Lebensalter müssen als *generationale Ordnungen* beschrieben werden (Honig 1999). Der Begriff ist von LEENA ALANEN (Alanen 1992) als eine Ordnung der Macht und des Wissens in die Kindheitssoziologie eingeführt worden.

In der skandinavischen Diskussion steht das Generationenkonzept schon seit geraumer Zeit für einen Ansatz, der die Kindheit im System geschlechter- und generationenspezifischer Arbeitsteilung positioniert.

Hier ist vor allem die Arbeit des schon erwähnten norwegischen Soziologen JENS QVORTRUP (1985) zu nennen. Qvortrups Politische Soziologie der Generationenverhältnisse richtet sich auf die Machtverhältnisse zwischen Generationen und Geschlechtern und auf die von Staat und Markt induzierte Verteilung von Ressourcen und Lebenschancen zwischen den Generationen.

In der deutschen sozialwissenschaftlichen Debatte fungiert das Konzept der Generation traditionell als Verknüpfung von individueller Entwicklung und sozialem Wandel. Es ist ein Grundbegriff der geisteswissenschaftlichen Pädagogik und war lange in der Jugendsoziologie fest verankert. Daher besteht die Gefahr, „Generation" wie „Alter" umstandslos als gleichsam vor-soziale Gegebenheit zu behandeln. KURT LÜSCHER hat das Konzept aus diesem Zusammenhang gelöst und eine Soziologie der Generationenbeziehungen entworfen (Lüscher 1993). FRANZ-XAVER KAUFMANN (1993) hat das Konzept in einen sozialpolitischen Kontext gestellt. Er kann zeigen, dass die Entwicklung der gelebten Generationenbeziehungen in einem gesellschaftspolitisch brisanten Wechselverhältnis zu den durch die Institutionen des Sozialstaats vermittelten Generationenverhältnissen steht, anschaulich gesagt: dass die Plausibilität des „Generationenvertrages" auf einer traditionalen Generationensolidarität beruht, deren Geltung nicht fraglos vorausgesetzt werden kann. In neuerer Zeit haben KURT LÜSCHER und LUDWIG LIEGLE einen Versuch vorgelegt, die grundlegende Bedeutung der Generationenbeziehungen für Individuum und Gesellschaft zu entfalten (Lüscher u. Liegle 2003).

Während eine kindheitstheoretische Perspektive in den neueren Entwicklungen der Generationensoziologie keine zentrale Rolle spielt, hat sich in der überwiegend modernisierungstheoretisch orientierten deutschen Kindheitsforschung eine Sensibilität für *Grenzen der Individualisierung* von Kindheit artikuliert. Drei wichtige Ansätze sind hier zu verzeichnen:

- Der erste Ansatz ist autobiographisch; „Kind" wird als Erkenntnismuster des bürgerlichen Zeitalters untersucht. Die Erwachsenen vergewissern sich ihrer selbst und stiften ihre Identität über die Vergegenwärtigung ihrer Kindheit (Richter 1987).

- Den zweiten Ansatz repräsentiert die Historische Sozialisations- bzw. Bildungsforschung, die seit Mitte der 70er Jahre eine große Produktivität entfaltet hat. Sie versteht sich als Subjektgeschichte der Erziehung im Schnittpunkt von Biographie und Sozialgeschichte (Martin u. Nitschke 1986).
- Der dritte Ansatz ist phänomenologisch. Er beobachtet Kinder in ihrer Lebenswelt und schreibt ihrer Eigentätigkeit die Bedeutung von Selbst-Bildungsprozessen zu. Die sinnkonstituierende und sinnaneignende Tätigkeit der Kinder tritt den Erwachsenen als eine fremde Eigenwelt entgegen, die eine Herausforderung und Grenze erwachsenenzentrierter Kindheitsbilder darstellt (Lippitz 1999).

Kennzeichnend für alle drei Ansätze ist eine Renaissance des Gedankens der Bezogenheit und der Verwundbarkeit des Individuums, der in der Betonung individueller Autonomie – vor allem für einflussreiche Positionen der angelsächsischen und skandinavischen Kindheitssoziologie kennzeichnend – untergegangen war.

Literatur: Lebensphase Kindheit

ABELS, HEINZ
2004   Einführung in die Soziologie. Wiesbaden: VS Verlag für Sozialwissenschaften, 3. Aufl. 2007.
2006   Identität. Wiesbaden: VS Verlag für Sozialwissenschaften.
ALANEN, LEENA
1992   Modern Childhood? Exploring the »Child Question« in Sociology. Jyväskylä.
2005   Kindheit als generationales Konzept. In: Hengst u. Zeiher (Hrsg.) (2005)
ALLEN, A. T.
2000   „Das Recht des Kindes, seine Eltern zu wählen". Eugenik und Frauenbewegung in Deutschland und Großbritannien 1900 - 1933. In: Baader, Jacobi, Andresen (Hrsg.) (2000): Ellen Keys reformpädagogische Vision. „Das Jahrhundert des Kindes" und seine Wirkung. Weinheim: Beltz.

ARIÈS, PHILIPPE
1975   Geschichte der Kindheit. München: Hanser

BAADER, MEIKE S.
1996   Die romantische Idee des Kindes und der Kindheit. Auf der Suche nach der verlorenen Unschuld. Neuwied: Luchterhand.

BÄUMER, GERTRUD
1929   Die historischen und sozialen Voraussetzungen der Sozialpädagogik und die Entwicklung ihrer Theorie. In: Nohl u. Pallat (Hrsg.) (1929): Handbuch der Pädagogik. 5. Band: Sozialpädagogik. Langensalza: Beltz.

BEHNKEN, IMBKE; ZINNECKER, JÜRGEN
1989   Soziale Entwöhnung der Straßenkinder oder: Härtetests für junge Stadtbewohner. In: Büttner u. Ende (Hrsg.) (1989): Lebensräume für Kinder. Jahrbuch der Kindheit, Bd. 6. Weinheim: Beltz.

BREIDENSTEIN, GEORG; KELLE, HELGA
1998   Geschlechteralltag in der Schulklasse. Ethnographische Studien zur Gleichaltrigenkultur. Weinheim: Juventa.

BROSE, HANNS-GEORG; HILDENBRAND, BRUNO (HRSG.)
1988   Vom Ende des Individuums zur Individualität ohne Ende. Opladen: Leske + Budrich.

BÜCHNER, PETER
1990   Aufwachsen in den 80er Jahren - Zum Wandel kindlicher Normalbiographien in der Bundesrepublik Deutschland. In: Büchner, Krüger, Chisholm (Hrsg.) (1990): Kindheit und Jugend im interkulturellen Vergleich. Zum Wandel heutigen Kinderlebens in der Folge gesellschaftlicher Modernisierungsprozesse. Opladen: Leske + Budrich.

BÜCHNER, PETER ; FUHS, BURKHARD
1994   Kinderkulturelle Praxis: Kindliche Handlungskontexte und Aktivitätsprofile im außerschulischen Lebensalltag. In: Du Bois-Reymond, u. a. (Hrsg.) (1994): Kinderleben. Modernisierung von Kindheit im interkulturellen Vergleich. Opladen: Leske + Budrich.

BUNDESMINISTERIUM FÜR FAMILIE UND SENIOREN (HRSG.)
1994   Familie und Familienpolitik im geeinten Deutschland - Zukunft des Humanvermögens. Fünfter Familienbericht. Bonn: Deutscher Bundestag, Drucksache 12/7560.

BUNDESMINISTERIUM FÜR FAMILIE, SENIOREN, FRAUEN UND JUGEND (HRSG.)
1998   Zehnter Kinder- und Jugendbericht. Bericht über die Lebenssituation von Kindern und die Leistungen der Kinder- und Jugendhilfe in Deutschland. Bonn.

HARNEY, KLAUS; GROPPE, CAROLA; HONIG, MICHAEL-SEBASTIAN
1997 Geschichte der Familie, Kindheit und Jugend. In: Harney u. Krüger (Hrsg.) (1997): Einführung in die Geschichte der Erziehungswissenschaft und der Erziehungswirklichkeit. Opladen: Leske + Budrich.

HEINRITZ, CHARLOTTE
1994 Das Kind in der autobiographischen Kindheitserinnerung. In: BIOS, 7, 2

HENGST, HEINZ
1996 Kinder an die Macht! Der Rückzug des Marktes aus dem Kindheitsprojekt der Moderne. In: Zeiher, Büchner, Zinnecker (Hrsg.) (1996): Kinder als Außenseiter? Umbrüche in der gesellschaftlichen Wahrnehmung von Kindern und Kindheit. Weinheim: Juventa.
2002 Von der Lebensphase zur Lebensform? Zum gegenwärtigen Wandel von Kindheit und Kindheitsmustern. In: Rathmayr (Hrsg.) (2002): Kindheit - Neue Perspektiven. Theorie, Lebenswelt, Erziehung, Politik. Innsbruck: Studia Universitätsverlag.

HENGST, HEINZ; ZEIHER, HELGA (HRSG.)
2005 Kindheit soziologisch. Wiesbaden: VS Verlag für Sozialwissenschaften.

VON HENTIG, HARTMUT
1975 Vorwort zur deutschen Ausgabe. In: Ariès (1975), S. 7-44

HERDER, JOHANN GOTTFRIED
1770 Abhandlung über den Ursprung der Sprache. Stuttgart: Reclam, 2002.

HONIG, MICHAEL-SEBASTIAN
1999 Entwurf einer Theorie der Kindheit. Frankfurt am Main: Suhrkamp.

JAMES, ALLISON; PROUT, ALAN
1990 A new paradigm for the sociology of childhood? In: James & Prout (eds.) (1990): Constructing and reconstructing childhood. London

JANSSENS, ALBERT
1998 The Rise and Decline of the Male Breadwinner Family? An Overview over the Debate. In: International Review of Social History, 42, Supplement.

JENKS, CHRIS
1982 Constituting the child. In: Jenks (ed.) (1982)

JENKS, CHRIS (ED.)
1982 The sociology of childhood. Essential readings. Aldershot: Gregg Revivals.

JUNGE, MATTHIAS
1997   Georg Simmels Individualisierungstheorie. Eine systematische Re-
        konstruktion ihrer Argumentationsfiguren. In: Sociologia Internatio-
        nalis, 25, 1.
KAUFMANN, FRANZ-XAVER
1993   Generationenbeziehungen und Generationenverhältnisse im Wohl-
        fahrtsstaat. In: Lüscher u. Schultheis (Hrsg.) (1993): Generationenbe-
        ziehungen in „postmodernen" Gesellschaften. Analysen zum Verhält-
        nis von Individuum, Familie, Staat und Gesellschaft. Konstanz: UVK.
KELLE, HELGA
2005   Kinder und Erwachsene. Die Differenzierung der Generationen als
        kulturelle Praxis. In: Hengst u. Zeiher (Hrsg.) (2005)
KESSEL, FRANK S.; SIEGEL, ALEXANDER W.
1983   The child and other cultural inventions. New York: Praeger
KEY, ELLEN
1900   Das Jahrhundert des Kindes. Weinheim: Beltz, 1992.
KIRCHHÖFER, DIETER
1995   Brüche, Widersprüche, Ungleichzeitigkeiten. Zum Verhältnis zwi-
        schen Lebensbedingungen und alltäglichen Lebensführungen ostdeut-
        scher Kinder. In: Gesellschaften im Umbruch. 27. Kongress der Deut-
        schen Gesellschaft für Soziologie. Opladen: Westdeutscher Verlag
1998   Aufwachsen in Ostdeutschland. Langzeitstudie über Tagesläufe 10-
        bis 14jähriger Kinder. Weinheim: Juventa.
KOHLI, MARTIN
1985   Die Institutionalisierung des Lebenslaufs. Historische Befunde und
        theoretische Argumente. In: Kölner Zeitschrift für Soziologie und So-
        zialpsychologie, 37.
1986   Gesellschaftszeit und Lebenszeit. Der Lebenslauf im Strukturwandel
        der Moderne. In: Berger (Hrsg.) (1986): Die Moderne - Kontinuitäten
        und Zäsuren. Göttingen: Schwartz
KRAPPMANN, LOTHAR
1993   Kinderkultur als institutionalisierte Entwicklungsaufgabe. In: Markef-
        ka u. Nauck (Hrsg.) (1993): Handbuch der Kindheitsforschung. Neu-
        wied: Luchterhand.
1999   Die Reproduktion des Systems sozialer Ungleichheit in der Kinder-
        welt. In: Grundmann (Hrsg.) (1999): Konstruktivistische Sozialisati-
        onsforschung. Frankfurt am Main: Suhrkamp.
KRAPPMANN, LOTHAR; OSWALD, HANS
1994   Einleitung. Entwicklung und Ko-Konstruktion: James Youniss' »star-
        ke These« zum Erwerb von Kompetenz. In: Youniss (1994)

1995   Alltag der Schulkinder. Beobachtungen und Analysen von Interaktionen und Sozialbeziehungen. Weinheim: Juventa.

KRÜGER, HEINZ-HERMANN; U.A.

1994   Kinderbiographien: Verselbständigungsschritte und Lebensentwürfe. In: Du Bois-Reymond u. a. (Hrsg.) (1994): Kinderleben. Modernisierung von Kindheit im interkulturellen Vergleich. Opladen: Leske + Budrich.

LAEWEN, HANS JOACHIM

2000   Bildung, Erziehung und Betreuung in Kindertageseinrichtungen. Vortrag, gehalten auf der Fachtagung von „Dialog Reggio" in Hamburg am 1. Juli 2000.

LANGE, ANDREAS; LÜSCHER, KURT

1998   Kinder und ihre Medienökologie. München: KoPäd

LEIBFRIED, S.; U. A.

1995   Zeit der Armut. Frankfurt am Main: Suhrkamp.

LEIDECKER, GUDRUN; KIRCHHÖFER, DIETER; GÜTTLER, PETER

1991   Ich weiß nicht, ob ich froh sein soll. Kinder erleben die Wende. Stuttgart: Schroedel.

LENHARDT, GERO

1993   Schulpflicht. Vom ständischen Gewaltverhältnis zu Grundrechten im Klassenzimmer. In: Deutsches Jugendinstitut (Hrsg.) (1993): Was für Kinder. Aufwachsen in Deutschland. München: Kösel.

LIPPITZ, WILFRIED

1999   Selbständige Kinder im Kontext ihrer Lebenswelten. Phänomenologisch-pädagogische und sozialwissenschaftliche Interpretationen. In: Seibert (Hrsg.) (1999): Kindliche Lebenswelten. Eine mehrsperspektivische Annäherung. Bad Heilbrunn: Klinkhardt

LÜSCHER, KURT

1975   Perspektiven einer Soziologie der Sozialisation - Die Entwicklung der Rolle des Kindes. In: Zeitschrift für Soziologie, 4, 4.

1993   Generationenbeziehungen. Neue Zugänge zu einem alten Thema. In: Lüscher u. Schultheis (Hrsg.) (1993): Generationenbeziehungen in "postmodernen" Gesellschaften. Konstanz: UVK

LÜSCHER, KURT; LIEGLE, LUDWIG

2003   Generationenbeziehungen in Familie und Gesellschaft. Konstanz: UVK.

MARTIN, JOCHEN; NITSCHKE, AUGUST (HRSG.)

1986   Zur Sozialgeschichte der Kindheit. München: Alber

MEAD, MARGARET
1974   Der Konflikt der Generationen: Jugend ohne Vorbild. Eschborn: Klotz, 2000.

MONTESSORI, MARIA
1938   Kinder sind anders. München: dtv, Klett-Cotta, 1994.

MUCHOW, MARTHA; MUCHOW, HANS HEINRICH
1938   Der Lebensraum des Großstadtkindes. Bensheim: Pädex-Verlag, 1978.

NAUCK, BERNHARD
1995   Kinder als Gegenstand der Sozialberichterstattung - Konzepte, Methoden und Befunde im Überblick. In: Bertram u. Nauck (Hrsg.) (1995): Kinder in Deutschland. Lebensverhältnisse von Kindern im Regionalvergleich. DJI Familiensurvey 5. Opladen: Leske + Budrich.

NEMITZ, ROLF
1996   Kinder und Erwachsene. Zur Kritik der pädagogischen Differenz. Hamburg: Argument

OSTNER, ILONA
1999   Das Ende der Familie wie wir sie kannten. In: Blätter für deutsche und internationale Politik, 44, 1.

PARSONS, TALCOTT; BALES, ROBERT F.
1956   Family, Socialization and Interaction Process. New York: The Free Press.

PEUKERT, DETLEV J. K.
1987   Die Weimarer Republik. Krisenjahre der Klassischen Moderne. Frankfurt am Main: Suhrkamp.

PROKSCH, ROLAND
1996   Die Rechte junger Menschen in ihren unterschiedlichen Lebensaltersstufen. In: Recht der Jugend und des Bildungswesens, 44, 4.

QVORTRUP, JENS
1985   Placing Children in the Division of Labour. In: Close, Collins (eds.) (1985): Family and Economy in Modern Society. London: Houndmills.

2005   Kinder und Kindheit in der Sozialstruktur. In: Hengst u. Zeiher (Hrsg.) (2005)

REYER, JÜRGEN
1981   Familie, Kindheit und öffentliche Kleinkinderziehung. Die Entstehung „geteilter Sozialisationsfelder" im 19. Jahrhundert in Deutschland. In: Sachße u. Tennstedt (Hrsg.) (1981): Jahrbuch der Sozialarbeit 4. Geschichte und Geschichten. Reinbek: Rowohlt.

REYER, JÜRGEN, KLEINE, HEIDRUN
1997   Die Kinderkrippe in Deutschland. Sozialgeschichte einer umstrittenen Einrichtung. Freiburg: Lambertus
RICHTER, DIETER
1987   Das fremde Kind. zur Entstehung der Kindheitsbilder des bürgerlichen Zeitalters. Frankfurt am Main: Fischer
SCHÄFER, GERD E.
1995   Bildungsprozesse im Kindesalter. Selbstbildung, Erfahrung und Lernen in der frühen Kindheit. Weinheim: Juventa.
SCHLUMBOHM, JÜRGEN
1979   Straße und Familie. In: Zeitschrift für Pädagogik, 25.
SKOLNICK, ARLENE S. (ED.)
1976   Rethinking Childhood. Perspectives on Development and Society. Boston: Little, Brown and Company.
STRANDELL, HARRIET
1997   What are Children Doing? Activity Profiles in Day Care Centres. Unveröff. Ms. Esbjerg, Denmark.
THORNE, BRIAN
1987   Re-Visioning Women and Social Change: Where are the Children? In: Gender and Society, 1, 1.
VERHELLEN,EUGEN; SPIESSCHAERT, FRANS (Eds.)
1994   Children's Rights. Monitoring Issues. Gent: Mys & Breesch
WAKSLER, FRANCES C.
1991   Studying the social worlds of children. Sociological Readings. New York: The Falmer Press.
WEHRSPAUN, CHARLOTTE; U. A.
1993   Kindheit im Individualisierungsprozess: Sozialer Wandel als Herausforderung der sozialökologischen Sozialisationsforschung. In: Zeitschrift für Sozialisationsforschung und Erziehungssoziologie, 10, 2.
YOUNISS, JAMES
1994   Soziale Konstruktion und psychische Entwicklung. Hrsg. von Krappmann u. Oswald. Frankfurt am Main: Suhrkamp.
ZEIHER, HELGA; ZEIHER, HARTMUT J.
1994   Orte und Zeiten der Kinder. Soziales Leben im Alltag von Großstadtkindern. Weinheim: Beltz.
ZELIZER, VIVIANA A.
1985   Pricing the Priceless Child. The Changing Social Value of Children. New York: Basic Books.

ZINNECKER, JÜRGEN
1979   Straßensozialisation. In: Zeitschrift für Pädagogik, 29.
1990   Vom Straßenkind zum verhäuslichten Kind. Kindheitsgeschichte im
        Prozess der Zivilisation. In: Behnken (Hrsg.) (1990): Stadtgesellschaft
        im Prozess der Zivilisation. Konfigurationen städtischer Lebensweise
        zu Beginn des 20. Jahrhunderts. Opladen: Leske + Budrich.
1995   The Cultural Modernization of Childhood. In: Chisholm, Büchner,
        Krüger, Du Bois-Reymond (Hrsg.) (1995): Growing Up in Europe.
        Contemporary Horizons in Childhood and Youth Studies. Berlin: De
        Gruyter.
2000   Kindheit und Jugend als pädagogische Moratorien. Zur Zivilisations-
        geschichte der jüngeren Generation im 20. Jahrhundert. Zeitschrift für
        Pädagogik, 42. Beiheft.

Heinz Abels: Lebensphase Jugend

Über Identität, Statusinkonsistenz und die Attraktivität eines jugendlichen Lebensstils, über die Verlängerung und Entstrukturierung der Jugendphase und über Individualisierung

Das soziologische Interesse an der Lebensphase Jugend

Es gibt mehrere Gründe für ein soziologisches Interesse an der Lebensphase Jugend. Da ist einmal die Tatsache, dass sich die Jugendphase immer mehr ausdehnt. Das liegt auch daran, dass die Pubertät seit langem immer früher einsetzt, vor allem aber daran, dass die soziale Phase immer später endet. Jugendsoziologen sprechen deshalb auch von einer Postadoleszenz, die manche erst mit 28 oder gar 30 Jahren abgeschlossen sehen. Andere führen gute Gründe für die These an, dass wir es mit einer Generation zu tun haben, in der 15-, 16jährige in vielen Bereichen sich wie Erwachsene verhalten und auch so angesehen werden und 30-, 35jährige in wichtigen Bereichen des Lebens noch immer nicht den sozialen Status eines Erwachsenen erreicht haben, ihn manchmal aber auch gar nicht vermissen. Und schließlich halten sich heutzutage viele im Herzen und Verhalten ohnehin forever young. All diese Annahmen und Erklärungen werden in der folgenden soziologischen Diskussion wieder auftauchen.

KLAUS HURRELMANN führt einen *sozialisationstheoretischen* Grund für das besondere Interesse an der Lebensphase Jugend an. Obwohl die Persönlichkeitsentwicklung eines Menschen lebenslang von der Auseinandersetzung mit inneren, psychischen, und körperlichen und mit äußeren, sozialen Gegebenheiten beeinflusst ist, kommt der Jugendphase eine besondere Bedeutung zu: In dieser Phase erfolgt die Auseinandersetzung in einer „besonders intensiven und turbulenten Form" (Hurrelmann 2004, S. 7).

Die Jugendphase ist aber auch deshalb von hohem *gesellschaftstheoretischem* Interesse, weil sich an den Jugendlichen besonders gut ablesen lässt, wie das Individuum in einer Gesellschaft, die sich strukturell rapide verändert, zu denken und handeln lernt oder – pessimistischer gesprochen – gezwungen ist. Hurrelmann vertritt z. B. die These, dass die Jugendlichen „die Vorreiter einer modernen Lebensführung" (2004, S. 8) sind, und wenn wir verstehen, was sie tun und warum sie es tun, dann wissen die Erwachsenen, was auch auf sie zukommt – oder was sie jetzt schon tun, ohne dass sie sich dessen immer bewusst sind. Erste Hinweise mögen genügen: Im Bereich Freizeit und Konsum, in der politischen oder religiösen Orientierung, bei der Organisation der sozialen Beziehungen zu Eltern, Freunden, Bekannten, Nachbarn oder Kollegen im Beruf oder in der Ausbildung ist der Spielraum, eigene Entscheidungen zu treffen, für die allermeisten Jugendlichen heute ziemlich groß. Sie begreifen das einerseits als Chance, die man auch immer wieder beanspruchen sollte, auf der anderen Seite werden sie mit der Ahnung groß, dass jede getroffene Option nur auf Zeit Gewissheit verspricht. Deshalb halten sie ihre Zukunft offen und sind bereit und in der Lage, Pläne und Entscheidungen jederzeit zu revidieren. Was das Risiko der „richtigen" Entscheidung in den vagen Zeiten der *Individualisierung* betrifft, geht es vielen Erwachsenen inzwischen nicht viel anders, aber für sie bedeutet die Pluralisierung von Wahlmöglichkeiten zugleich Abschied von sicher geglaubten Werten. Jung zu sein heißt, auf bestimmte Fragen nicht zu kommen, erwachsen, mit Antworten konfrontiert zu werden, die veraltet sind.

Im Hinblick auf die einzelnen *Status*, die Jugendliche auf dem Weg zum vollen Status des Erwachsenen einnehmen sollen, und die *Rollen*, die sie nach eigenen Vorstellungen spielen und nach den gesellschaftlichen Erwartungen zu erfüllen haben, ist die Situation nicht nur offen, sondern auch widersprüchlich. Auf der einen Seite sind sie selbständig und unterscheiden sich nicht von Erwachsenen. Einige Bereiche habe ich gerade schon angesprochen. Auf der anderen Seite sind sie aber unselbständig und abhängig. Sie bestimmen schon früh über ihr Aussehen und ihren Konsum, entscheiden, ob und wann und wie sie mit einem Partner zusammenleben, und selbstverständlich lassen sie sich in ihre politischen oder weltanschaulichen Entscheidungen von keinem Erwachsenen hineinreden. Gleichzeitig verweilen immer mehr in immer längeren Ausbildungen, und viele leben lange Zeit bei ihren Eltern, weil sie sich eine ökonomische Selbständigkeit nicht leisten können oder weil sie auf die soziale Versorgung nicht verzichten wollen. „Soziologisch gesehen ist das Jugendalter durch eine »Statusinkonsistenz« – eine Ungleichzeitigkeit und Unausgewogenheit von sozialen Positionen und Rollen – charakterisiert" (Hurrelmann 2004, S. 8f.).

Deshalb gliedert sich der Übergang zum Status des Erwachsenen auch nicht mehr nach einem kontinuierlichen Zuwachs von Selbstverantwortung, den man z. B. an traditionellen Statuspassagen ablesen könnte, sondern die Jugendlichen bewegen sich mit verschiedenen Geschwindigkeiten durch diese Lebensphase. Bei manchen Entscheidungen und Ansprüchen drehen sie das Gas voll auf, in anderen ziehen sie selbst die Handbremse etwas an.

Schließlich ist die Lebensphase Jugend von besonderem Interesse für die Soziologie, weil in ihr der Übergang von den gewachsenen, emotional dichten Beziehungen primären Vertrauens zu selbst gewählten, sachlichen und vielfältigen Beziehungen bewerkstelligt werden muss. Jede Gesellschaft ist darauf bedacht, dass dieser Übergang kontinuierlich und so erfolgt, dass ihre soziale Zukunft nicht in Gefahr gerät. Deshalb definiert sie ihre sozialen Erwartungen und sorgt in ihren Erziehungsinstitutionen dafür, dass alle auch zum richtigen Zeitpunkt das Richtige können und das Falsche nicht tun. Wie gerade angedeutet, kann man nicht mehr sicher sein, dass dieser Fahrplan von allen Jugendlichen eingehalten wird. Vielleicht stimmt auch der Fahrplan gar nicht mehr, weil bestimmte Zielorte verloren gegangen sind – sei es, dass keiner mehr dorthin will, sei es, dass keiner sie mehr erreichen kann. Zur Verwirrung über Fahrplan und Zielorte trägt noch etwas anderes bei, was in der Jugendzeit besonders fatal ist: Konnte man früher noch annehmen, dass die Familie bei dem Übergang ins ernsthafte Leben noch Schutz und Orientierung bot, ist diese Funktion heute empfindlich geschmälert. Zwar halten sich die allermeisten Eltern bereit, ihre Kinder nach den heftigen Kämpfen um Abgrenzung und Selbständigkeit wieder aufzufangen, aber in zwei Hinsichten sind sie hinter das Mögliche und Notwendige zurückgefallen: Sie beanspruchen immer seltener, ihre Kinder mit bestimmten Werten zu konfrontieren, und sie sehen sich bei ihren Vorstellungen vom richtigen Leben in der Moderne von morgen in erdrückender Konkurrenz. Was „man" heutzutage sinnvollerweise denkt und morgen tun sollte, vermitteln die Massenmedien. Deren Einfluss wird durch die Tatsache noch potenziert, dass Jugendliche sich über lange Zeit an ihre Altersgenossen binden und in der peer group lernen, wie man mit dieser Gesellschaft der Erwachsenen umgehen sollte.

Noch ein Blick auf den theoretischen Rahmen der Aufarbeitung zentraler Themen und einschlägiger Theorien zur Lebensphase Jugend. Sie erfolgt im vorliegenden Beitrag vor allem mit Blick auf die These der Individualisierung, worunter ULRICH BECK einen Gestaltwandel im

Verhältnis von Individuum und Gesellschaft (1986, S. 205) verstanden hat. „Schlicht gesagt", hat er an anderer Stelle geschrieben, „meint »Individualisierung«: den Zerfall industriegesellschaftlicher Selbstverständlichkeiten sowie den Zwang, ohne Selbstverständlichkeit für sich selbst und miteinander neue »Selbstverständlichkeiten« zu finden und zu erfinden" (Beck 1993, S. 151). Wie ich an anderer Stelle[1] gezeigt habe, meint Individualisierung ein Doppeltes. Individualisierung ist einmal die *eigene Vorstellung* des Individuums von sich selbst und von der sozialen Bedeutung und Relevanz der gesellschaftlichen Verhältnisse. Der Mensch nimmt die gesellschaftliche Ordnung und ihre Institutionen nicht mehr einfach hin, sondern *reflektiert* ihren Sinn *für sich.* Er nimmt sich als ein besonderes Individuum an seinem spezifischen Ort in der Gesellschaft und in seiner besonderen Funktion wahr. Individualisierung bedeutet in diesem Sinne, gegen die Dominanz der Gesellschaft den Anspruch auf eigenes Denken und Handeln zu erheben. Die Geschichte der Individualisierung ist der unmerkliche Kampf, gegenüber kollektiven Verpflichtungen und traditionellen Orientierungen individuelle Vorstellungen von den richtigen Zielen und Mitteln des Handelns durchzusetzen. Ich behaupte, dass Jugend „von Natur" aus immer einen solchen Anspruch stellt und dass sie von daher ein permanenter unruhiger Stifter der Moderne ist.

Auf der anderen Seite der Medaille Individualisierung steht ein zweites: Aus dieser *Chance* des Individuums zu einem wirklichen eigenständigen Denken und Handeln erwuchs allmählich der *Zwang*, sich als besonders und eigenständig darstellen zu müssen. Individualisierung heißt in dem Sinne, dass die Individuen allem, was sie sind und tun, eine persönliche Note geben – und dass sie das tunlichst auch sollten, wenn sie nicht in der diffusen Masse untergehen wollen.

Beck hat die strukturellen Veränderungen, die er mit dem „Unbegriff" (1986, S. 205) Individualisierung bezeichnet, unter anderem so differenziert: Traditionale soziale Bindungen lösen sich auf, und leitende Normen und andere Orientierungen verlieren ihre sinnstiftende Kraft. In der fortgeschrittenen Moderne zerbricht das Rollengefüge und zer-

---

1 Abels (2006), Kap. 13 „Individualisierung – zweite, auch die Last der Freiheit betonende Definition".

fällt „in die *Entscheidung der Individuen*" (Beck 1993, S. 63). Dem Individuum dämmert, dass mit der Freiheit von einengenden Traditionen, Macht und kulturellen Diktaten auch andere soziale Stützen weggebrochen sind. Bestimmte kulturelle Orientierungen, die ihm Routinen gestatten könnten, sind fraglich geworden, weil sie sich überlebt haben oder keiner mehr so richtig an sie glaubt. Auf der anderen Seite ist unbestreitbar, dass die Orientierungen zahlreicher werden und alle für sich Sinn machen. Die *Pluralisierung* beschert dem Individuum neue *Wahlmöglichkeiten,* aber da man keine Erfahrungen hat, zu welchem Ende sie führen können, und auch nicht weiß, ob und ggf. wie sie sich gegenseitig bedingen, bleibt die Zukunft ungewiss.

Auf der Rückseite der Medaille Freiheit steht nicht etwa nur die *Last,* sie auszuhalten, sondern auch der *Zwang,* den unübersichtlich gewordenen sozialen Raum selbst zu strukturieren. Das Individuum muss permanent Entscheidungen treffen, ohne dass ihm gesichertes Handlungswissen zur Verfügung stünde, und wenn es die falschen Entscheidungen trifft, hat es die Konsequenzen selbst zu tragen. Individualisierung heißt in dieser Hinsicht, dass sich das Individuum die Handlungsfolgen selbst anrechnet. (Vgl. Beck 1983, S. 59) Der Jugendliche steht immer vor dem Problem, dass er Vertrautes verlassen will und muss und dass er Neues finden und können muss. In der fortgeschrittenen Moderne potenziert sich das Problem. Interessanterweise scheinen die allermeisten Jugendlichen das aber gar nicht als Problem zu empfinden, sondern sie ergreifen die Chancen, die sich ihnen bieten, und was sich ihnen nicht bietet, das beanspruchen sie auch nicht.

Der Blick auf den schwierigen Diskurs der Jugendsoziologie soll zeigen, wie es zu dieser Mentalität gekommen ist. Es ist ein Diskurs, in dem sich mal Sorgen, mal Hoffnungen und natürlich auch sachliche Erklärungen gemischt haben. Aber dem Thema „Jugend" geht es wie mit dem Thema „Kind" oder „Fußball": Jeder versteht etwas davon, jeder weiß, wie man es richtig sehen muss, und jeder kraust die Stirn, wenn Soziologen liebgewordene Annahmen in Zweifel ziehen.

1   Sehnsucht nach einem „beseelten Ganzen" in einer fragmentierten Welt

Zum soziologischen Bild der Jugend im 20. Jahrhundert hat ein Werk ganz entscheidend beigetragen, das gar nicht von einem Soziologen, sondern von einem Kulturphilosophen, stammt. Ich meine EDUARD SPRANGERS „Psychologie des Jugendalters", die 1924 erschienen ist. An Spranger haben sich Generationen von Lehrern orientiert, und als nach dem Zweiten Weltkrieg die eigentliche Jugendsoziologie in Deutschland anhob, sah sie sich mit Annahmen über die Entwicklung des normalen Jugendlichen und mit Erwartungen an die neue Jugend konfrontiert, die den Geist gesellschaftsferner Innerlichkeit und dezidierter Kulturkritik atmeten.

Was war das Anliegen Sprangers, welche Spuren wurden damals schon für die heutige soziologische Kritik an der Moderne gelegt? Jugend, so kann man Sprangers Anliegen zusammenfassen, bedeutet „Wachstum der Seele" und die Ausformung eines Lebenssinnes, der im Idealfall mit „ewigen Grundlinien" und „ideenhaften Richtpunkten" des objektiven Geistes, worunter Spranger den kulturellen Sinnzusammenhang der Gesellschaft versteht, in Einklang steht (vgl. Spranger 1924, S. 27ff.).

Jugend ist eine seelische Entwicklungsstufe, die Spranger bei den Mädchen zwischen dem 13. – 19. Jahr, bei den männlichen Jugendlichen zwischen dem 14. – 20. Lebensjahr ansetzt. In dieser Phase erfolgen tiefgreifende seelische Strukturveränderungen. Die Jugendlichen entdecken ihr *Ich*, es entsteht allmählich ein *Lebensplan*, und sie *wachsen* nach und nach *in die einzelnen Lebensgebiete hinein.*

Vor allem um diese dritte Seite der neuen seelischen Organisation ging es in der späteren soziologischen Kritik, denn Spranger zeichnete ein höchst pessimistisches Bild von der Gesellschaft, mit der es Jugendliche auf dem Weg der seelischen Reifung zu tun bekommen. Diese Gesellschaft ist erstens schon fertig, wenn der Jugendliche auf die Bühne des Lebens tritt, und sie verschlingt ihn. Er hat sie nicht gewollt, und sie gibt nur wenig Raum, etwas Entscheidendes noch zu tun. Zweitens bindet sie nur noch „an ganz wenigen Stellen wirklich Person an Person; im allgemeinen beansprucht sie den Menschen nur von einer bestimmten, begrenzten Seite aus" (Spranger 1924, S. 132f.). Das ist eine frühe Umschreibung des Phänomens der Rolle, und Spranger gibt die Richtung für die künftige Interpretation vor: „Die Sehnsucht des Jugendlichen aber geht stärker auf die totale Wesensgemeinschaft als auf flüchtige Berührung zu diesem oder jenem Zweck."

Drittens ist die Gesellschaft durch und durch geregelt, der Jugendliche will ungebunden sein. Viertens gestattet die Gesellschaft nirgends, „das ganze Leben zu leben", weil sie „das Prinzip der Arbeitsteilung und Spezialisierung auf die Spitze" getrieben hat; „überall begegnen ihm mechanisierte Fragmente des Lebens, getragen von einer Fülle äußerlicher Zweckverbände, die alle ganz unpersönlich aufgebaut sind. Und endlich überhaupt: Es gibt in dieser reifen Gesellschaft nur noch geringe Reste organischer, naturgeborener Formen. Das meiste wird durch künstlichen Zusammenschluss erreicht, der bis ins letzte überlegt und rationalisiert ist" (Spranger 1924, S. 133).

Die Gesellschaft erscheint dem Jugendlichen wie eine „Maschine", bei der alles perfekt organisiert, das Ganze aber zerrissen ist. So bleibt der „sehnsüchtige Drang" des jungen Menschen, von einem „beseelten Ganzen" (Spranger 1924, S. 145) getragen zu werden, unerfüllt. Schließlich ist diese erwachsene Gesellschaft „aufs äußerste realistisch, durchaus phantasielos und poesielos" (S. 146). Wo Jugendliche zu früh dieser Realität ausgesetzt werden, wo „die Einsamkeit des Fürsichseins" nicht gewährt wird, wird der Jugendliche nicht zu der „noch fernen Welt von gemeinsam gültigen oder an sich geltenden Sinngebilden" (S. 308) gelangen.

Damit war der pädagogische Auftrag formuliert, der Jugend einen Schonraum zu gewähren, in dem sie von der Gesellschaft noch ferngehalten wurde und behutsam zu höheren, zeitlosen Idealen gebracht werden sollte. An diesem Gedanken suchten sich viele Pädagogen nach dem Ende der nationalsozialistischen Indoktrination wieder aufzurichten, aber gleichzeitig sahen sie die Jugendlichen auf eine ganz neue Weise durch die Gesellschaft gefährdet. Die Jugendlichen schienen sich umstandslos einer neuen Ideologie, diesmal der neuen Zivilisation zu unterwerfen. Deshalb sahen sich Pädagogen genötigt, die Jugend vor den *Gefahren* der Moderne zu schützen. In dieser Hinsicht hat sich besonders HANS HEINRICH MUCHOW durch „wilde Spekulationen und alarmierende Thesen" (Undeutsch 1966, S. 77) hervorgetan, der vor einer drohenden „seelischen Versteppung" der Jugend warnte, zu der die „Zivilisationsgifte (...) Kino, Radio, Illustrierte und Massensport" (Muchow 1952, S. 44) beitrügen.

Interessanterweise verband sich die Sorge um die seelische Entwicklung der Jugendlichen mit einer heftigen Kritik an den Erwachsenen, denen vorgeworfen wurde, sie besetzten „die wesentlichen Positionen und Rollen des Erwachsenenseins" und würden deshalb nicht mehr als Autoritäten erfahren: „Die Rolle des Erwachsenen ist ohne Frage heute schlecht besetzt und entbehrt vor allem der Figürlichkeit: sie ist nicht anschaubar und kann daher nicht nacherlebt und nachgelebt werden." Beispiele für die als „Infantilisierung" zu bezeichnenden Verhaltensweisen und Wunschträume der Erwachsenen sind „jugendlich-saloppes Benehmen, Lotto- und Totospielen, Auto-Fetischismus". (Muchow 1959, S. 80) Jugend aber suche nach Gestalt. Da die Erwachsenen solche Gestalt auch nicht zeigten, würden sie von den Jugendlichen verachtet. Muchow geht noch einen Schritt weiter in der Erklärung dieser *Verachtung der Erwachsenen*: „Die Jugendlichen sehen sich von liebenswürdig-humanen und nachgiebigen Erwachsenen umgeben, deren Ethos auf das »Seid nett zueinander!« zusammengeschrumpft ist." (Muchow 1959, S. 136) So gehen die Jugendlichen innerlich auf Distanz.

Vor allem die dahinter vermutete Geisteshaltung sah der Soziologe HELMUT SCHELSKY ganz anders, und die angebliche Unfähigkeit der Jugend, sich für die Gestaltung einer neuen Gesellschaft zu begeistern, buchte er auf das Konto überspannter Erwartungen einer älteren, durch die Jugendbewegung geprägten Generation. An seinen polemischen Invektiven haben sich die Pädagogen fast zwei Jahrzehnte gerieben. Damit begann dann auch die eigentliche Jugendsoziologie in Deutschland.

2 „Es gibt keine eigenständige Rolle der Jugend"

Von einer originären Jugend*soziologie* in Deutschland kann man erst mit dem Buch „Die skeptische Generation" des streitbaren Soziologen HELMUT SCHELSKY (1912-1984) sprechen. Es erschien 1957 und warf so ziemlich alles über den Haufen, was gutmeinende Pädagogen von „der" Jugend annahmen und was sie mit ihr veranstalten wollten. Schelsky verstand die Soziologie als empirische Wirklichkeitswissenschaft; ihre Aufgabe sah er darin, zu beschreiben und zu analysieren, nicht aber irgendetwas Wünschbares herbeizureden. Letzteres war auf die Pädagogen gemünzt. Ich komme gleich darauf zurück. Den Soziologen erklärte er, warum Jugend bisher nicht als Untersuchungsgegenstand gesehen worden war: Ihre Wissenschaft hatte sich bisher mit sozialen Gebilden und Institutionen, kaum aber mit dem Verhalten der Individuen in konkreten sozialen Strukturen befasst. (vgl. Schelsky 1957, S. 11ff.) Nun sei es an der Zeit, sich den *Verhaltensformen* zuzuwenden und zu fragen, welche sozialen Faktoren sie bestimmen. Statt von einer eigenen Jugendwelt zu sprechen, die hielt Schelsky ohnehin für eine Phantasie älterer Jugendbewegter, müsse man auf die *soziale Rolle* der Jugendlichen in ihrer Gesellschaft sehen.

Und genau mit dieser soziologischen Blickrichtung stellte Schelsky den Gegenstand einer künftigen Jugendsoziologie, noch ehe sie richtig begonnen hatte, gleich in Frage: eine „eigenständige" soziale Rolle der Jugend sei nämlich in der gegenwärtigen Gesellschaft nicht mehr vorhanden; Jugend sei nur ein „*Übergang von der sozialen Rolle des Kindes zur sozialen Rolle des Erwachsenen*" (Schelsky 1957, S. 18, Hervorhebung im Original). Was er mit diesem Begriff der Jugend den Wissenschaftlern und Praktikern, die vor allem sich der Jugend widmeten, antat, war Schelsky durchaus klar: „Wir treten damit dem Anschein nach in einen grundsätzlichen Widerspruch zu dem Begriff der Jugend, den die Psychologie entwickelt hat und verwendet und der, wenigstens in der Theorie, auch fast allen Aussagen und Praktiken der Erziehungswissenschaft zugrunde liegt, insofern diese Disziplinen gerade die weitgehende *Eigenständigkeit* dieser Lebensphase voraussetzen und betonen" (S. 18, Hervorhebung H. A.).

Einem möglichen Einwand, dieser Widerspruch läge in den unterschiedlichen Zugängen der Wissenschaften begründet, nimmt Schelsky gleich den Wind aus den Segeln, indem er einen harschen Vorwurf erhebt: der Gegensatz liege nicht in den Wissenschaften, sondern in der *Wirklichkeit* selbst: „Dieser Widerspruch der Wirklichkeit »Jugend« liegt heute gerade darin, dass eine vom individuellen und anthropologischen Reifungsvorgang her eigenständige Lebensphase in dieser Autonomie von der Sozialstruktur und ihren Ansprüchen nicht mehr gestützt und bestätigt, sondern eben zu einer bloßen Übergangsphase, zu einem in sich unstabilen und nur als »Wandlung« angesehenen Sozialverhalten abgewertet wird" (Schelsky 1957, S. 18f.). Und Schelsky setzt noch einen drauf: „Die nicht geringen Schwierigkeiten der Erziehung Jugendlicher gehen heute zum großen Teil auf dieses Dilemma zurück!" (S. 19, Ausrufezeichen H. A.). Im Klartext: Die Psychologen erklären etwas, das es so gar nicht mehr gibt, und die Pädagogen räumen Jugendlichen einen Freiraum des Verhaltens ein, den diese gar nicht wollen!

Schelskys Kritik richtete sich gegen psychologische Reifungstheorien und deren pädagogische Instrumentalisierung gleichermaßen. An der Psychologie der Jugend vermisste er, dass sie nicht „auf ihre aus den epochalen Sozialstrukturen oder gar aus der zeitgeschichtlichen Situation entspringenden Verhaltensformen" (Schelsky 1957, S. 103) eingehe. Wiederum im Klartext: Die Psychologie der Jugend sprach über Jugend *an sich* und nicht über Jugend in ihrer konkreten Wirklichkeit. Den Pädagogen hielt er die „sozial-strukturelle Antiquiertheit" eines Jugendleitbildes vor, „das sich in einem letzten Aufbäumen vor der Unausweichlichkeit der modernen Zivilisation in die Eigenständigkeit einer Jugend in primitiv-urtümlichen Gesellschaftsverfassungen" (Schelsky 1957, S. 105f.) flüchte. Dieses Leitbild zeige sich in zwei Auffassungen, in der „Auffassung, dass die Jugend als Generationseinheit einen sozial autonomen Bereich, eine *sozial eigenständige Jugendwelt*, in der Verfassung der Gesellschaft einnimmt, einnehmen will und soll", und in der „Auffassung, dass die *kleingruppenhafte Gemeinschaftsbildung* die der Jugend schlechthin angemessene, *jugendgemäße Sozialform* darstellt" (S. 97). Weiter warf Schelsky den Pädagogen vor, sie orientierten sich zu sehr an den von Spranger beschriebenen Jugendlichen aus dem gehobenen Bürgertum und dem ihnen attestierten Hang zur Innerlichkeit *gegen* die Gesellschaft.

Dieser schon in den 1920er Jahren keineswegs typischen, aber mit unrealistischen Hoffnungen seitens der Wissenschaft überfrachteten Minderheit stellt Schelsky den jungen Arbeiter und Angestellten zwischen 14 und 25 Jahren als „die strukturleitende und verhaltensprägende Figur" (Schelsky 1957, S. 8) gegenüber. Er fragt also, wie die Masse der Jugendlichen sich *in* der Gesellschaft verhält und wovon das abhängt.

2.1 Der kurze Übergang zwischen gegensätzlich strukturierten Verhaltenshorizonten

Zur Beantwortung dieser Frage führt Schelsky die soziologische Kategorie der *Rolle* ein, was damals in Deutschland etwas Neues war: „Für jeden sozialen Status, sei es eine Klassenzugehörigkeit, eine Berufsart oder -stellung, oder einen politischen oder geistigen Rang, »definiert« jede Gesellschaft für viele Lebenssituationen bestimmte Verhaltensformen und Reaktionen als »selbstverständlich« oder angemessen" (Schelsky 1957, S. 16f.). Jede Gesellschaft greift gerade die „biologische Zuständlichkeit des Menschen, insbesondere Geschlecht und Altersstufen" (S. 17) als einen sozialen Status auf und normiert sie in sozialen Rollen.

Während nun für das Kind und für den Erwachsenen eine solche „sozial stilisierte oder standardisierte Rolle" existiere, sei „eine solche eigenständige und daher positiv bestimmbare soziale Rolle der Jugend in der Gesellschaft nicht mehr vorhanden" (Schelsky 1957, S. 18). Diese kategorische Feststellung muss man so verstehen: Das Kind wurde praktisch in einer intimen Gemeinschaft groß, und bis es 14 war, spielte es keine *gesellschaftliche* Rolle. Mit 14 verlassen dann die allermeisten die Schule, ergreifen einen *Beruf* und treten damit in die Welt der Erwachsenen und der gesellschaftlichen Rollen ein.

Hier, in diesem abrupten Übergang, liegt nun genau das Problem. *„Der Schritt aus der Rolle des Kindes in die des Erwachsenen in der modernen Gesellschaft ist ein Übergang zwischen zwei sozialen Verhaltenshorizonten, die weitgehend gegensätzlich strukturiert sind."*

(Schelsky 1957, S. 39f.) Während die Familie durch intime, direkte und persönliche Beziehungen gekennzeichnet ist, in der das Kind auch in seiner ganzen Person angesehen wird, verlangt und stützt die „epochale Sozialstruktur" der modernen Gesellschaft, die sich durch Industrialisierung, Bürokratisierung, Verstädterung, Anonymität, Rationalität und Mobilität auszeichnet, etwas anderes: sachliches, funktionales, kurz: Rollenverhalten.

Der Jugendliche geht von einem Augenblick zum anderen in einen Strukturhorizont über, in dem Verhalten auf Erwachsenenniveau gefordert wird. Dazu, das ist das herausragende Ergebnis der vielen empirischen Studien, die Schelsky in den frühen 1950er Jahren in ganz Westdeutschland durchgeführt hatte, sind die Jugendlichen auch bereit. Wenn Pädagogen demgegenüber auf einer sozialen Eigenständigkeit der Jugendwelt beharrten und gar noch einen sozialen Schutzraum „quasi-kindlichen Verhaltens" forderten, verhindere man, dass die Jugend ihre Rollen übernimmt. (Schelsky 1957, S. 109) Das Jugendleitbild der Pädagogik entspreche nicht der sachlichen Rationalität einer differenzierten Industriegesellschaft, und ihre Vorstellung des Jugendgemäßen widerspreche auch der Realität des gegenwärtigen Jugendverhaltens.

Das nämlich weise die gleiche *pragmatische Einstellung* zum Leben auf wie die Erwachsenen. Fern jeglicher „romantischen Geisteshaltung der Jugendbewegung" und frei vom „ideologischen Denken der politischen Jugend" in der Nazizeit, zeige diese Jugend eine gesunde Skepsis. (Schelsky 1957, S. 88) Sie lasse sich nicht von romantischen Freiheitsschwärmereien anstecken und halte nichts von einem „vagen Idealismus, dem die Konkretisierungsmöglichkeiten fehlen" (ebd.). Ihre Denk- und Verhaltensweise ist „auf das Praktische, Handfeste, Naheliegende, auf die Interessen der Selbstbehauptung und -durchsetzung" (ebd.) gerichtet.

Diese Jugend repräsentiere die soziale Persönlichkeit, „die unsere Gesellschaft verlangt, provoziert und prämiiert" (Schelsky 1957, S. 125). Die skeptische Generation ist nüchtern, distanziert und „den Strukturen und Anforderungen der modernen Gesellschaft gegenüber in einem Maße angepasst und ihnen gewachsen, wie keine Jugendgeneration vorher, weshalb man vielleicht auch von einer »angepassten[2] Jugend« sprechen sollte" (S. 88). Sie hat eine „erwachsenenähnliche Selbständigkeit und Fertigkeit den Fragen des praktischen Lebens gegenüber" entwickelt, die Schelsky als »Konkretismus« (S. 88f.) bezeichnet. Dieser Einstellung fehle keineswegs ein ethisches Bewusstsein, es ist nur rigoroser und kritischer: „Hinter der kaltschnäuzig wirkenden skeptischen Weltklugheit steckt ein durchaus lebendiges Bedürfnis, das Substantielle und im normativen Sinne Verbindliche an den Dingen und den Menschen zu erkennen und ihm zu folgen, aber zugleich die tiefe Scheu, sich durch Phrasen, ja durch Worte überhaupt, täuschen zu lassen" (S. 89f.).

Diese Generation verweigert sich hochgespannten Idealzielen – woher auch immer sie kommen – nicht deshalb, weil sie dazu nicht fähig wäre, sondern weil sie anderes für wichtiger hält. Und sie hält das für wichtig, was eine industrielle Gesellschaft fordert und an Möglichkeiten bereithält. Dass diese Haltung der epochalen Sozialstruktur angemessen ist und dass die skeptische Generation auch willens ist, sich der Welt auf Erwachsenenniveau zu stellen, bescheinigt Schelsky ihr ausdrücklich.

2.2 Die Pädagogisierung der Jugend hält die Jugendlichen von der Wirklichkeit fern

Der Schluss, den Schelsky aus seinen Beobachtungen zog, traf die Pädagogen tief: Sie seien es, die einen eigenen Jugendraum forderten, nicht die Jugendlichen. Der Rückgriff der Pädagogen auf das Modell einer eigenständigen Jugendwelt, so wurde Schelsky schon zitiert, sei nicht nur sozial-strukturell antiquiert, sondern er halte die Jugendlichen von der Auseinandersetzung mit der Realität nur ab. Sie würden daran gehindert, etwas zu lernen und zu leisten, was sie können müssen und können wollen. Deshalb halte er, Schelsky, auch die Erweiterung des

---

2 Dass Schelsky „Anpassung" nicht im Sinne einer duckmäuserischen Unterordnung versteht, muss heute – ein halbes Jahrhundert nach dem Erscheinen seines Buches – ausdrücklich betont werden: Er schrieb damals auch gegen die kaum zugelassene kollektive Erinnerung, dass sich nur zwei Jahrzehnte vorher die meisten Jugendlichen und Erwachsenen einem totalitären Regime „angepasst" hatten.

Schonraums, der damals mit der Forderung nach einer Verlängerung der Schulzeit Nachdruck verliehen wurde, für kontraproduktiv. Die totale Pädagogisierung sei eine *„Zivilisationsgefahr* der modernen Gesellschaft" (Schelsky 1961, S. 163). Punktum!

Diese Warnung des Soziologen bewirkte nichts. Im Gegenteil: die Pädagogen traten wie ein Mann gegen den „Totengräber der Pädagogik"[3] an. Ihre Einwände sahen sie durch eine prominente Theorie gestützt, die seinerzeit in Deutschland bekannt wurde, die von ERIK H. ERIKSON.

Bevor ich diese Theorie vorstelle, will ich kurz schildern, wie die Diskussion über Schelskys Provokation weitergegangen ist. Im Jahre 1975 erschien „Die skeptische Generation", und Schelsky nutzte in frischer Erinnerung an die bewegten 68er Jahre die Neuauflage zu einem neuerlichen Vorwurf an die Pädagogen. Jetzt sehe man, wozu es geführt habe, dass man immer mehr Jugendliche immer länger in der „Kindheits-Institution Schule" (Schelsky 1975, S. XIV) gehalten und ihnen die Autonomie einer eigenen Jugendwelt eingeredet habe. Auffällig sei nämlich, dass die neuen Freiräume, die den Jugendlichen durch politischen Willen zugefallen und aufgrund wirtschaftlicher Prosperität möglich geworden seien, nicht von den jungen Arbeitern besetzt wurden, sondern von Schülern und Studenten: „Nicht der junge arbeitende Mensch, sondern der in Schutzraum-Institutionen der Jugend-Autonomie Lernende mit gefiltertem, ja gebremstem Wirklichkeitskontakt wird zum politischen und sozialen Strukturmodell und Anpassungsschema jugendlichen Verhalten erhoben" (S. XV).

Als Schelsky das schrieb, war er längst im Lager konservativer Wissenschaftler angekommen, die sich gern und ausführlich mit dem Zeitgeist auseinandersetzten. Über seiner lustvollen Polemik darf aber nicht übersehen, welche soziologische These er ins Spiel gebracht hat: Er hat nämlich nichts anderes gesagt, dass Jugend in der Moderne hergestellt wird – in ihrem eigenen Bewusstsein von einer eigenen Rolle und im gesellschaftlichen Bewusstsein einer spezifischen Lebensphase. Vor dieser „Herstellung" hatte Schelsky gewarnt, weil er der Meinung war, dass die Jugendlichen dadurch hinter den gesellschaftlichen Anforde-

---

3 So hat Zinnecker (1986, S. 25) die seinerzeitige Stimmung wiedergegeben.

rungen, aber auch Möglichkeiten zurückblieben. Doch die Warnungen hatten nicht gefruchtet.

Es war politischer Wille, die Schulzeit auszudehnen und mehr Jugendliche in weiterführende Schulen zu leiten, und prominente Pädagogen verbanden das Argument, dass beides auch zur Qualifizierung in einer anspruchsvolleren Berufswelt unabdingbar sei, geschickt mit dem alten Gedanken, dass sich der Jugendliche auf diese Weise auch in Ruhe selbst finden und verwirklichen könne. Statt vieler anderer Stimmen, die sich gegen Schelskys Diagnose des Verhaltens der Jugendlichen und der Herausforderungen der „epochalen Sozialstruktur" erhoben haben, will ich die des einflussreichen Pädagogen ANDREAS FLITNER zitieren, der seinem Buch interessanterweise den Titel „Soziologische Jugendforschung" (1963) gegeben hatte. Er schrieb gegen Schelskys Verdikt einer jugendspezifischen Schonzeit: „Es ist aber nun einmal nicht pädagogisches Vorurteil, sondern vielfach erwiesener Tatbestand, dass für die geistige Differenzierung und das Hineinwachsen in die geistige Welt eine solche Schonzeit in den Reifejahren notwendig ist, wenn die geistige Entwicklung nicht unverhältnismäßig früh zu Ende gehen soll" (Flitner 1963, S. 88). Die Pädagogisierung der Jugendzeit konnte beginnen.

Sie berief sich, wie gesagt, unter anderem auch auf eine soziologische Theorie, die zwar nichts zur Verschulung der Jugendzeit gesagt hatte, die aber erklärte, warum der Jugendliche beim Übergang von der Primärgruppe Familie in die Gesellschaft eine Auszeit, ein „Moratorium", braucht. Es war die Theorie von ERIK H. ERIKSON.

3 Revisionen alter Identifikationen, Suche nach Identität

Der dänisch-amerikanische Psychoanalytiker ERIK H. ERIKSON (1902-1994), der in Deutschland aufwuchs und später in Wien bei Anna Freud ausgebildet wurde, hat die Jugendforschung durch eine Theorie bereichert, die klassische psychoanalytische Annahmen über die psychosexuelle Entwicklung mit einer sozialisationstheoretischen Sozialpsychologie verbindet. Sie wurde in der Pädagogik und auch in der Jugendsoziologie breit rezipiert. Sein Buch über „Childhood and Society", das 1950 in den USA erschienen war und 1957 ins Deutsche übersetzt wurde, enthält eine Identitätstheorie[4] der Jugend, die gute Gründe für die Annahme lieferte, dass die Jugend eine ausgiebige Zeit des Übergangs in die Welt der Erwachsenen braucht, und einen überraschenden Anlass zur Hoffnung bot.

Die Hoffnung ergab sich aus der Revision der klassischen psychoanalytischen These, dass die Persönlichkeit in der frühen Kindheit, spätestens aber mit dem Untergang des Ödipuskomplexes entschieden ist. „Das Hauptthema der Psychoanalyse", die deshalb „Triebschicksale und Ich-Entwicklungen immer nur bis zur Adoleszenz beschrieben" hat, ist also, heißt es bei Erikson, „der Schatten, der von den Kindheits-Frustrierungen auf das ganze spätere Leben des Individuums und auch auf seine Gesellschaft fällt." (Erikson 1950a, S. 273) Erikson vertrat dagegen die Ansicht, dass die Ausbildung der Persönlichkeitsstruktur von der psychosexuellen *und psychosozialen* Entwicklung zugleich abhängt, dass in der *Jugendphase* die entscheidende Weichenstellung für die Ausbildung der Identität erfolgt und dass sich Identität *lebenslang* entwickelt. Die erste Annahme lenkte den Blick auf die konkreten *sozialen* Umstände des Großwerdens; die zweite verlangte alle soziologische und pädagogische Aufmerksamkeit, zumal Erikson an zahlreichen Beispielen aufzeigte, wie sich eine bestimmte Persönlichkeitsstruktur in einer bestimmten Kultur herausbildet und wieder zurückwirkt auf die Gesellschaft.

Auch die Politiker fühlten sich am Beginn des Kalten Krieges mit seiner Konfrontation der kulturellen Ideologien durch Erikson angesprochen, der gezeigt hatte, dass Jugendliche prinzipiell für totalitäre Vorstellungen anfällig sind, und der Gesellschaft erklärt hatte, warum ihre eigene *kulturelle* Identität brüchig geworden war. Letzteres hatte Erikson zwar Amerika ins Stammbuch geschrieben, aber wenn man genauer hinsieht, dann trifft die Analyse auch für jede andere westliche Gesellschaft zu. Es klingt wie eine Vorwegnahme der These der *Plurali-*

---

4   Zur allgemeineren Darstellung dieser Identitätstheorie vgl. Abels (2006), Kap. 20 „Identität als Integration von Grundhaltungen".

sierung und der Last der *Individualisierung,* was Erikson über die „amerikanische Identität" schreibt: „Die amerikanische Identitätsbildung scheint das einzelne Ich zu ermutigen, ein Element unbeschränkter, autonomer Willkür sich zu bewahren. Der Amerikaner muss in der Überzeugung leben, dass es stets in seiner Hand liegt, über den nächsten Schritt zu entscheiden, dass er das, was er gerade unternimmt, ebenso gut auch lassen kann, dass er die eine oder eine entgegengesetzte Richtung einschlagen kann, wenn er will. (...) Um sich immer die Wahl offen zu halten, lebt der Amerikaner sozusagen mit zwei Systemen von »Wahrheiten«: einem System religiöser Grundsätze oder religionsähnlicher politischer Prinzipien von höchst puritanischer Prägung[5], und daneben einem System wechselnder Schlagworte, Tagesparolen, die ihm sagen, womit man zur gegebenen Stunde durchkommt, wobei manchmal nicht mehr als eine Stimmung, ein momentaner Einfall, ein leichter Anstoß nötig ist, um sich erneut umzustellen." (Erikson 1950a, S. 280f.)

DAVID RIESMAN hat zur gleichen Zeit in seinem Buch „Die einsame Masse" (1950) den amerikanischen Charakter als „außengeleitet" bezeichnet.[6] Wer in der hektischen Moderne bestehen will, muss wissen, was „man" denkt und tut, für alles Neue offen und bereit sein, sich rasch umzustellen. Die Jugendphase, so muss man gleich Eriksons Analyse lesen, ist die Phase, in der die Orientierung an den anderen besonders intensiv ist. Es ist die Phase, in der der Jugendliche nicht nur lernen will und muss, wer *er* ist, sondern auch was „man" ist und tut!

Blicken wir kurz auf die Kernpunkte der Theorie von Erikson. Er geht davon aus, dass alles, was wächst, einem „epigenetischen Prinzip" (Erikson 1950b, S. 57) folgt, d. h. einen „*Grundplan* hat, dem die einzelnen *Teile* folgen, wobei jeder Teil eine Zeit des Übergewichts durchmacht, bis alle Teile zu einem *funktionierenden Ganzen* herangewachsen sind." (Erikson 1950b, S. 57) Das *menschliche* Wachstum besteht in einer Abfolge von phasenspezifischen *Krisen* oder „Kern-

---

5   Vgl. dazu Abels (2006), Kap. 7.5 „Puritanismus: Innerweltliche Askese und der Zwang zum Erfolg".

6   Vgl. zu der These von der Außenleitung Abels (2006), Kap. 5.3 „Außenleitung: offen und immer im Trend".

konflikten", die bewältigt werden müssen. Zu einer Krise kommt es *im Kindes-* und *Jugendalter*, weil das sexuelle, körperliche und geistige Wachstum mit den Möglichkeiten und den Anforderungen der sozialen Umwelt nicht übereinstimmt, und im *Erwachsenenalter*, weil typische Herausforderungen der sozialen Umwelt eine Änderung der bis dahin erworbenen geistigen Orientierungen und Handlungskompetenzen verlangen. Jede Phase „kommt zu ihrem Höhepunkt, tritt in ihre kritische Phase und erfährt ihre bleibende Lösung." (S. 60)

Diese bleibende Lösung besteht in einer bestimmten *Grundhaltung* des Menschen zu sich selbst und zu seiner Umwelt. Diese Grundhaltung bezeichnet Erikson auch als „*Ich-Qualität.*" Sie sagt etwas aus über die relative psychosoziale Gesundheit. Ein Beispiel für eine positive Ich-Qualität ist in der frühen Kindheit das Urvertrauen, eines für eine negative im reifen Erwachsenenalter die Verzweiflung. Die positive Ich-Qualität in der Jugendphase besteht in dem Gefühl der Identität, die negative in dem Gefühl der Identitätsdiffusion. Alle Grundhaltungen bauen aufeinander auf. Wo eine Lösung der psychosexuellen und psychosozialen Krisen nicht oder nur unvollständig gelingt, bleibt das Ich schwach. (vgl. Erikson 1956, S. 149)

In jeder Phase bildet sich eine bestimmte *Tugend* aus. Darunter versteht Erikson eine „Grundstärke", mit der das Individuum sich und andere durchs Leben „steuert". (Erikson 1982, S. 36 und 1961, S. 98) Manchmal bezeichnet Erikson die Tugenden auch als Ich-Stärke. Kommt die individuelle Entwicklung mit den Möglichkeiten und Herausforderungen der sozialen Umwelt in ein harmonisches Gleichgewicht, werden Stärken und Tugenden in das Ich integriert und Voraussetzungen geschaffen, die Probleme der nächsten Phase zu bewältigen. Bei einer gelungenen Entwicklung geht die „die gesunde Persönlichkeit" aus den inneren und äußeren Konflikten „immer wieder mit einem gestärkten Gefühl innerer Einheit, einem Zuwachs an Urteilskraft und der Fähigkeit" hervor, „ihre Sache »gut zu machen«, und zwar gemäß den Standards derjenigen Umwelt, die für diesen Menschen bedeutsam ist." (Erikson 1950b, S. 56)

Wenden wir uns nun der *Jugendphase* zu. Mit dem Eintritt der sexuellen Reife ist die Kindheit zu Ende. Die jetzt beginnende Jugendzeit zeichnet sich durch ein rasches Körperwachstum aus, was zusammen mit der körperlichen Geschlechtsreife als heftige Veränderung empfunden wird und Anlass zu erhöhter Selbstaufmerksamkeit gibt. Erikson spricht zu Recht von einer „psychologischen Revolution", in der die Jugendlichen vor allem daran interessiert sind, „wie sie in den Augen anderer erscheinen". (Erikson 1950a, S. 255 und 256) Und diese anderen sind vor allem die anderen *im gleichen Alter*, und sie dienen nicht nur als Spiegel der äußeren Erscheinung.

3.1 Ablösung und neue Spiegel

Das Interesse an der Einschätzung des äußeren Selbst geht einher mit einer immer intensiveren Prüfung des *inneren*. Bisher schloss die Identität des Kindes „all die aufeinanderfolgenden Identifikationen jener früheren Jahre in sich, wo das Kind wie die Menschen zu werden wünschte, von denen es abhing, und oft gezwungen war, so zu werden" (Erikson 1959b, S. 78), jetzt aber regt sich im Heranwachsenden der Wunsch, eigene Wege zu gehen, d. h. selbst zu entscheiden, mit wem er sich identifiziert und von wem er anerkannt werden will und von wem eben nicht. Es beginnt eine Phase des Zweifelns und Suchens. Erikson überschreibt sie mit der existentiellen Frage: „Wer bin ich, wer bin ich nicht?"

Teil der Suche nach einer Antwort auf diese Doppelfrage ist bei vielen Jugendlichen, dass sie alte Identifikationen, d. h. wie sie von anderen identifiziert wurden und womit sie sich identifiziert haben, äußerst kritisch reflektieren. Das kann soweit gehen, dass sie die früheren Bezugspersonen völlig hinter sich lassen – zumindest eine Zeitlang![7]

Abschiede vom Vertrauten wie auch Schritte ins Unbekannte sind psychologisch immer kritisch, und so verwundert es nicht, dass der Jugendliche in dieser Phase des Übergangs im ursprünglichen Sinne des Wortes extrem „selbst-bewusst" und besonders empfindlich gegenüber

---

7   Mark Twain hat die Dauer der Abgrenzung so beschrieben: "When I was a boy of fourteen, my father was so ignorant I could hardly stand to have the old man around. But when I got to be twenty-one, I was astonished at how much he had learned in seven years. (zit. in: Ayres (ed.) 1987, S. 75)

sozialen Erwartungen ist, die nicht mehr in sein Selbst-Bild passen. Er wehrt sie umso heftiger ab, je vager das Bild ist, das er von sich hat. Eltern wundern sich dann, dass nichts mehr von dem zählt, was dem Kind früher wichtig war, oder erfahren schmerzhaft, dass der Heranwachsende die Konfrontation mit ihnen geradezu sucht, um ihnen dann zu sagen, dass sie ihm überhaupt nichts mehr bedeuten. Die oft mit großen Worten und deutlichen Gesten demonstrierte Ablösung darf aber nicht darüber hinweg täuschen, dass der Jugendliche selbst sie durchaus als Risiko erlebt. Hinter gespielter Selbstsicherheit verbirgt sich der Zweifel, wohin man sich wenden soll. Manchen überfällt das Gefühl, dass keiner – sprich: die Erwachsenen – ihn versteht!

Das Gefühl, das der Jugendliche von sich hat, passt nicht mehr mit den früher geübten und gekonnten Rollen zusammen und schon gar nicht mit den Idealbildern, die er sich in dieser Zeit setzt. In dieser Phase der Suche nach neuen Identifikationen – wieder im doppelten Sinne –, werden die Gleichaltrigen, die *peers*, überaus wichtig. Vielen begegnet man flüchtig auf der Straße oder im Fernsehen, und dort bekommt man die ersten Informationen, wie „man" als Jugendlicher heutzutage zu denken und zu handeln hat. Mit anderen ist man in der Schule über lange Zeit mehr oder weniger locker verbunden. Von den flüchtigen Beziehungen unterscheiden sich diese dauerhaften durch die hohe soziale Kontrolle, die eine definierte Gruppe ausübt. Der Jugendliche hat sich diese peer group nicht ausgesucht, aber bei der Suche nach einem neuen Bild von sich wird er auch von ihren Erwartungen und Anerkennungen beeinflusst. Die wichtigsten Bezugspersonen sind allerdings die *Freunde*. Denen wird man nicht zugeteilt, und sie fallen einem auch nicht automatisch zu, sondern man muss gezielt Beziehungen zu ihnen aufnehmen. Und vor allem muss man etwas dafür tun, dass sie einen dauerhaft akzeptieren.

Aus der Sicht der Rollentheorie heißt das, dass man seine Rolle in einem Kontext, den man selbst durch eigene Erwartungen strukturieren will – auch wenn das nicht bewusst ist –, der andererseits schon durch die Erwartungen der anderen strukturiert *ist*, finden muss. Die entsprechenden Anstrengungen berühren das Selbstbild und das soziale Bild: „Was das Individuum *in sich selbst* zu sehen gelernt hat, muss jetzt mit den *Erwartungen* und *Anerkennungen*, die *andere* ihm entgegenbringen, übereinstimmen." (Erikson 1959b, S. 77, Hervorhebungen H. A.) Wenn der Jugendliche sich „in manchmal krankhafter, oft absonderlicher Weise darauf konzentriert herauszufinden, wie er, im Vergleich zu seinem eigenen Selbstgefühl, in den Augen anderer erscheint" (Erikson 1950b, S. 106), dann ist das ein Ringen um Selbstbewusstheit und Anerkennung.

Jugendliche beobachten sich sehr genau. In den dichten Beziehungen in der Schule, vor allem aber in der Freundschaftsclique prüfen sie gewissermaßen wechselseitig ihre *Selbstfindungen*. In ihren Urteilen sind sie unnachsichtig und direkt. Das verkürzt manchen Prozess der Identitätsfindung, schlägt aber auch manche Wunden. Auf der anderen Seite prüfen sie wechselseitig auch ihre Strategien, den sozialen *Status* nach den *geltenden* Kriterien der Gruppe zu finden. Dieser Status ist am Anfang keineswegs sicher, und fast nichts von dem, was einen in der Familie bisher getragen und ausgezeichnet hat, zählt in der neuen Gruppe. Im Gegenteil, vieles muss man vergessen oder gar in Abrede stellen, und wer dazugehören will, muss generellen neuen Erwartungen entsprechen. Erikson vergleicht den Jugendlichen im Übergang zwischen der Rolle des Kindes in einer vertrauten, ohne Vorbehalt verständnisvollen Primärgruppe und der des Jugendlichen auf dem Weg zu neuen Beziehungen, deren Zuneigung man mit individuellen Leistungen erst gewinnen muss, mit einem Trapezkünstler: „Ein atemloses Intervall lang hängt er von einem Zusammenhang zwischen Vergangenheit und Zukunft und von der Verlässlichkeit derer ab, die er loslassen muss, und derer, die ihn »aufnehmen« werden." (Erikson 1950a, S. 256)

3.2 Probeidentitäten und endgültige Festlegungen auf Zeit

Die Übergangsphase zwischen Kindheit und Erwachsenenalter ist eine Phase des Zweifels, des Experimentierens, Entwerfens und Revidierens. „Die jugendliche Suche nach einer neuen und doch zuverlässigen Identität lässt sich vielleicht am besten in dem beständigen Bemühen beobachten, sich selbst und andere in oft unbarmherzigem Vergleich zu definieren, zu überdefinieren und neu zu definieren; während sich die Suche nach zuverlässigen Ausrichtungen in der ruhelosen Erprobung neuester Möglichkeiten und ältester Werte verrät." (Erikson 1959b, S. 79)

In dieser Situation der gemeinsamen Suche nach der eigenen Identität entscheiden sich Jugendliche scheinbar aus heiterem Himmel „total" für eine Meinung, für ein Ziel oder für ein Outfit und lehnen alles andere „total" ab. Diese unbedingte Hingabe ist der Versuch, eine gerade entworfene Identität zusammenzuhalten. Die anderen in der Gruppe bilden dafür gewissermaßen den Chor, der diesen Entwurf absegnet und stützt. Das erfolgt in der kommentierenden Form von Kritik („Find ich doof!") und Lob („Echt cool!"). Eltern und Lehrer stehen oft ziemlich ratlos da, wenn Jugendliche heute mit aller Entschiedenheit eine Sache vertreten, die sie morgen schon wieder vergessen haben werden.

Es sind Probeidentitäten, die nur dadurch zusammengehalten werden können, dass man sich scharf abgrenzt, nicht nur gegen „die" Erwachsenen und die Eltern, sondern auch gegen andere jugendkulturelle Typen, und alternative Muster abwehrt. Jugendliche suchen sich so vor einer drohenden Diffusion der Identität zu schützen. Nach dem Prinzip absoluter Exklusion und absoluter Inklusion bestimmt der Jugendliche scheinbar für die Ewigkeit, wer er ist und wer er auf keinen Fall sein will. „Ist eine bestimmte willkürliche Abgrenzung angenommen, so darf nichts, was hineingehört, draußen gelassen, so kann nichts, was draußen sein soll, innen geduldet werden. Eine Totalität ist absolut inklusiv, oder sie ist vollständig exklusiv, ob die absolut zu machende Kategorie eine logische ist oder nicht und ob die Teile wirklich sozusagen ein Verlangen nacheinander haben oder nicht." (Erikson 1950b, S. 79) Nach diesem Prinzip entwerfen die Jugendlichen ihre Identität voreinander und erwarten, dass alle fest zu den Idealen stehen, die sie dahinter annehmen.

Die Jugendphase ist die Zeit des moralischen Rigorismus und totalitaristischer Haltungen. „Wenn das menschliche Wesen auf Grund zufälliger oder entwicklungsmäßiger Veränderungen einer wesentlichen Ganzheit verlustig geht, baut es sich und die Welt wieder auf, indem es Zuflucht zu etwas nimmt, was wir Totalitarismus nennen können." (Erikson 1964, S. 79) Erikson warnt davor, das als „reinen regressiven oder infantilen Mechanismus" abzutun: Es ist der Versuch, in einer

Zeit, wo sich die festen Orientierungen auflösen und das Individuum nicht mehr weiß, wer es ist, sich eine totale Gestalt von sich und dem Sinn seines Lebens vorzustellen. Dieses Bedürfnis geht einher mit dem Bedürfnis nach enger Solidarität und unbedingter *Treue*. Unter dieser Tugend, die in dieser Lebensphase ausgebildet wird, kann man die feste Verpflichtung auf Ideale und idealisierte Personen verstehen. Treue ruht auf dem unbedingten Glauben an etwas Wahres auf, mag dies nun in Werten und Ideologien oder in konkreten oder erdachten Personen gesucht werden. Treue ist eine außerordentlich dichte Beziehungsform. Mit ihr wird die Identität an etwas gebunden, das selbst Teil dieser Identität wird. Treue ist „der Eckstein der Identität." (Erikson 1961, S. 108)

3.3   Psychosoziales Moratorium

Die erste, noch tastende Antwort auf die Frage, wer man selbst ist, hängt von vornherein mit der Frage zusammen, wie einen die anderen sehen. Das Bewusstsein vom eigenen Ich gerät auf den Prüfstand der Identifizierung von außen. Das hat man sich als einen zweifachen Prozess vorzustellen: Zum einen prüft der Jugendliche, wie seine kindlichen Identifizierungen mit denen neuer Bezugspersonen zusammenpassen. Zum anderen identifiziert ihn die Gesellschaft als jemanden, der den primären Raum der Familie verlässt und sich auf den Weg in die Gesellschaft macht. „Aus eben diesem Grunde *konfirmiert* die Gesellschaft – in allen Arten ideologischer Strukturierung – zu diesem Zeitpunkt das Individuum und weist ihm Rollen und Aufgaben zu, in denen es sich *erkennen* und sich *anerkannt* fühlen kann." (Erikson 1959b, S. 77) Das tut die Gesellschaft natürlich auch aus einem höchst eigenen Interesse, denn solche Konfirmationen eines neuen Status, sei es die Jugendweihe, die christliche Konfirmation oder das Ritual der ersten gemeinsamen Zigarette[8] zwischen Tochter und Vater, sollen dem Jugendlichen nicht nur Stärke geben, sondern ihn auch an die Gesellschaft binden.

---

8   Das Ritual kam schon früher immer zu spät; wer es als jovialer Vater heute überhaupt noch versuchen würde, kann nur hoffen, dass der Sprössling nachsichtig mitspielt.

Diese Bindung des künftigen *Erwachsenen* braucht in der modernen Gesellschaft Zeit, und sie wird dem *Jugendlichen* auch gewährt. Der Jugendliche soll einen eigenen Standpunkt finden, von dem aus er sich selbst bestimmt; der künftige Erwachsene soll eine generelle Einstellung zu Rollen erwerben, die später auf ihn zukommen. Damit er das in Ruhe tun kann, konzediert ihm die Gesellschaft einen freien Raum des Verhaltens. Sie sieht gewissermaßen eine psychosoziale Nische vor, die Raum und Zeit für spielerische, auch provokante Probeidentifikationen und Erfahrungsexperimente lässt. Diese notwendige Entwicklungszeit nennt Erikson *psychosoziales Moratorium.* „Die einzelnen Kulturen gestatten und die einzelnen jungen Menschen brauchen eine mehr oder weniger anerkannte Karenzzeit zwischen Kindheit und Erwachsenenleben, institutionalisierte *psychosoziale Moratorien,* während welcher ein nunmehr endgültiger Rahmen für die »innere Identität« vorgezeichnet wird." (Erikson 1956, S. 137) In dieser „Zwischenwelt". (S. 212) wird eine Verpflichtung für eine bestimmte Zeit ganz aufgehoben oder in ihrem Gewicht verringert.

Die moderne Gesellschaft sichert das Moratorium institutionell, z. B. durch ihr Bildungssystem. Andererseits scheint Erikson das psychosoziale Moratorium aber auch als individuellen Freiraum des Jugendlichen zu verstehen, in dem er „durch freies Rollen-Experimentieren" seinen Platz in der Gesellschaft sucht. Die Adoleszenz ist sozusagen „eine Nische, die fest umrissen und doch wie einzig für ihn gemacht ist. Dadurch gewinnt der junge Erwachsene das sichere Gefühl innerer und sozialer Kontinuität, das die Brücke bildet zwischen dem, was er als Kind war, und dem, was er nunmehr im Begriff ist zu werden; eine Brücke, die zugleich das Bild, in dem er sich selber wahrnimmt, mit dem Bilde verbindet, unter dem er von seiner Gruppe (…) erkannt wird." (Erikson 1956, S. 137f.)

An der Beschreibung der dichten Beziehungsform in der peer group dürfte deutlich geworden sein, dass diese Gruppe starke *gemeinschaftliche* Züge hat. Hier wird der Heranwachsende in einer intimen face-to-face-Beziehung als *ganze* Person angesehen und beansprucht. Der Platz, den er in der Gruppe einnimmt, scheint wie für ihn – und nur für ihn – gemacht Für die Freundschaft gilt das sowieso. Auf der anderen Seite hat die Clique aber auch schon starke *gesellschaftliche* Züge, denn es gibt in ihr soziale Erwartungen, die für *jeden* gelten, der in diese Gruppe aufgenommen werden will, und es gibt Rollen, die im Prinzip von jedem, der die entsprechenden Leistungen erbringt, gespielt werden können. Neu ist auch, dass man seinen Platz neben neuen Bezugspersonen nicht mit einem Bonus langer Vertrautheit, von dem z. B. das Kind in der Familie unbewusst zehrte, erobern kann, sondern mit spezifischen individuellen und sozialen Leistungen, die auch scheitern können.

Das Moratorium ist also im Grunde nicht abgeschlossen gegenüber der Gesellschaft, sondern gerade dadurch, dass es Verhaltens-Experimente erlaubt, die sich später auf Erwachsenenniveau bewähren müssen, offen. Hinzu kommt, dass Erwachsene in das Moratorium hineinreden, oft auch die Experimente kontrollieren und begutachten. Und fast immer spielt die Erwartung eine Rolle, dass diese Experimente auch die „richtigen" Erfolge zeitigen. Gut gemeinte Ratschläge sollen verhindern, dass die Jugendlichen „falsche" Wege gehen oder zu lange nach den richtigen Wegen suchen. Das alles kann hilfreich sein und im Einzelfall auch Gewinn bringen, ersetzt werden können die eigenen Experimente des Jugendlichen aber nicht. Mehr noch, das häufig bizarre Experimentieren mit Erfahrungen und Probeidentitäten ist Voraussetzung einer reifen Identitätsbildung.

Dieses Experimentieren ist stark kollektiv geprägt. Die Jugendlichen orientieren sich aneinander und schaffen sich soziale Räume, in denen sie Regeln des sozialen Umgangs und die Rahmen der gegenseitigen Identifizierung entwerfen. Erikson nennt diese sozialen Räume *Vor-Gesellschaften*. (Erikson 1956, S. 146)

Auf diese gesellschaftliche Funktion hebt die Theorie von SAMUEL EISENSTADT vor allem ab: Die Jugendgruppe ist ein Ort der Sozialisation und für den reibungslosen Übergang von einer Generation zur anderen unverzichtbar.

4 Das Erlernen der Altersrollen und die Sozialisation in der peer group

Der aus Warschau stammende israelische Soziologe SAMUEL N. EISEN-STADT (geb. 1923) fragt, wie das soziale System Gesellschaft Stabilität und Kontinuität gewährleistet. (vgl. Eisenstadt 1956, S. 73) Die Antwort, die er in seinem 1956 in den USA erschienenen Buch „From Generation to Generation" gibt, lautet: Die Mitglieder der Gesellschaft werden in einem kontinuierlichen der Sozialisation dazu gebracht, sich den Normen und Werten, die mit bestimmten *Altersstufen* verbunden sind, entsprechend zu verhalten. Damit griff Eisenstadt eine Grundannahme der seinerzeit vorherrschenden strukturfunktionalistischen Gesellschaftstheorie auf, wonach es in jeder Gesellschaft *Altersdefinitionen* gibt, „durch die verschiedenen Menschen verschiedene Rollen zugeordnet werden". (Eisenstadt 1956, S. 21) Altersdefinitionen bestimmen auch den Sozialisationsprozess, denn „die Einteilung des Lebenslaufs in unterschiedliche Altersphasen erlaubt, die ständig nachrückenden Gesellschaftsmitglieder in die zur Erfüllung von Rollenanforderungen notwendigen Normen, Werte und Wissensbestände schrittweise einzuweisen", und ermöglicht „auf der individuellen Ebene eine Überschaubarkeit, Kontinuität und damit individuelle Planbarkeit des Lebenslaufs". (Mierendorff u. Olk 2002, S. 119)

Mit der Zuordnung des Individuums zu den Rollen ist vor allem der Zusammenhalt einer *Gesellschaft* erklärt. Wie sieht es mit der Einordnung des *Individuums* in diese Gesellschaft aus? „Für den Einzelnen wird das Bewusstsein seines Alters durch den Einfluss auf seine Selbst-Identifikation ein wichtiges integratives Element. Sich selbst als zugehörig zu einer gegebenen Altersstufe zu kategorisieren, dient als wichtige Grundlage des Selbstverständnisses und der Rollenerwartungen gegenüber anderen." (Eisenstadt 1956, S. 21) Die Zuordnung des Individuums zu einem bestimmten Altersstatus hat also Vorteile für die Gesellschaft *und* das Individuum.

Dieser Sozialisationsprozess erfolgt kontinuierlich und lebenslang. „Es gibt jedoch im Leben eines Individuums einen zentralen Punkt, der in den meisten bekannten Gesellschaften in gewissem Grade hervorgehoben wird, nämlich der Erwerb des vollen Erwachsenenstatus oder der vollen Mitgliedschaft im Sozialsystem." (Eisenstadt 1956, S. 23) Dieser Zeitpunkt wird deshalb hervorgehoben, weil damit „der endgültige Wechsel der Altersrollen vom Empfänger zum Vermittler kultureller Tradition" (ebd.) vollzogen ist. Deshalb ist die *Jugendphase* sowohl für die Gesellschaft wie für die Heranwachsenden von zentraler Bedeutung. In den westlichen, differenzierten Gesellschaften hat sie eine bestimmte Form und eine spezifische Funktion.

4.1 Der Übergang zwischen zwei strukturell gegenläufig angelegten Lebensbereichen

In weniger komplexen Gesellschaften wurde die strukturelle Bedeutung des Statuswechsels durch *Initiationsriten* dramatisiert. In den differenzierten modernen Gesellschaften erfolgt der Übergang in einer mehr oder weniger langen Jugendphase. Sie ist durch einen eigentümlichen Sozialisationsprozess gekennzeichnet. Eigentümlich deshalb, weil in dieser Phase alte Prinzipien der Verhaltensorientierungen aufgegeben und neue, grundsätzlich andere gelernt werden. Da dieser Wechsel schwierig ist und manche Unsicherheiten mit sich bringt und die Heranwachsenden das auch so empfinden, kommt es zu einer spezifischen Sozialform, die Eisenstadt als *peer group* bezeichnet. In dieser altershomogenen Gruppe, die gleichzeitig Strukturmerkmale der persönlich-intimen Gemeinschaft der Familie und der allgemein-sachlichen Gesellschaft aufweist, lernen die Jugendlichen die *Prinzipien des Rollenhandelns*, die später in der Erwachsenengesellschaft gelten.

Zur Erklärung der strukturell anderen Sozialisationsprozesse in der peer group greift Eisenstadt das Modell der *pattern variables* von TALCOTT PARSONS (Parsons 1951, S. 58ff.) auf und referiert dazu kurz die dahinterstehende Gesellschaftstheorie: „Nach dieser Analyse ist eine Gesellschaft oder eine Gruppe ein System von Positionen und Rollen, die von verschiedenen Individuen ausgefüllt werden. Die Rolle ist die Grundeinheit sozialer Interaktion. (...) In einer jeden solchen Interaktion und in jeder Rolle liegen mehrere inhärente Verhaltensmöglichkeiten, mehrere Handlungsalternativen, zwischen denen das Individuum wählen muss." (Eisenstadt 1956, S. 15) Parsons unterscheidet fünf pattern variables oder »Orientierungsalternativen«.[9]

Affektivität oder Neutralität

Eine affektive Orientierung ist typisch z. B. für das Verhalten in der Familie oder einer Freundschaft. Dort darf man nicht nur seinen Gefühlen freien Lauf lassen, sondern es wird sogar erwartet, dass man mit seinem ganzen Herzen dabei ist. Eine neutrale Orientierung wird z. B. in einer Prüfung oder bei der Schlichtung eines Streits erwartet.

Selbstorientierung oder Kollektivorientierung

In bestimmten Rollen, z. B. im sportlichen Wettkampf oder vor Gericht, ist es legitim, zunächst einmal die eigenen Interessen zu verfolgen. Bei anderen Rollen erwartet man, dass man sich mit einem Kollektiv identifiziert und eigene Interessen hinter die Solidarität mit der Gruppe zurückstellt. Wer beim Streik ausschert oder in der Wandergruppe ohne Rücksicht auf die anderen das Tempo bestimmt, hat die falsche Alternative gewählt.

Universalismus oder Partikularismus

In bestimmten Rollen wird erwartet, dass alle, die eine solche Rolle einnehmen, sich nach universellen, rationalen Kategorien verhalten. So kann man erwarten, dass ein Prüfer immer gerecht urteilt, ein Arzt jeden Patienten gleich gut und ein Polizist jeden Übeltäter gleich streng behandelt. In anderen Rollen ist es dagegen möglich oder erforderlich, auf die besondere Situation einzugehen. Von einem Therapeuten erwarte ich, dass er mich nicht wie jeden anderen nach einer Checkliste abfragt, sondern auf meinen partikularen Sonderfall eingeht.

Spezifität oder Diffusität

Manche Rollen sind sehr spezifisch. So wird sich ein Bankangestellter über die korrekte Beratung in Gelddingen definieren und nicht über das persönliche Mitleid mit einem Kunden, wenn er

---

9   Zur Einordnung der pattern variables in Parsons' allgemeine Theorie des Handelns vgl. Abels (2004), Bd. 2, Kap. 4.3 „Parsons: Alternative Wertorientierungen des Handelns". Dort gebe ich auch weitere Beispiele.

über einen Kredit verhandelt. Dagegen gibt es andere Rollen, die sehr diffus sind. Nehmen wir die Rolle der Mutter. Sie ist Trösterin, Mülleimer, Prellbock, Dienerin, Vertraute und zum Muttertag sogar der Mittelpunkt der Familie. Bei ihrem Verhalten wird sie immer ein bisschen von allem sein – oder es zumindest im Hinterkopf haben.

Orientierung an Leistung oder **Zuschreibung**
Bei dieser Alternative geht es darum, ob einem eine Rolle aufgrund bestimmter Attribute zugeschrieben (»ascription«) wird oder ob dort nach der individuellen Leistung (»achievement«) geurteilt wird. Aufgrund einer Zuschreibung wie z. B. »Hauptschule, Migrationshintergrund« eröffnen sich bestimmte Chancen erst gar nicht. Wer umgekehrt meint, sich auf Lorbeeren, die ihm von irgendwoher entgegengebracht werden, ausruhen zu können, wird bald merken, dass es ohne eigene Leistung auf Dauer nicht geht.

Die pattern variables markieren jeweils Pole von individuellen Handlungsmöglichkeiten und individuellen Bewertungen des Handelns und zugleich auch Pole von sozialen Handlungsverpflichtungen und sozialen Bewertungen. Diese doppelte Bedeutung kommt auch in den Fragen zum Ausdruck, in denen UWE SCHIMANK die pattern variables umschreibt. Ich zitiere sie als Zusammenfassung der normativen Orientierungen, wobei ich die letzte Frage allerdings umformuliert habe: „Erlaubt eine Rolle das Ausleben *affektiver* Impulse, oder hat das Rollenhandeln *affektiv neutral* zu sein? Fordert eine Rolle dem Handelnden die Ausrichtung an den Belangen der jeweiligen *Kollektivität* ab, oder kann er vorrangig sein *Eigeninteresse* verfolgen? Verpflichtet die Rolle den Handelnden zur Berücksichtigung *partikularistischer* Standards der Situationsbeurteilung, oder hat er *universalistische* Standards zu beachten? Ist die Rolle auf *funktional spezifische* Erwartungen hin angelegt, oder sieht sich der Handelnde *diffusen* Erwartungen gegenüber? (Wird das Handeln in einer Rolle nach objektiver Leistung beurteilt, oder ist ihm die Rolle) aufgrund leistungsunabhängiger Attribute – z. B. sozialer Herkunft oder Geschlechtszugehörigkeit – zugeschrieben?" (Schimank 1996, S. 85, Klammerzusatz H. A.)

Diese pattern variables bringt Eisenstadt nun mit der gesellschaftlichen Alterseinstufung allgemein und dann mit der Sozialisation in altershomogenen Gruppen der Jugendlichen zusammen. Auf einen kurzen Nenner gebracht, ist die Jugendphase nach der Theorie von Eisenstadt dadurch gekennzeichnet, „dass in ihrem Verlauf der Übergang zwischen zwei strukturell gegenläufig angelegten Lebensbereichen bewältigt werden muss." (Mierendorff u. Olk 2002, S. 119) Die beiden Lebensbereiche sind *noch* die Familie und *schon* die Gesellschaft; die gegenläufige Struktur kommt in den alternativen Wertorientierungen zum Ausdruck.

Jede Gesellschaft muss die Fortdauer der eigenen Struktur, Normen, Werte sichern. Das erfolgt durch einen kontinuierlichen Sozialisationsprozess. In der Jugendphase nimmt die Vermittlung zwischen dem Individuum und der Gesellschaft eine besondere Form an.

4.2 Das Bedürfnis nach ego-involvement in einer altershomogenen Primärgruppe

Sozialisation als Vermittlung des sozialen Erbes gelingt nur, wenn die nachwachsende Generation sich in gewissem Maße mit der erwachsenen Generation identifiziert und sie „zu einem Vorbild für generelle Orientierungen" (Eisenstadt 1956, S. 18) macht. Die strukturelle Beziehung in diesem Sozialisationsprozess ist durch Altersunterschiede und Differenz der Erfahrungen gekennzeichnet. Die erste Differenz ist grundsätzlich nicht aufhebbar und dient der formalen Rechtfertigung der Forderungen, die Erwachsene an Kinder stellen. Die inhaltliche Legitimation erfolgt aber über die zweite Differenz, da sie als Vorsprung von gesellschaftlich relevanten Erfahrungen verstanden wird. Die ersten Erfahrungen in dieser Hinsicht macht das Kind in der *Familie*.

Die Sozialisationsprozesse in dieser intimen Gemeinschaft sind durch spezifische Muster der Rollenbeziehungen geprägt: Nach der Diktion der pattern variables sind sie zunächst einmal affektiv und emotional geprägt, und sie erlauben, dass sich das Individuum als ganze Person und mit seinem ganzen eigenen Interesse ins Spiel bringt. Drittens darf jeder in der Familie erwarten, dass er nach den besonderen Standards, die hier gelten, angesehen wird. Viertens kann man zwischen den vielen Rollen, die man in der Familie spielt, überhaupt nicht trennen, sondern sie durchdringen sich in einer diffusen Gesamtrolle. Schließlich nimmt man seinen Status in der Familie im Prinzip nicht aufgrund individueller Leistung ein, sondern die Rollen sind vorab zugeschrieben.

Die Verhaltensprinzipien, die in der Familie gelten, können auch in der Gesellschaft von Nutzen sein. Solange das Normensystem einer Gesellschaft mit dem der Familie übereinstimmt, lassen sich die Beziehungsmuster Identifikation und Solidarität auch relativ problemlos übertragen. Wo sich jedoch „die wesentlichen integrativen Prinzipien der Sozialstruktur" von denen in der Familie unterscheiden, erfordert der Übergang zwischen Familie und Gesellschaft, dass das Individuum seine Verhaltensweisen ändert. Der volle soziale Status kann mit diesen Familienwerten nicht erreicht werden. Deshalb muss sich der Heranwachsende von den Mustern, die in der Familie angemessen sind, lösen. Nach der Sicherheit in persönlich-affektiven, *gemeinschaftlichen* Beziehungen müssen nach und nach sachlich-rationale, *gesellschaftliche* Orientierungen gelernt werden.

Dieser *Übergang* von emotionalen, partikularistischen Beziehungsformen zu sachlichen, universalistischen Formen des Rollenhandelns im Sozialsystem ist schwierig, denn die emotionalen Bedürfnisse z. B. nach Solidarität oder Anerkennung bleiben natürlich bestehen oder werden gerade wegen des Schrittes in das Neue hinein besonders stark. In dieser Übergangsphase entwickelt der Heranwachsende nun „Bedürfnisdispositionen für eine neue Art von Interaktion mit anderen Individuen, die ihm den Übergang erleichtern." (Eisenstadt 1956, S. 39) Er sucht „nach solchen Handlungsobjekten, die es ihm einerseits ermöglichen, sich einen gewissen Grad emotionaler Sicherheit zu bewahren, die ihm aber andererseits erlauben, andere und umfangreichere Beziehungen einzugehen als in der Familie und nach anderen Kriterien und Orientierungen zu handeln als den in altersheterogenen Beziehungen vorherrschenden." (ebd.)

Der Jugendliche will auch im Übergang als Gesamtpersönlichkeit anerkannt werden. Deshalb sucht er „Beziehungen, die zwar zugeschrieben sind, die aber dennoch auf anderen Merkmalen als Blutbanden beruhen (z. B. Freundschaft) und die in großem Umfang solidarisch und kollektiv orientiert sind." Er sucht Primärgruppen auf, in denen er die Möglichkeit hat, „Beziehungen zu jedem Mitglied seiner Gesellschaft einzugehen, das derartige Qualitäten aufweist." (Eisenstadt 1956, S. 40) Das genau bieten die jugendlichen Gruppen: „Unter allen Arten von Beziehungen genügen wahrscheinlich nur die mit Altersgenossen, mit Mitgliedern altershomogener Gruppen, diesen Typen von Bedürfnisdispositionen. Diese Beziehungen sind (...) zugeschrieben, während ihre Diffusität durch die Diffusität von Altersdefinitionen »garantiert« wird. Sie haben auch eine inhärente Tendenz zur Solidarität (a) wegen einer gemeinsamen Definition von Lebensraum und Schicksal und (b) wegen gemeinsamer emotionaler Spannungen und Erfahrungen während der Zeit des Übergangs und emotionaler Belastungen." (ebd.)

Eisenstadt formuliert zwei Hypothesen für das Auftreten dieser jugendlichen Altersgruppen: „In den nach universalistischen Kriterien und Werten geregelten Gesellschaften, die sich in ihrer Beschaffenheit von Familien- und Verwandtschaftssystem unterscheiden, entwickeln die Mitglieder der Gesellschaft an den Übergangspunkten von verwandtschaftlich zu andersartig institutionalisierten Rollen ein Bedürfnis nach Interaktionen und sozialen Beziehungen, die nach anderen diffusen und zugeschriebenen Kriterien geregelt werden als in der Blutsverwandtschaft und allen Gesellschaftsgliedern gemeinsam sein können. Es entwickelt sich ein Bedürfnis, primäre Solidaritätsgruppen zu gründen oder sich ihnen anzuschließen, Gruppen, die entsprechend aufgebaut sind und die zum Teil der Abwehr gegen, zum Teil der Orientierung an den zukünftigen Rollen dienen." (Eisenstadt 1956, S. 45)

Nun sind es nicht nur die Rollen, mit denen sich die Jugendlichen in ihren Gruppen experimentell auseinandersetzen, sondern auch ein bestimmter sozialer *Status,* der dort gesucht und gefunden wird. Dazu heißt es bei Eisenstadt: „Der Drang der Kinder, die Familie zu verlassen, sich von den Begrenzungen und Schranken der Familienautorität zu emanzipieren, verstärkt sich im Jugendalter und bildet einen der Hauptgründe, sich zu Peer- und Jugendgruppen zusammenzuschließen. Zu den wichtigsten Grundlagen für diesen Drang gehören: die Möglichkeit, sich von den Einschränkungen des Familienstatus loszusagen, die starke Betonung vorbereitender Aktivitäten und die »vorbereitende« Bewertung ihres eigenen Status. Die Möglichkeit, einen vollen und ebenbürtigen Status innerhalb einer Gruppe zu erlangen, ist hier von ausschlaggebender Bedeutung." (Eisenstadt 1956, S. 185) Diese Möglichkeit unterscheidet die peer-Gruppe auch von Spielgruppen von Kindern: „Die jugendlichen Cliquen sind mehr als nur Gruppen mit irgendeinem gemeinsamen Übergangsziel. Sie bilden zusammenhaltende Primärgruppen mit einer starken gegenseitigen Identifikation der Mitglieder. Diese sind in ihnen »ego-involviert«." (ebd.)

Mit diesem Begriff, den Eisenstadt von Erikson übernommen hat, bezeichnet er eine bestimmte Bedürfnisdisposition des Jugendlichen, die mit „seinem Drang nach einem Statuserwerb" zusammenhängt, „der auf andere Weise erfolgt als in Familie und Schule und anders als durch die sichtlich (nur, Ergänzung H. A.) »vorbereitenden« Rollen, die ihm von den Erwachsenen sowohl in der Familie als auch in der Schule zugeordnet werden. Solche Rollen sind entweder allzusehr auf den Familienkreis beschränkt und von den allgemeinen Bereichen der sozialen Beziehungen abgetrennt, oder sie können – wegen ihres »vorbereitenden« Charakters wie z. B. in der Schule – einen sehr starken instrumentalen Akzent haben. Man kann sagen, dass der Adoleszent in diesen jugendlichen »Peergruppen« versucht, sowohl die Grenzen seiner Familienrollen und die ihm auferlegte Familiendisziplin zu überwinden, als auch einige unmittelbare Ziele und Gratifikationen durch zwischenmenschliche Beziehungen mit Gleichen zu erreichen, die die starke Hervorhebung der Instrumentalität während seiner Vorbereitungsjahre ausgleichen." (Eisenstadt 1956, S. 185f.) Ganz ohne Ironie möchte ich es so formulieren: Die peergroup bietet die Wiederholung der Gewissheit, einen endgültigen Status gefunden zu haben. Die hohe Solidarität innerhalb der Gruppe, die durch die face-to-face-Beziehungen gefördert wird, trägt zur sozialen Identifizierung (Status) und zum Aufbau eines Selbstbildes (Identität) bei. Nach außen hin wird „das »Image« einer gegebenen Altersstufe zum wichtigen Symbol kollektiver Identifikation." (S. 45)

Die peer group schafft so etwas wie einen Rahmen der Identität. Ihre wichtigste Funktion liegt aber in der Sozialisation auf die Rollen hin, die in der Gesellschaft bereitliegen. Die altershomogene Gruppe ist funktional notwendig zur Bewältigung der Altersstufe zum Status des Erwachsenen hin. Das sieht der deutsche Kultursoziologe FRIEDRICH H. TENBRUCK im Prinzip genauso, aber er bewertet den Sozialisationsprozess etwas anders. Das wiederum hängt mit seiner Erklärung zusammen, seit wann es in der Moderne Jugend überhaupt gibt.

5 Institutionalisierung, Selbstsozialisierung, Attraktivität eines jugendlichen Lebensstils

Der Kultursoziologe FRIEDRICH H. TENBRUCK (1919-1994) sah die Gesellschaft seiner Zeit dadurch gekennzeichnet, dass sich feste kulturelle Orientierungen aufgelöst haben und soziale Rollen diffus geworden sind. Da Jugend Teil einer konkreten Gesellschaft ist, wird ihr Verhalten auch durch die konkreten kulturellen Bedingungen *strukturiert*. Was er unter dieser Prämisse kritisch feststellt, liest sich so: „Die vielbesprochene Unsicherheit der modernen Jugendlichen, wie des Menschen überhaupt, ist zutiefst Folge des Konturenverlustes seiner sozialen Rollen." (Tenbruck 1962, S. 44) Doch es ist mehr als nur Unsicherheit, es trifft das Individuum im Innersten: Tenbruck spricht von einer „Destrukturierung des personalen Kerns" und einer „Zerfaserung des Selbst". (S. 45) Er zeigt, wie dieses Problem strukturnotwendig in der Jugend angelegt ist. Dazu blickt er in die Entwicklung der Gesellschaft zur Moderne zurück und erklärt, wie es zu dem relativ neuen Phänomen Jugend gekommen ist.

5.1 Die Entstehung der Jugend: Institutionalisierung als Gruppe von Gleichaltrigen

In einfachen Gesellschaften endet die Kindheit mit der Erlangung der Geschlechtsreife. Von da aber gilt man als erwachsen. Es fehlt die Altersrolle Jugend. Erst mit der *Ausdifferenzierung* der Gesellschaft, der *Arbeitsteilung* und der damit verbundenen Notwendigkeit der spezialisierten *Qualifikation* entsteht das gesellschaftliche Phänomen Jugend.

Mit der Differenzierung der modernen Welt verlor die Familie einen großen Teil ihrer Sozialisationsfunktion, denn was außerhalb der Familie verlangt und geboten wurde, war anders strukturiert und verlangte andere Verhaltensformen, als sie in der Familie selbstverständlich und angemessen waren. Die Geschichte der Jugend ist deshalb auch die Geschichte der „organisierten Vorbereitung" auf eine soziale Welt, die „in ihrer konkreten Eigenart unbekannt" ist. (Tenbruck 1962, S. 36) Diese Differenz wurde mit der einsetzenden Industrialisierung eklatant. Die Gesellschaft reagierte darauf mit der Organisation einer Erziehung in staatlicher Regie, die neben der Ausbildung bestimmter kultureller Techniken stets auch die generelle Herstellung einer bestimmten Einstellung zur Gesellschaft intendierte. Die Einführung der allgemeinen Schulpflicht, z. B. in Preußen schon ab 1717, hatte zur Konsequenz, dass Kinder und Heranwachsende aus altersheterogenen Gruppen wie Familie oder Nachbarschaft herausgelöst und in altershomogenen Gruppen zusammengefasst wurden. Erst in diesem Augenblick, „wo die Gesellschaft Jugendliche miteinander in feste Beziehung setzt, entsteht Jugend" (S. 67), und indem ein erheblicher Teil der Sozialisation aus der Familie in die Schule verlagert und dadurch in einer gesellschaftlichen Institution individuenübergreifend generell organisiert wurde, entstand allmählich der Gedanke, dass „die Jugend (...) ein Lebensabschnitt mit eigenständigen Aufgaben" (S. 84) ist.

Hinzu kam, dass die Jugendlichen durch Gesetze und Verordnungen indirekt angesprochen wurden, was bei ihnen wiederum ein „Bewusstsein der Verbundenheit und Gleichartigkeit" (Tenbruck 1962, S. 72) stärkte. Dieses Ansprechen der Jugendlichen als einer Gruppe setzt sich in der Spezialisierung des Wirtschafts- und Kulturbetriebes (der fortgeschrittenen Moderne, Ergänzung H. A.) fort. So wird der Jugendliche als ein Gruppenangehöriger durch Gebote und Verbote, Förderungen, Schulungen, Dienste, Programme, Güter, Betreuung, Beratung ständig wirklich und bewusstseinsmäßig isoliert." (S. 92) Die *gesellschaftliche* Identifizierung als Jugendliche und die dauerhafte Interaktion in altershomogenen Gruppen haben zur Folge, dass sich die Jugendlichen in der Tat als anders als Erwachsene und eigenständig empfinden, und dass sich die Bildung der jugendlichen Person in die jugendlichen Gruppen verlagert, „die ihrerseits den Rang von echten Sozialisierungsträgern erwerben und zur wahren Brücke des Jugendlichen in die Gesellschaft werden." (Tenbruck 1962, S. 75f.)

Gruppen, das wissen wir aus vielen experimentellen Untersuchungen, erzeugen nicht nur ein Wir-Gefühl, sondern auch einen Konformitätsdruck, der zu einer Homogenisierung von Einstellungen und Verhalten führt. Das bedeutet auch, dass Informationen, die von außen kommen, durch das Klima der Gruppe gefiltert werden. Es kommt zu einer gruppenspezifischen selektiven Wahrnehmung. Ein zweites ist wichtig, die besondere emotionale und persönliche Verbundenheit der Mitglieder einer Gruppe. In dieser Hinsicht weisen die Gruppen der Jugendlichen einige Besonderheiten auf, die für sogenannte *Primärgruppen* typisch sind. Darunter versteht man die lebensgeschichtlich frühen „face-to-face-Beziehungen" wie Familie, Nachbarschaft oder altershomogene Gruppen im Kindergarten oder der ersten Schulzeit, aber auch die späteren Freundschaftsgruppen.

Für CHARLES H. COOLEY, der den Begriff der Primärgruppe aufgebracht hat, sind sie in verschiedener Hinsicht prägend, hauptsächlich aber in der, „dass sie fundamental an der Herausbildung der Sozialnatur und der sozialen Ideale der Individuen beteiligt sind. Das Ergebnis dieser sehr engen Verbindung ist – psychologisch betrachtet – eine gewisse Verschmelzung (fusion) von Individualitäten in einem gemeinsamen Ganzen, so dass das eigene Selbst zumindest für viele Zwecke identisch ist mit dem gemeinsamen Leben und dem Ziel der Gruppe. Der vielleicht einfachste Weg, diese Gemeinsamkeit zu beschreiben, besteht in der Feststellung, dass die Gruppe zu einem »Wir« geworden ist. Sie setzt jene Form der Sympathie und der gegenseitigen Identifikation voraus, für die das »Wir« der natürliche Ausdruck ist. Man lebt mit dem Gefühl der Gemeinsamkeit und findet die wichtigsten Ziele seines Strebens in diesem Gefühl." (Cooley 1909, S. 23; hier zit. nach der Übersetzung von Schäfers 1980, S. 69)

Das Gefühl der Gemeinsamkeit ist auch eine Erklärung dafür, dass die Jugend eine eigene *Teilkultur* bildet.

5.2   Die Jugend bildet eine eigene Teilkultur

Die Jugendlichen, so lautet Tenbrucks These, besitzen ihre Bezugs-gruppe heute „in ihren eigenen Gruppen", und von dieser Bezugsgrup-pe verstehen sie sich und handeln. (Tenbruck 1962, S. 70) Das heißt nicht, dass sich die Jugendlichen nicht an die Gesellschaft gebunden fühlten, sondern sie identifizieren sich mit der Gesamtgesellschaft „nur indirekt und bedingt, nämlich über die eigene Gruppe, der man primär verpflichtet bleibt. (…) In diesem Sinne besitzt die moderne Jugend eine eigene Teilkultur." (S. 55)

Eine Teilkultur unterscheidet sich „hinlänglich und bewusst" von ande-ren Gruppen. Bei der jugendlichen Teilkultur kommt eine Besonderheit hinzu. Sie weist gegenüber der Gesamtgesellschaft „ein hohes Maß von Eigenständigkeit und Selbstkontrolle" auf. (Tenbruck 1962, S. 55) Über diese Entwicklung, die in den fünfziger Jahren begonnen hatte, schreibt Zinnecker rückblickend: „Jugendliches Eigenleben als Teil der Alters-kultur tritt aus dem Schattendasein ritueller Abweichung des heimli-chen Doppellebens von Jugend in der Ägide des pädagogischen Ju-gendschutzes heraus. In der Formulierung als jugendliche Teilkultur gewinnen entsprechende Äußerungsformen öffentliche – wenngleich umkämpfte und viel bestrittene – Anerkennung als legitime Hand-lungsweisen dieser sozialen Altersgruppe." (Zinnecker 1987, S. 42) Die in den 1980er Jahren entwickelte Vorstellung einer eigenen Jugendkul-tur bzw. jugendkultureller Stile hat hier ihre Wurzeln.

Das Bewusstsein der Jugendlichen, eine eigene gesellschaftliche Grup-pe zu bilden, und der Anspruch, dies auch durch die Ausbildung einer eigenen Teilkultur zum Ausdruck bringen zu dürfen, wurden durch das Interesse, das der Markt und die Medienöffentlichkeit ihnen entgegen-bringen, noch gestärkt. Gerade was den Markt angeht, durften sie sich fast auf der gleichen Ebene wie die Erwachsenen fühlen: Dort waren sie genau so gefragt wie andere Konsumenten!

5.3   Selbstsozialisierung

Die Familie, konnten wir oben lesen, leistet schon lange keine berufli-che Qualifizierung mehr, und sie beherrscht auch die Vermittlung des

Jugendlichen in die Gesellschaft nicht mehr *ideell*. Sie sinkt „in der sich ausdehnenden und differenzierenden Struktur und Kultur der Gesellschaft", so lautet Tenbrucks kritische Diagnose, „zu einem untergeordneten Teilgebilde herab und verliert für den Jugendlichen immer stärker den Charakter des möglichen und natürlichen Identifikationsraumes." (Tenbruck 1962, S. 74) Der Sozialisierungstyp Familie, in dem der Jugendliche in die allgemeinen Werte und Normen der Gesellschaft eingeführt wurde, ist „an sein Ende gekommen" (S. 90), weshalb Tenbruck auch von einer *„strukturellen Insignifikanz der Familie"* (S. 118) spricht.

„Der Umgang der Jugendlichen spielt sich nicht mehr im festen Netz von Familienbeziehungen ab und kann deshalb auch nicht Gegenstand elterlichen Austauschs werden. So verliert der Jugendliche auch hier das Modell und den Spiegel erwachsenen Daseins. Dieser Zustand wird dadurch legitimiert, dass die moderne Familie die Kinder aus sich heraus in die Gesellschaft hinein sozialisiert. Der Lebenserfolg in der Gesellschaft, nicht die Eingliederung in die Familie und ihre Werte bestimmt den Erziehungshorizont. Die Bestimmung des Ziels, die Wahl der Mittel und die Verantwortung bleiben wachsend dem Jugendlichen überlassen." (Tenbruck 1962, S. 93)

In dem Maße, wie die unmittelbaren Lebensgruppen „strukturell und kulturell insignifikant" werden, reduzieren sich die sozialen Anforderungen an den Jugendlichen „mehr und mehr auf die lehrbaren und lernbaren, also organisierbaren Fähigkeiten im Dienste der gesellschaftlichen Daseinsorganisation, so dass der ganze Bereich der privaten Rollen und damit auch das eigentliche Selbstverständnis der Jugendlichen wie ihre personale Durchformung in ein soziales Vakuum rücken, wo sie endlich einer jugendlichen *Selbstsozialisierung* verfallen." (Tenbruck 1962, S. 113f., Hervorhebung H. A.)

Für diese Selbstsozialisierung in altershomogenen jugendlichen Gruppen nennt Tenbruck einige Ursachen: In allen modernen Gesellschaften hat sich die Ausbildung verlängert. Dadurch „ist der junge Mensch altershomogenen Tendenzen länger ausgesetzt. Durch das längere Zusammenbleiben erhöhen sich die Chancen, dass diese Tendenzen sich zu festen Formen der Gruppe versteifen." (Tenbruck 1962, S. 90f.) Da sich außerdem die informellen und formellen Gruppen, die vom Staat oder in der Gemeinde organisiert werden oder in der Freizeit entstanden sind, vervielfacht haben, ergibt sich „eine kolossale Steigerung der in altershomogenen Gruppen verbrachten Zeit." (S. 91) Wichtiger ist aber etwas anderes: Da die Gruppen zahlreicher, größer und heterogener geworden sind, „können die Mitglieder (einer bestimmten Gruppe, Ergänzung H. A.) weniger an häuslich-erwachsenen Prägungen in sie einbringen. Es entsteht ein starker Druck zu sozialen Formen, die in allen jugendlichen Gruppen Verkehrswert haben." (ebd.)

Die zweite Erklärung, die Tenbruck für die zunehmende Selbstsozialisation parat hat, gibt zu denken: Die Orientierungen zu den Erwachsenen hin sind immer weiter abgebaut worden. Während Schelsky den schwindenden Unterschied zwischen einer „typischen Jugendrolle" und dem Status des Erwachsenen damit erklärte, dass sich die Jugendlichen rasch an die Welt der Erwachsenen anpassten, sieht Tenbruck es genau umgekehrt: die Unterschiede schwinden, weil *die Erwachsenen ihre Orientierungsbedeutung für die Jugendlichen verlieren.* Das hat, wie gleich gezeigt wird, seinen Grund darin, dass die Erwachsenen in entscheidenden Bereichen des Lebens die Jugendlichen kopieren!

Als dritte Begründung für die These der Selbstsozialisation gibt Tenbruck an, dass die Jugendlichen „einen fast unbeschränkten Zugang zu der konkreten Wirklichkeit der erwachsenen Welt" (Tenbruck 1962, S. 93) haben. Hier ist natürlich vor allem an die Sozialisation durch die Medien zu denken, die das Verhalten des Erwachsenen in all seinen Facetten sichtbar machen. Dadurch entsteht z. B. Hintergrundwissen, ohne dass die eigenen Eltern befragt werden müssten, und nebenbei entwickelt sich ein Blick für Alternativen zu deren Verhalten. Dieser Zugang erfolgt weder systematisch, noch kann er von den Erwachsenen dauerhaft kontrolliert werden. Es ist vielmehr so, dass der Jugend „*die erwachsene Kultur zur selektiven Benutzung nach eigenen Zwecken überlassen*" (Tenbruck 1962, S. 94) wird. „*Ganz konsequent verfallen deshalb alle Bereiche der Realität der Normierung durch die Jugend.* Um in dem uferlosen Andrang und in der Exploration dieser Realität nicht unterzugehen, *muss* (Hervorhebung H. A.) sie ihre eigenen Werte, Haltungen, Sitten und Normen entwickeln." (ebd.) Die Selbstsozialisation erfolgt im Bezug auf die Werte und Orientierungen, die in den wichtigen Gruppen gelten. Das hat Konsequenzen für die Ausbildung der Person!

5.4 Übersozialisierung für die Gesellschaft, Untersozialisierung als Person, Zerfaserung des Selbst

Angesichts einer diffusen Sozialisierungssituation, „in der eine Mannigfaltigkeit von ungleichartigen Kräften sich direkt an die Jugend heranschiebt" (Tenbruck 1962, S. 40), wachsen zwar die Verhaltensmöglichkeiten der Jugendlichen, doch es fehlen die personalen Voraussetzungen, eine entschiedene und dauerhafte Wahl zu treffen. Weite Verhaltensbereiche werden den Jugendlichen zugeschoben, ohne dass ihnen verbindliche Erwartungen entsprächen. „Wenn sich der Jugendliche vor einer Mannigfaltigkeit von Alternativen findet, denen keine gesellschaftliche Forderung ein Gewicht des Müssens, sondern allenfalls die Suggestion der Mode den Reiz des Könnens gibt, und wenn die Gemeinsamkeit der Normen und Ideen dieser gebotenen Alternativen minimal ist, so zerfasern sich die jugendlichen Rollen in eine Vielzahl von beliebigen und nebengeordneten Verhaltensmöglichkeiten, denen die feste Kontur des eindeutig und allerseits Erwarteten fehlt." (S. 41) In der Aufklärung hat die Freisetzung des Individuums aus dem objektiven Zwang tradierter Rollen begonnen; in der fortgeschrittenen Moderne steht das das Individuum vor einem ganz neuen gesellschaftlichen Zwang, der aus der „Zerfaserung des Selbst angesichts konturloser Rollen und unübersehbarer Alternativen, also aus seiner radikalen sozialen Freistellung hervorgeht." (Tenbruck 1962, S. 45)

Durch die Fülle der *Optionen*, so könnte man es in der Sprache einer späteren soziologischen Diskussion sagen, „erstickt" die Gesellschaft „den produktiven Gebrauch der Autonomie" des Jugendlichen und provoziert mit ihrem Druck, sich immer neuen Trends unverbundener, vager Rollen anzupassen, letztlich eine „Destrukturierung der Person"! (Tenbruck 1962, S. 119)

Tenbruck gibt noch eine andere Erklärung für seine pessimistische Diagnose der Ausbildung der Persönlichkeit. Die Gruppe der Jugendlichen, die die Gesellschaft über die Schule über viele Jahre zusammenführt, ist – wie wir oben gesehen haben – im soziologischen Sinne eine *Gemeinschaft*, der sie sich nicht entziehen können,. Das sind natürlich auch die vielen anderen sozialen Gruppen, in denen sich die Jugendlichen heute zusammenfinden. Und in diesen von Cooley so genannten *primären* Gruppen erfolgt nach der These von Tenbruck die *wesentliche Sozialisierung*. Dabei kommt er aber zu dem auf den ersten Blick überraschenden Ergebnis, dass „die innere Struktur der jugendlichen Gruppen eben solche Beziehungen fördert, die für *sekundäre* Systeme typisch sind." (Tenbruck 1962, S. 98, Hervorhebung H. A.) Überraschend ist das Ergebnis, weil typische Merkmale sekundärer Systeme rationale Organisation von zweckmäßigen Beziehungen, Unpersönlichkeit und Nüchternheit sind. All das scheint auf jugendliche Gruppen nicht zuzutreffen. Wenn Tenbruck diesen Bezug dennoch wählt, liegt das daran, dass er hinter den Phänomenen emotionaler Verbindungen das Strukturprinzip der Beziehungen aufdecken will. Dabei spielt der Gedanke des Verhaltens in den Rollen der Moderne eine wichtige Rolle, denn in ihnen geht es vor allem um „Fragen des Prestiges, der Kooperation, des Durchsetzens. Gerade hier und nicht in dem sachlichen Aspekt liegen die grundsätzlichen Schwierigkeiten der Rollen in sekundären Systemen." (S. 97f.)

Und genau auf diesen personalen und interaktiven Bereich bereitet die jugendliche Gruppe vor und zwar so, wie es in sekundären Systemen geboten ist: „Der potentiell universale Charakter der Gruppe, ihre Größe und Mobilität, der unvermeidliche Mangel eines dauerhaften Statussystems und der ebenso unvermeidlich modisch-labile Charakter ihrer Teilkultur wirken personalisierten Freundschaftsbeziehungen entgegen und befördern flache und allseitige Kontakte. Die Häufigkeit des Umgangs mit vielen und häufig wechselnden Gleichaltrigen stellt eine *Übersozialisierung* dar, die die Fähigkeit ausbildet, es mit jedermann zu können und sich doch ins rechte Licht zu setzen, also diejenigen allgemeinen Haltungen und Einstellungen anbildet, die heute in den sekundären Systemen so typisch sind." (Tenbruck 1962, S. 98, Hervorhebung H. A.) Es sind die typischen Verhaltensweisen, wie sie Riesman beim außengeleiteten Menschen der Moderne festgestellt hat. (vgl. Riesman 1950, S. 38ff. und S. 150ff.) Der Mensch entwickelt nicht mehr eine feste Charakterrolle, es geht auch nicht um eine unverwechselbare

Identität, sondern um die Fähigkeit, mit einer Vielfalt von Rollen flexibel und ohne inneres Engagement fertigzuwerden.

Der *Übersozialisierung auf der interaktionellen Ebene* entspricht nach Ansicht Tenbrucks eine *„Untersozialisierung als Person"*. Das hängt mit der eben beschriebenen Form der Beziehungen in den jugendlichen Gruppen zusammen: Rollen werden „auf ihre technischen Erfordernisse reduziert und können das Unmittelbare und Konkrete des Hier und Jetzt nicht mehr überwinden. Sie verlieren damit nicht nur ihre tieferen Wertigkeiten, sondern werden auch gegeneinander vereinzelt." (Tenbruck 1962, S. 101f.) Das heißt weiter: „Weil die Rollen sich nicht mehr durch Bedeutungsverschränkungen zu umfassenderen Perspektiven ergänzen, verliert das in der Sozialisierung entstehende Persongefüge an Struktur. (...) Die Gefühle und Vorstellungen können in den relativ flüchtigen, personal nicht vertieften und relativ einheitlichen Begegnungen mit Gleichaltrigen, die als Gegenüber ihrerseits nur geringe Differenzierung aufweisen können, nicht genügend und nachhaltig differenziert werden." (S. 102)

Die jugendliche Teilkultur ist in vieler Hinsicht – Mode, Musik, Verhaltensweisen – global und in ständiger Bewegung. Auch die Beziehungen, die Jugendliche in den altershomogenen Gruppen pflegen, sind in ständiger Bewegung. Tenbruck nennt sie flach und oberflächlich. Sie tendieren nicht zu dauerhaften, personalisierten Freundschaften, sondern fördern die Fähigkeit, sich rasch umzustellen, neue Gelegenheiten wahrzunehmen und alte Kontakte ohne Probleme aufzugeben.

5.5   Die Attraktivität eines „jugendlichen" Lebensstils und der Puerilismus der Gesamtkultur

Wenn von *Jugend* die Rede ist, so deutet es sich nach der Analyse Tenbrucks an, geht es „nicht mehr um die Altersphase eines individuellen Lebensweges" (Tenbruck 1962, S. 94), sondern um einen *generellen Lebensstil der Moderne.* Er ist in der Jugend selbst entstanden; in ihr äußert sich ihre selbstverständliche Stellungnahme zur Welt der Erwachsenen. „An die Stelle des Zwanges, den eigenen Lebensstil zu verbergen oder doch an den Werten der Gesamtkultur zu messen und notfalls gegen sie zu rechtfertigen, ist die instrumentale Benutzung der Gesamtkultur zu eigenen Zwecken getreten. Bei dieser Selbständigkeit überrascht es nicht, dass die jugendliche Teilkultur fast souverän alle Lebensgebiete erfasst. Die Jugendlichen haben nicht nur ihre unverwechselbaren Formen des Umgangs, Sports, Vergnügens, sie besitzen auch ihre eigene Mode, Moral, Literatur, Musik und Sprache." (S. 55)

Zumindest was Mode, Körperlichkeit und Freizeit angeht, hat sich die kulturelle Machhierarchie umgekehrt: „Die moderne Jugend besitzt nicht nur eine eigene Teilkultur, sie ist in mancher Hinsicht zur *dominanten* Teilkultur geworden." (Tenbruck 1962, S. 56, Hervorhebung H. A.) Die unverwechselbaren, typisch jugendlichen Formen erfahren ihre Wertschätzung nicht nur in der Kultur der Jugendlichen, sondern beeinflussen in der fortgeschrittenen Moderne auch das Denken und Handeln der Erwachsenen: „Juvenilia" genießen hohes Prestige – gerade bei den Erwachsenen, was man an Lebensstil, Konsum und Freizeit leicht ablesen könne. „Der Erwachsene orientiert sich nicht mehr vorwärts zum eigentlichen Alter, ja es mangelt bereits das Gefühl, dass es spezifische Aufgaben für diese Lebensphase gibt. Die Jugend zu verstehen, mit ihr Schritt zu halten, sich ihr anzupassen, wird normales Bemühen." (Tenbruck 1962, S. 56) An die Stelle „altersmäßig differenzierter Leitbilder" tritt eine altersunspezifische, einheitliche Idealform des Denkens und Handelns, die „deutlich juvenile[10] Züge trägt." (ebd.) Alles was „jung" ist, ist attraktiv. Tenbruck spricht abfällig von einem „Puerilismus der Gesamtkultur" (S. 55).

In der Freizeit, in der Mode und in der Werbung tritt die Jugend als Avantgarde des „modernen" Lebensstils auf, der deshalb auch für die Erwachsenen attraktiv wird und den sie hemmungslos kopieren. Es beginnt der rasante Aufstieg des Adjektivs „jugendlich". Es wird zum Synonym für „modern" und „auf der Höhe der Zeit". Und wer wollte sich schon nachsagen lassen, hinter der Zeit zurückzubleiben?! Die Generalisierung eines „jugendlichen" Lebensstils durch die Medien hat zur Folge, dass die Erwachsenen den heutigen Jugendlichen immer ähnlicher werden. Die Jugendlichen sehen sich permanent kopiert und

---

10   Auch Schelsky hatte bei der Analyse der Jugend in der Gesellschaft eine „Generationsnivellierung des sozialen Verhaltens" (Schelsky 1957, S. 108) konstatiert.

verlieren das Spezifische, wodurch sie sich von Erwachsenen unterscheiden wollten! Jugend hat nichts mehr von Widerstand, aber sie erlebt auch keinen Widerstand. Für ihre Jugendkultur muss sie nicht mehr kämpfen, aber sie gehört ihr auch nicht mehr allein. Die Erwachsenen fallen als kulturelle Autoritäten, die deutlich anders sind und gegenüber denen man Eigenständigkeit beweisen müsste, aus!

Der Jugendliche ist zum Trendsetter der Moderne geworden. Dieser Rolle ist er sich gewiss, weil sie durch das Verhalten aller anderen Jugendlichen weltweit und mit einiger Verzögerung auch durch die Erwachsenen um ihn herum gespiegelt wird. Über eine Entscheidung, wer er *selbst* ist, denkt er nicht nach. Das wäre angesichts der Diffusität der Rollen, die in der Moderne alle möglich sind, auch schwer. Er hält sich für alle Fälle offen und im Trend.

6 Soziale Plazierung entscheidet über ein mehr oder weniger an Jugendlichkeit

Die Jugendsoziologie der 1970er Jahre stand unter dem Eindruck der schichtspezifischen Sozialisationsforschung und der kritischen Diskussion über die Legitimität der Gesellschaft generell und ihrer Erwartungen an das Individuum im besonderen. Im Rückblick wird der Jugendsoziologie damals denn auch eine strukturtheoretische Perspektive attestiert, die auf die „strukturelle Verortung der (...) Jugendlichen im gesamtgesellschaftlichen System von Statuspositionen und Rollen" (Mierendorff u. Olk 2002, S. 121) abhob. Es wurde gefragt, welche Rollen für „die" Jugendlichen bereitstehen und zu welchen sozialen Zeitpunkten sie nach den Erwartungen der Gesellschaft legitimer Weise beansprucht werden dürfen bzw. zu erfüllen sind. Dabei fiel auf, dass sowohl der soziale Status, der Jugendlichen zu bestimmten Zeitpunkten verliehen wird, als auch die Handlungschancen, die mit den sozialen Rollen verbunden sind, widersprüchlich sind. So werden Jugendliche „in bestimmten gesellschaftlichen Bereichen bereits wie Erwachsene behandelt (z. B. in den Feldern Konsum und Freizeit), während sie in anderen Bereichen noch als unselbständig bzw. abhängig kategorisiert werden (etwa im Beschäftigungssystem). In diachroner Perspektive betrachtet bedeutet dies, dass der Übergang zum Erwachsenenalter erst dann beendet ist, wenn in allen relevanten gesellschaftlichen Handlungsbereichen die vollgültigen Mitgliedschaftsrechte erworben worden sind." (Mierendorff u. Olk 2002, S. 121)

Das war das Problem! Es hing mit der sozialen Herkunft der Jugendlichen, aber auch mit strukturellen Widersprüchen der Definitionen von Rechten und Pflichten für die Jugendlichen zusammen. Hinzu kam, dass immer mehr Heranwachsende begannen, ihren sozialen Status selbst zu definieren. Interessanterweise hieß das für die einen, selbst zu bestimmen, ab wann und in welchen Bereichen sie *nicht mehr* Jugendliche sind, und für die anderen, wie lange sie *noch nicht* erwachsen sind. Die Chancen der individuellen Entscheidung waren in der Mittelschicht am größten, doch auch in den unteren Schichten zeichnete sich nach und nach ein neues Lebensstilmuster ab: der „junge Erwachsene".

6.1   Jugendliche scheiden umso eher aus der Jugend aus, je niedriger ihr sozialer Status ist

Für die Diskussion der schichtspezifischen Verortung der Jugendlichen in der Gesellschaft steht vor allem FRIEDHELM NEIDHARDT, der für die Jugendpolitik seiner Zeit von außerordentlicher Bedeutung gewesen ist. Er hatte in seinem Buch „Die Junge Generation" (1967) die These vertreten, dass Jugend ein Phänomen schichtspezifischer Sozialisation ist: Die Jugendlichen scheiden umso eher aus der Jugend aus, je niedriger ihr sozialer Status ist. Für die sechziger Jahre hieß das, dass rund dreiviertel aller Jugendlichen mit 14 oder 15 Jahren ihre Jugend schon hinter sich hatten. Sie verließen mit 14 Jahren die Schule und würden, so umschrieb Neidhardt den gesellschaftlichen Widerspruch, „außerhalb der organisierten Schonräume des Lernens auf Leistungen *verpflichtet* (...), die denen Erwachsener z. T. ähnlich sind, ohne dass sie durch Verleihung des Erwachsenenstatus belohnt würden." (Neidhardt 1967, S. 36, Hervorhebung H. A.) Auf den Widerspruch komme ich gleich noch einmal zu sprechen. Neben der frühen Verpflichtung zum Status eines Quasierwachsenen ergibt sich aber noch ein anderes strukturelles Problem aus der sozialen Schicht: Die Jugendphase führt „von unten anfangend an allen Berufsschichten vorbei und *entlässt* auf jeder Schichtebene Jugendliche in den Erwachsenenstatus". (Neidhardt 1970, S. 19, Hervorhebung H. A.) Im Lichte der gerade schon angedeuteten These vom Lebensstil des „jungen Erwachsenen" interpretierte ich Neidhardts Feststellung so: Je niedriger in der sozialen Schichtung ein Jugendlicher steht, umso eher wird er mit Erwachsenenrollen konfrontiert, je höher er steht, umso länger ist ihm erlaubt, Jugendlicher zu sein.

6.2   Statusinkonsistenz der Jugendlichen: Die Gesellschaft definiert verschiedene soziale Teilreifen

Neidhardt geht wie auch Eisenstadt davon aus, dass die Gesellschaft bestimmte Altersvorstellungen besitzt und ihre Mitglieder bestimmten Altersstufen zuweist, „um sie unterschiedlich, gemäß ihrer altersspezifischen Besonderheiten, behandeln zu können." (Neidhardt 1967, S. 9) Diese Vorstellungen sind aber nicht einheitlich, sondern werden nach einzelnen gesellschaftlichen Sektoren definiert. In der seinerzeitigen Diskussion, was Jugend ist und welche Rechte man ihr einräumen sollte, schwang noch der Begriff der „Reife", wie ihn Pädagogen und Entwicklungspsychologen benutzten, mit. Und in dieser Hinsicht, stellte Neidhardt fest, stellten die einzelnen gesellschaftlichen Sektoren ganz unterschiedliche Zusammenhänge von Alter und Reife her. Mit 14 Jahren war der Jugendliche nach Auffassung der Gesellschaft schon soweit, einen Beruf zu ergreifen, auch wenn man – vor allem in Deutschland – seine quasierwachsene Tätigkeit noch durch eine schulische Ausbildung flankierte. Mit 14 Jahren hatte man die uneingeschränkte Religionsmündigkeit erworben, andererseits sorgte sich die Gesellschaft um die sittliche Gefährdung der Jugendlichen und ließ sie – nach den Vorgaben der Freiwilligen Selbstkontrolle der Filmwirtschaft (FSK) – in bestimmte Filme erst mit 16 oder gar erst ab 18 hinein. Eine Gaststätte durften Jugendliche erst mit 16 besuchen, aber nur bis 22.00 Uhr und auch nur in Begleitung eines Erziehungsberechtigten. Seinerzeit waren junge Männer mit 18, was die Verteidigung des Vaterlandes anging, so verantwortlich und verpflichtet wie die Erwachsenen, aber wählen durften sie erst mit 21.

Geht man von einer starren Verbindung zwischen biologischem Alter und sozialer Reife aus, dann waren das Ungereimtheiten. Deshalb spricht Neidhardt auch von „sozialen *Teilreifen*, die zu verschiedenen Lebensjahren verliehen werden" (Neidhardt 1967, S. 13, Hervorhebung H. A.). Das Lebensalter begründete keine eindeutige Rollenzuordnung mehr – zumindest nicht, was den Übergang zu den Rechten eines Erwachsenen anging. Das war auf einem Gebiet, das sich seit je der allergrößten Aufmerksamkeit bei Jugendsoziologen, Pädagogen und besorgten Eltern erfreute, ganz offensichtlich: Biologisch waren die Jugendlichen mit dem Einsetzen der Pubertät reif, d. h. geschlechtsreif, und insofern erwachsen, aber das Recht des Erwachsenen, seine sexuellen Bedürfnisse in einer Beziehung zu einem anderen Partner zu befriedigen, wurde ihnen nicht zugestanden.

Diese Spannung zwischen biologischer Reife und Verweigerung der sozialen Reife hält Neidhardt für die Ursache des Phänomens Jugend. (Neidhardt 1967, S. 19) Da Zugeständnis und Verweigerung von Rechten auf verschiedenen Gebieten nebeneinander und zu unterschiedlichen Zeitpunkten erfolgen, ist der Status des Jugendlichen inkonsistent. Das ahnen die Jugendlichen selbst, und so diagnostizieren es kritische Jugendsoziologen. In der Gesellschaft, sprich hier: bei den Erwachsenen schlechthin, der Politik und der organisierten Betreuung von Jugendlichen speziell, ist das Problem noch nicht angekommen. Dafür hat Neidhardt eine interessante Erklärung parat: Bei der Antwort auf die Frage, warum „die Gesellschaft jene für den jugendlichen Status konstitutive Ungleichzeitigkeit von biologischer und sozialer Reife" „arrangiert" (sic!) und so sehr auf „reifen" und „lernen" setze, dürfe die Jugendsoziologie nicht ausschließen, „dass in den Erwachsenenthesen vom Entwicklungsdefizit der Jungen neben pädagogisch legitimen Theorien auch Domestikationsideologien der dominierenden Altersklassen zum Ausdruck kommen, auf Abwehr jugendlicher Emanzipationsansprüche berechnet und zur Sicherung des eigenen Status entworfen." (S. 20)

6.3   Der „junge Erwachsene"

Später hat Neidhardt seine These von der schichtspezifischen Chance, Jugendlicher zu sein, differenziert und das Lebensalter als Strukturmerkmal zumindest für das Ende der Jugendphase in Zweifel gezogen. Nicht das biologische Alter, sondern die „soziale Plazierung" entscheidet über ein mehr oder weniger an Jugendlichkeit. Lehrlinge sind weniger jugendlich als Gymnasiasten, und kinderlose Verheiratete gelten als jugendlicher als junge Eltern usw. (Neidhardt 1975, S. 70) Je nach sozialem Status ist ein mehr oder weniger an Jugendlichkeit gegeben – und auch möglich! Damit meine ich, dass der Übergang zwischen dem Status des Jugendlichen und dem des Erwachsenen unscharf wird und dass mehr und mehr Jugendliche den Übergang nach eigenen Vorstellungen und zu verschiedenen Zeitpunkten strukturieren. Sie individualisieren ihre Biographie. Dazu gehört auch, sich auf manchen Gebieten noch lange als Jugendlicher anzusehen.

Dieser strukturelle Wandel der Jugend hat Neidhardt veranlasst, für das Ende der Lebensphase Jugend den Begriff „Jugendlicher" ganz aufzugeben. Wegen der Diskrepanz der gesellschaftlichen Erwartungen, die dort aufeinandertreffen, erfindet er einen ganz neuen Begriff, den des „jungen Erwachsenen". (Neidhardt 1975, S. 15) Neidhardt macht das Problem an einem Vergleich zwischen einem 18-jährigen verheirateten Hilfsarbeiter und einem 25-jährigen ledigen Studenten deutlich: der erstere ist im Hinblick auf den Prozess der sozialen Plazierung nicht mehr Jugendlicher, der letztere in eben diesem Sinne noch nicht Erwachsener. Da das Erreichen eines Teilstatus, z. B. des Berufstätigen, nicht unbedingt mit dem Erreichen eines anderen Teilstatus, z. B. der Mutterschaft, zusammenfallen muss, kommt es zu einer Diskrepanz zwischen den gesellschaftlichen Erwartungen hinsichtlich eines Jugendlichen und hinsichtlich eines Erwachsenen.

Der Begriff des „jungen Erwachsenen" ist aber auch noch aus einem anderen Grund gerechtfertigt: Der Anspruch der Jugendlichen, über ihren Lebensstil selbst zu bestimmen, wurde immer stärker, und in bestimmten sozialen Schichten hatten sie auch die Möglichkeit, sich gleichzeitig als Erwachsene und als Jugendliche zu sehen: Und da Erwachsene sie als diese und als jene zugleich behandelten, sprach nichts dagegen, das Angenehme mit dem Nützlichen zu verbinden, sprich: einen jugendlichen Lebensstil noch lange beizubehalten und nebenbei die Erwachsenenrollen ein bisschen neu zu bedenken. Der Lebensstil, der sich bei den Jugendlichen in bestimmten sozialen Schichten abzuzeichnen begann, und dessen Attraktivität schon Tenbruck vorausgesagt hatte, färbte nach und nach auf die Jugendlichen aller Schichten ab. Die „Jugendlichen" wurden im Herzen und im Verhalten immer älter.

JÜRGEN ZINNECKER, ein Jugendforscher, der über Jahrzehnte an den großen Jugenduntersuchungen in Deutschland beteiligt war und unverkennbar das Bild der Jugend in dieser Gesellschaft mitbestimmt hat, hat die neue Phase, die sich zwischen Jugend und Erwachsenenalter schiebt, einige Jahre später als „Postadoleszenz" bezeichnet. Die Jugenduntersuchungen der 1980er Jahre zeigen, dass die Verlängerung der Jugendphase Ergebnis einer strukturellen Veränderung der *Lebensmuster* war.

7 Verlängerung und Entstrukturierung der Jugendphase

Die Siebte Jugendstudie „Jugend '81. Lebensentwürfe, Alltagskulturen, Zukunftsbilder" reagierte auf ein gesellschaftliches Problem, das die Autoren so umschrieben: „Der konventionelle Lebensentwurf ist seit Jahren heftig umstritten und wird offenbar nicht mehr allgemein praktiziert." (Fischer u. a. 1981, S. 14) Das betraf die Einstellungen zu Ehe, Familie und Elternschaft so gut wie zur Sexualität oder die Erwartungen, die an den Beruf gestellt wurden, und die Vorstellungen von der Rolle der Frau in der Gesellschaft.

JÜRGEN ZINNECKER, einer der Autoren der Studie „Jugend '81", sprach von einer „Generation der »Tendenzwende«" (Zinnecker 1981, S. 81), die sich, was die eigenen Lebensentwürfe und die eigenen, jugendkulturellen Ausdrucksformen angeht, „ans Alternative" (S. 91) binde. Es gibt zahlreiche Facetten einer vielfältigen Jugendkultur, deren zahlreiche Ausdrucksformen den Jugendlichen „als Mittel der Selbstfindung, als Verständigungsmittel untereinander und als Weg einer ausdrucksstarken Darstellung nach außen und als *Abgrenzung* gegen Ältere" dienen. (Fischer u. a. 1981, S. 14, Hervorhebung H. A.) Zu diesen Ausdrucksformen zählen nicht nur Mode und Musik, sondern auch Wandsprüche, Buttons und Poster. Einige bringen sich auch dezidiert mit einer alternativen Lebensweise *gegen* die gesellschaftlichen Konventionen ins Spiel.

Soziologisch interessanter ist aber, dass sich ein verändertes Lebensmuster abzuzeichnen beginnt: Immer mehr Jugendliche nutzen die Optionen, die es *in* der Gesellschaft gibt, zur Strukturierung einer *eigenen* Biographie, und sie nutzen sie immer länger als *Jugendliche*. Der Anspruch auf eigene Ausdrucksformen, der uns in der bunten Jugendkultur begegnet, findet seine Entsprechung im Anspruch, das eigene Leben generell selbst zu führen – und das ziemlich früh und für lange Zeit in einem jugendlichen Gestus. Beides hängt tendenziell mit der sozialen Schicht zusammen.

Bevor ich auf diese tendenziellen Veränderungen in den Lebensmustern der Jugendlichen eingehe, muss eine andere Entwicklung noch kurz angesprochen werden, die Befürchtungen der Erwachsenen widerlegte und gesellschaftskritische Soziologen überraschte. Die Entwicklung kommt in der folgenden Überschrift zum Ausdruck.

7.1 Jugendliche fühlen sich gegenüber den Erwachsenen nicht benachteiligt, und es gibt auch keinen Konflikt der Generationen

In ihrer kritischen Studie über „Adoleszenzkrise und Identitätsbildung" (1975) stellten RAINER DÖBERT und GERTRUD NUNNER-WINKLER die These auf, dass die Adoleszenz krisenhafter erfahren werde, weil die Gesellschaft mehr und mehr Jugendlichen über verlängerte Ausbildung die kognitiven Voraussetzungen verschaffe, „überlieferte Traditionen in ihrer Brüchigkeit" (Döbert u. Nunner-Winkler 1975, S. 61) zu durchschauen. In dieser Begründung wird das Freisetzungspotential der *Bildung* deutlich, das seit den sechziger Jahren ein ganz neues Orientierungsmuster bei allen Jugendlichen generierte: Immer mehr Jugendliche verfügten über die geistige Fähigkeit, Dinge zu hinterfragen, Begründungen einzufordern und Alternativen zu behaupten. Diese neue „Identitätsformation" wurde gefördert durch die Liberalisierung der Erziehung sowohl in der Familie, als auch in der Schule. Doch diese Identitätsformation hat erstaunlicherweise gerade nicht zu einer Konfrontation mit den Erwachsenen geführt. Im Gegenteil: Die Jugendlichen sahen sich Erwachsenen gegenüber, die bereit waren, über alternative Entwürfe des Lebens zu reden, oder sie einfach hinnahmen.

Als JÜRGEN ZINNECKER Anfang der 1980er Jahre das „frühe Ende der bewachten Jugendzeit" (Zinnecker 1981, S. 94) konstatierte, brachte er auf den Punkt, was Jugendforscher seit langem herausgefunden hatten, was in der öffentlichen Diskussion aber oft und gern genau gegenteilig diskutiert wurde: Von einem Konflikt der Generationen konnte schon lange keine Rede mehr sein, und umgekehrt fühlten sich die Jugendlichen auch gar nicht gegenüber den Erwachsenen im Nachteil. Letzteres hatte HENRIK KREUTZ noch vermutet, weil jung zu sein bedeute, „von bestimmten Lebensbereichen, bestimmten Rollen und bestimmten Formen von Gratifikationen" ausgeschlossen zu sein. (Kreutz 1974, S. 170)

Gegen diese Benachteiligungsthese hatte Friedhelm Neidhardt eingewandt: Wenn sie zuträfe, dürften Jugendliche die Jugendphase möglichst rasch hinter sich bringen wollen. Träfe sie aber nicht zu, dann wäre „die Motivation Jugendlicher, erwachsen werden zu wollen, sozial nicht mehr voll abgestützt und deshalb auch nicht mehr eindeutig vorhanden. Erwachsenwerden würde dann nicht mehr als sozialer Aufstieg und als »Emanzipation« erlebt; darauf abgestellte Anreize zur Leistungsmotivation würden nicht mehr stimulieren." (Neidhardt 1975, S. 82) Die Jugenduntersuchungen zeichneten aber ein Bild eines Jugendlichen, der sich in seinem sozialen Status durchaus wohl fühlte und ihn auch lange beibehalten wollte. Die Konturen der gleich zu behandelnden neuen Lebensphase der „Postadoleszenz" zeichneten sich immer deutlicher ab. Sie wurde strukturell ermöglicht; ganz entscheidend war, dass sie auch von den jungen Erwachsenen beansprucht wurde! Für die Lebensperspektive ab jetzt hatte BOB DYLAN 1974 ohnehin die endgültige Maxime ausgegeben: „May you stay forever young"!

Die Jugendlichen fühlten sich keineswegs benachteiligt, und auch für die immer wieder behauptete dramatische Zurückweisung der Eltern, wofür die spektakulären Auftritte der akademischen Jugend seit den 1968er Jahren einen Beleg zu liefern schienen, boten die Jugendbefragungen keine Anhaltspunkte. Im Gegenteil: Es gab ein relativ hohes Maß an *Übereinstimmung,* was Prinzipien und Formen der Lebensbewältigung angeht. Sucht man nach möglichen Gründen für die Zufriedenheit im Status des Jugendlichen, dann liegen sie in einer neuen *sozialen Differenzierung,* zu der es in den Familien gekommen ist: Zuständigkeiten, Rechte und Kompetenzen werden sachlich ausgehandelt. Wo das nicht möglich ist, werden Selbstkonzepte und Handlungsstrategien über ein Auskoppeln aus einer bestimmten Relevanzstruktur verwirklicht. Das bedeutet nicht Ablehnung, sondern *Trennung der Kommunikation* über Themen, über die sich keine Einigung erzielen lässt. In den 1990er Jahren taucht diese Trennung der Relevanzstrukturen in der Familie wieder in der These auf, dass die Familienmitglieder in geteilten, aber eben auch in *getrennten Umwelten* leben. (Vgl. Kreppner 1991, S. 32)

Kurz: Diese Jugendlichen haben gelernt, sich mit ihren Eltern auseinanderzusetzen; sie fordern Begründungen ein und melden Ansprüche an. Eine Umgangsweise von gleich zu gleich beginnt schon in jungen Jahren, die Eltern fungieren mehr als Berater denn als Bestimmer. Die Entscheidung, wann Jugendliche selbständig werden, überlassen sie ihnen immer früher und sie akzeptieren auch, dass sie immer länger Jugendliche sind. Wenn wir uns jetzt noch einmal Zinneckers Feststellung vom „frühen Ende der bewachten Jugendzeit" (Zinnecker 1981, S. 94) in Erinnerung rufen, dann sollten wir das erste Adjektiv betonen: Die Jugendlichen beginnen schon früh, ihren Weg durch das Leben *selbst* zu bestimmen.

Auch die Tatsache, dass sie Erwachsenenrollen immer länger in dem sozialen Raum spielen, in dem sie als Kind aufgewachsen sind, wird von vielen Jugendlichen überhaupt nicht als Widerspruch empfunden. Denn auch die jüngsten amtlichen Statistiken über Lebensformen und Familienstrukturen belegen, dass erwachsene Kinder immer länger im Elternhaus verbleiben. (Vgl. Engstler und Menning 2003, S. 79) Das liegt einmal daran, dass sie länger im Bildungssystem verbleiben, des-

halb noch keinen eigenen Beruf ausüben und damit finanziell unselbständig bleiben, zum anderen aber auch daran, dass sich das Heiratsal-
ter nach oben verschiebt und die symbolische Eigenständigkeit in Form
einer eigenen Wohnung noch nicht ansteht. Schließlich tragen auch die
besser gewordenen Beziehungen zwischen heranwachsenden Kindern
und Eltern infolge veränderter Erziehungsstile und Werthaltungen dazu
bei, dass eigenständige, manchmal sogar „provokative", auf jeden Fall
aber „erwachsene" Verhaltensformen auch im Elternhaus gelebt werden können.

Erinnern wir uns noch einmal an Neidhardts These von der Statusinkonsistenz der Jugend, dann zeichnet sich hier eine ganz neue Erklärung ab: Den heutigen Jugendlichen wird ein bestimmter Status, den sie
eigentlich beanspruchen, nicht verweigert, sondern sie legen einen bestimmten Status gar nicht ab, wenn sie einen anderen schon erreicht
haben. Sie leben für lange Zeit in der Rolle eines Kindes und eines Erwachsenen zugleich.

Kommen wir jetzt zu der Tendenz, dass immer mehr Jugendliche ihre
Biographie nach eigenen Vorstellungen organisieren, dass die Bedingungen dafür aber nach der sozialen Schicht ungleich sind.

7.2 Die normalen Stationen der Jugendbiographie liegen in der Unterschicht eng beieinander und in der Mittelschicht weit auseinander

WERNER FUCHS, einer der Autoren der Studie „Jugend '81", war mit
der Frage angetreten, ob die von Strukturfunktionalisten wie Parsons
oder Eisenstadt behauptete Relevanz von Altersnormen tatsächlich
nachzuweisen ist. Er vermutete angesichts konkurrierender Lebensplä-
ne und einer Pluralität der kulturellen Angebote ein „Durcheinander
von Altersnormen". Seine Hypothese war, dass die Jugendlichen ihr
Leben mehr und mehr nach *individualisierten Leitfäden* organisieren.
(Fuchs 1981a, S. 130f., Hervorhebung H. A.)

Zur Überprüfung seiner Hypothese hat er aus den Antworten der Jugendlichen Fixpunkte herausgefiltert, die „gewissermaßen ein gemeinsames Erlebnis- und Lebensfeld aller Jugendlichen" bilden, also so et-

was wie »normale« Stationen der Jugendbiographie sind. (Fuchs 1981a, S. 270f.) Es sind Stationen, die weit mehr als 90% aller Befragten in irgendeiner Weise akzeptierten. Dazu gehören z. B. selbständig zu bestimmen, wie man aussieht und wie lange man ausbleibt, erste sexuelle Erfahrungen, Einstieg in die Berufsrolle oder Heirat und Familiengründung. In diesem Fahrplan durch die Jugendbiographie hat sich nun gezeigt, dass die Jugend der Jugendlichen aus der Unterschicht „auf wenige Jahre »komprimiert«, die der Jugendlichen aus der oberen Mittelschicht auf eine breitere Lebenszeit aufgefächert" ist. (S. 285) Das heißt: „Nach wie vor bestimmt die soziale Herkunft mit über die Dauer der Jugend." (Fuchs 1981a, S. 287) Das ist das eine wichtige Ergebnis dieser Jugendstudie. Es bestätigt in gewisser Weise die These von PAUL LAZARSFELD zur verkürzten Pubertät der sozial benachteiligten Jugendlichen, die sich durch den frühen Eintritt in den Beruf ergebe. (Vgl. Lazarsfeld 1931, S. 54). Und sie stützt die jüngere These von FRIEDRICH NEIDHARDT, wonach Jugendliche umso früher aus der Jugend ausscheiden, je niedriger die soziale Schicht ist. (Vgl. Neidhardt 1970, S. 19)

Jugendliche aus der Unterschicht tendieren zu konventionellen Lebensentwürfen, Jugendliche aus der Mittelschicht zu unkonventionellen. „Im Vergleich zu denen aus der Unterschicht erlangen die Jugendlichen aus der oberen Mittelschicht in vielen Schritten der Jugendbiographie früher ihre Selbständigkeit: bei der Mitbestimmung, bei Anschaffungen, bei sexuellen Erfahrungen, beim Recht auf die Bestimmung über die Freizeit usw." (Fischer u. a. 1981, S. 22) Das Bild einer Jugend, die *eigene* Wege zum Status des Erwachsenen beschreitet, zeichnet sich zunächst in den sozialen Mittelschichten ab und nimmt nach und nach immer schärfere Konturen an: Altersnormen im Sinne gesellschaftlicher Erwartungen altersangemessener Rechte und Pflichten oder Vorstellungen von normalen Laufbahnen auf dem Weg zu einem einzelnen sozialen Status oder zum Status „des" Erwachsenen insgesamt werden mehr und mehr irrelevant. Mit steigender Sozialschicht erreichen die Jugendlichen früher einen komfortablen Quasi-Erwachsenenstatus und verlassen ihn *später*.

Die These von der *Post*adoleszenz lag quasi in der Luft.

7.3 Die Verlängerung der Jugendphase und die These von der Postadoleszenz

Die vielfältige Jugendkultur ist eine Facette des neuen Bildes, das die Jugend von sich hat und vor der staunenden Gesellschaft der Erwachsenen wie selbstverständlich auch vorlebt. Damit scheint eine weitere Facette des Jugendbildes auf: Diese Jugendgeneration zeigt einen spezifischen Lebensstil, der früher einsetzt als in den Jugendgeneration davor und länger andauert und das bei größeren Freiheitsrechten.

„Die Lebensphase Jugend", heißt es bei KLAUS HURRELMANN, „umfasst den Abschnitt zwischen der Pubertät und dem Eintritt in ein eigenständiges Berufs- und Familienleben." (Hurrelmann 2003, S. 121) Diese Lebensphase hat sich deutlich verlängert: „Das Jugendalter beginnt wegen der anhaltenden Vorverlagerung der Pubertät immer früher. Die Kindheit schrumpft auf fast nur noch 10 Jahre, das Jugendalter dehnt sich auf bis zu 15 oder mehr Jahre aus." (ebd.)

Diese Verschiebung deutlicher Übergänge in das Erwachsenenalter hatte JÜRGEN ZINNECKER Anfang der 1980er Jahre zu der These von der *Postadoleszenz* veranlasst: Galt bisher die Schulzeit als die klassische Jugendzeit bzw. der Eintritt in den Beruf als der Beginn des Erwachsenenalters, so erhält diese Lebensphase heute einen „Aufbau": „Zwischen Jugend und Erwachsensein tritt eine neue gesellschaftlich regulierte Altersstufe. Das heißt, zunehmend mehr Jüngere treten nach der Jugendzeit als Schüler nicht ins Erwachsensein, sondern in eine Nach-Phase des Jungseins über. *Sie verselbständigen sich in* sozialer, moralischer, intellektueller, politischer, erotisch-sexueller, kurz gesprochen in *soziokultureller Hinsicht,* tun dies aber, *ohne wirtschaftlich auf eigene Beine gestellt zu sein,* wie das historische Jugendmodell es vorsieht. Das Leben als Nach-Jugendlicher bestimmt das dritte Lebensjahrzehnt." (Zinnecker 1981, S. 101)

Es sind vor allem „drei Lebenskonstellationen", die in der Bundesrepublik seit den siebziger Jahren „zur Teilnahme am postadoleszenten Leben führen. Der eine Weg führt über *privilegierende Bildungseinrichtungen,* in erster Linie über Schulen der Sekundarstufe II und über Hochschulen. (...) Ein zweiter Zugang zur Postadoleszenz erfolgt eher unfreiwillig. Ihm folgen die Jüngeren zwischen 20 und 30 Jahren, die sich arbeitslos melden, die sich durch Um- und Weiterschulung für andere Berufsaufgaben qualifizieren müssen. (...) Den dritten Weg eröffnet eine sich verselbständigende »Szene« in den Metropolen. Wer will, kann von sich aus darauf verzichten, in die Erwachsenenexistenz »einzusteigen«." (Zinnecker 1981, S. 101) Man sollte den letzten Satz erweitern: „wer will" und *kann*, das heißt, den sozialen und ökonomischen background dafür hat, „kann von sich aus ..."![11]

Ich will die These von der Postadoleszenz so bewerten: Sie beschreibt ein Phänomen, das einerseits sozialstrukturell erzwungen wird, das andererseits aber auch individuell gefordert und produziert wird. Letzteres ist Teil einer sich immer deutlicher abzeichnenden Einstellung und Fähigkeit der Jugendlichen, die KLAUS HURRELMANN als „produktive Verarbeitung der Realität" (Hurrelmann 1983) bezeichnet hat.

Werfen wir jetzt einen Blick auf die Haltung, in der die Jugendlichen ihren Weg durch das Leben zu gehen beginnen.

8 Individualisierung I – die Chance und der Druck zu einer eigenen Lebensführung

Als Anfang der 1980er Jahre Jugendliche nach ihren Lebensentwürfen befragt wurden, verdichtete sich bei den Jugendforschern der Eindruck, „dass die Jugend mehr und mehr eine Lebensphase wird, in der individuelle und eigenständige Lösungen verlangt und versucht werden. Biographisierung im Sinne einer selbst überlegten und praktizierten Lebensführung hat die Jugend erreicht und strukturiert sie zu einem immer offenere und gerade auch für persönliche Lösungen zugänglichen

---

11 Ein deprimierendes Dokument für den dritten Weg hat gerade RIC GRAF in seinem autobiographischen Bericht „iCool" (2006) vorgelegt, der den bezeichnenden Untertitel trägt: „Wir sind so jung, so falsch, so umgetrieben". In diesem Bericht leiden junge Leute darunter, „kein Gefühl des Ankommens zu empfinden". (S. 129) Die Larmoyanz sollte man aber nicht zu ernst nehmen, denn die meisten der jungen Leute dieser geschlossenen Berliner Szene leben in finanziellen und sozialen Verhältnissen, dass sie das wohl noch lange aushalten!

Handlungsfeld." (Fuchs 1981b, S. 8) Diese Lebenspraxis, dass das Individuum „aus einem selbstverantwortlichen Ich heraus" handelt und „eine persönliche Lebenslinie" entwickelt, qualifiziert Werner Fuchs mit dem Begriff der „Individualisierung und Biographisierung der Lebenspraxis". (ebd.) Von Biographisierung spricht er deshalb, weil die Jugendlichen stärker als frühere Generationen „ihre Lebensführung als gegenwärtig begründete Existenzform" auffassen, „nicht nur – oder gar überhaupt nicht – als Vorbereitung aufs spätere Erwachsensein." (Fuchs 1983, S. 341)

Wie wird die These empirisch begründet? Da ist zunächst einmal „die *wachsende Verschulung immer größerer Anteile von immer älteren Jahrgängen*", was bedeutet, dass mehr Zeit und Räume „für eine reichere und stabilere *Ausbildung der Persönlichkeit* vor dem Beginn der Arbeitsbiographie" zur Verfügung stehen. (Fuchs 1983, S. 342 und 344) Die Auswirkungen der Bildungsexpansion sind vor allem in den unteren Sozialschichten, also bei der Masse der Jugendlichen sichtbar: „Für die Kinder aus der Arbeiterschaft und der unteren Mittelschicht, die jetzt den Weg durch die Oberschulen und zu den Hochschulen finden, sind mannigfache *Individualisierungsaufforderungen* auf diesem Weg gegeben. Ihr Bildungsaufstieg verlangt Distanz zur hergebrachten Lebenswelt, Abschied von Freundesgruppen im Stadtteil, Lösung aus ersten Lieben." (S. 347) bei

Individualisierung wurde aber auch dadurch ermöglicht, dass Eltern ihre Kontrolle über ihre Kinder lockerten und ihnen mehr Raum ließen, einen eigenen Lebensstil zu entwickeln, dass die Jugendlichen deutlich mehr Taschengeld zur Verfügung hatten und als selbstbewusste Konsumenten auftraten und dass sie einen eigenen Zugang zu den Medien hatten. „Durch die Vervielfältigung der Jugendkulturen in den Medien erhöht sich (der) *Druck zur persönlichen Wahl*" eines eigenen Lebensstils. (Fuchs 1983, S. 369)

Bleiben wir noch einen Augenblick bei der Änderung der Kontrolle über die Jugendlichen. Sie hat sich nämlich noch in einer anderen Hinsicht ergeben, und auch sie erklärt den strukturellen Wandel der Lebensphase Jugend. Das ist die These von JÜRGEN ZINNECKER. Er schreibt: „Institutionen, die ehedem für Jugend allein oder in Kooperation mit anderen zuständig waren, werden durch neue Kontrolleinrichtungen abgelöst." (Zinnecker 1987, S. 311) Als Beispiele führt er den „schwindenden Einfluss traditioneller Sozialmilieus" und den Bedeutungsverlust „kirchlicher oder nachbarschaftlicher Bindungen" an. (vgl. ebd.) Auf der anderen Seite nimmt soziale Kontrolle „durch pädagogische Experten und Bildungseinrichtungen (...) und Medien- und Freizeitindustrie" zu. (ebd.) Der Wechsel der Kontrolle verschafft den Jugendlichen neue Handlungsmöglichkeiten, und die Tendenz, dass Jugendliche ihre Sozialisation in Eigenregie betreiben, verstärkt sich. Auf der anderen Seite darf aber nicht übersehen werden, dass die neuen Optionen und Erwartungen, wie sie sich in der individualisierten Gesellschaft ergeben, Lebensstile und Lebensmuster auch wieder standardisieren. DAVID RIESMAN (1950) hat dafür mit der These von der Außenleitung eine Erklärung geliefert!

Kehren wir zu der These der Individualisierung der Jugendbiographie im Sinne des Anspruchs auf eine eigene Lebensführung zurück. Der Trend wurde bestätigt, als Mitte der 1980er Jahre Jugendliche „Bilder vom Ich in der sozialen Welt" beschreiben sollten. (Jugendwerk der Deutschen Shell (Hrsg.) 1985) Das auffälligste Muster, mit dem sich die Jugendlichen identifizierten, hieß „Selbstbehauptung". Der Aussage „Ich will leben und nicht nur im Strom der anderen schwimmen" stimmten mehr als 80% aller Jugendlichen zu, und mehr als 70% meinten, die Aussage „Ich strenge mich an, um mich von den gesellschaftlichen Anforderungen nicht unterkriegen zu lassen" treffe ihr Lebensgefühl gut oder sogar sehr gut. Umgekehrt meinten mehr als 90% der Jugendlichen, eine Aussage wie „Ich sehe keinen Weg durch das Labyrinth des Lebens" träfe für sie nicht zu. Die allermeisten Jugendlichen wollen sich „selbst beweisen, dass man ein eigenständiges Leben führen kann", und sie fühlen sich der Zukunft keineswegs ausgeliefert, im Gegenteil: „Jeder kann seine persönliche Lage selbst beeinflussen, man muss nur entscheiden, was man will".

Von den Mustern „Selbstbehauptung" und „Eigenverantwortung" ging auch eine Studie aus, die im Jahre 1991 unter dem Titel „Feste Fahrpläne durch die Jugendbiographie?" erschien. (Fuchs-Heinritz u. Krüger 1991) Sie trat mit der Hypothese an, dass die in der strukturfunktionalistischen Soziologie herrschende Lehre, dass es in jeder Gesellschaft mehr oder weniger klare Vorstellungen gibt, was wer in welchem Alter zu tun und zu lassen hat, und dass deshalb auch Jugendliche diese Altersnormen verinnerlicht hätten, fraglich geworden sei.

Die Studie, die Leserbriefe der Jugendzeitschrift „Bravo" über mehrere Jahrzehnte auswertete, Jugendliche in narrativen Interviews befragte und auch den Jugenddiskurs in der Psychologie, der Pädagogik und der Soziologie analysierte (Abels 1993), erbrachte in der Tat das Ergebnis, dass altersbezogene Erwartungen und Konflikte in der Strukturierung der Biographie keine Rolle mehr spielen. Jugendliche konstatieren sie kurz, handeln dann aber rasch und erfolgreich aus, zu welchen Konditionen sie Selbstbehauptung beanspruchen. Sie markieren Übergänge zum Erwachsenenstatus – definiert über Selbstbehauptung und Eigenverantwortung – selbst und zu verschiedenen Zeiten. Die Jugendphase wird *entstrukturiert* (Olk 1985; Hurrelmann 2003). „Der Übergang in das Erwachsenenalter" besteht in einer „tendenziell zusammenhanglosen Abfolge von Teilübergängen, die zudem zeitlich immer breiter streuen". (Mierendorff u. Olk 2002, S. 128) Individualisiert wird die Jugendphase, weil „der wachsende Pluralismus der Lebensstile (...) mehr und mehr nicht-standardisierte Lösungen für den eigenen Lebensweg" eröffnet hat. (Fuchs-Heinritz u. Krüger 1991, S. 16) Die Jugendlichen nehmen aufmerksam wahr, was in den Medien an Optionen eines Weges hin zum Status des Erwachsenen oder auch nicht vermittelt wird. Sie „organisieren ihre Statuspassagen selbsttätig – allein, mit einigen engen Vertrauten, mittels vertrauter Netzwerke und nicht zuletzt aufgrund von medienvermittelten Ratgebern aller Art." (Behnken u. Zinnecker 1992, S. 132)

Der Anspruch, selbst zu bestimmen, wer man ist – noch Jugendlicher oder schon Erwachsener –, löst sich auf in dem selbstverständlichen Bewusstsein, beides zugleich zu sein. Zinnecker und Fischer sprechen von einer „Scherenbewegung des Erwachsenwerdens": „Dort, wo die Übergänge in den Berufs- und Familienstatus sich lebensgeschichtlich verzögern, verstehen die Betroffenen sich lebensgeschichtlich früher als erwachsen. Dort, wo man vergleichsweise früh in das Erwerbs- und Familienleben eintritt, tut man dies im Bewusstsein, gleichwohl noch länger ein Jugendlicher zu sein." (Zinnecker u. Fischer 1992, S. 270)

Die empirischen Jugenduntersuchungen Ende des 20. Jahrhunderts bestätigen Neidhardts These von den verschiedenen sozialen Teilreifen, die je nach Sozialschicht unterschiedlich beansprucht und zugestanden werden, Zinneckers These, dass es tatsächlich eine Phase der Postadoleszenz gibt, in der sich Jugendliche zugleich als Jugendliche und als Erwachsene verstehen, und Becks Sozialtheorie, dass die Individualisierung auch im Denken und Handeln der Jugendlichen Einzug gehalten hat: „Alle empirischen Studien seit den späten 1970er Jahren zeigen, dass die Zäsur »Abschluss der Schulausbildung« und »Aufnahme einer Berufsarbeit« zeitlich immer später erreicht werden und wieder breiter streuen (...). Jugendliche (...) verbleiben immer länger im weiterführenden Bildungssystem sowie in vollzeitschulischen »Warteschleifen«, und der Übergang in das Beschäftigungssystem labilisiert sich. Demgegenüber erfolgt der Zeitpunkt der soziokulturellen Mündigkeit (also der Teilhabe an Freizeit, Konsum und Sexualität) immer früher (...).“ (Mierendorff u. Olk 2002, S. 128)

Das strukturelle Problem bei der Gestaltung der Lebensphase Jugend beschreibt Hurrelmann so: Das Jugendalter „findet immer häufiger keinen Abschluss mehr. Ein Grund hierfür ist die Verlängerung der Schul- und Ausbildungszeit mit den hierdurch (sich) ergebenden Möglichkeiten, Spielraum für eigene Entscheidungen im Blick auf die spätere Berufslaufbahn zu haben, bei gleichzeitig eklatanter Verunsicherung von Arbeitsmarktperspektiven, weil auch bei hochwertigen Schulabschlüssen keine sichere Einmündung in einen Erwerbsberuf mehr möglich ist. Entsprechend kommt es zu vielfältigen »Verlegenheits-Kreativformen“ der Gestaltung des Jugendalters bei einer verhältnismäßig frühen Selbständigkeit im kulturellen, Konsum- und persönlich-privaten Lebensbereich und einer lang anhaltenden ökonomischen Unselbständigkeit.“ (Hurrelmann 2003, S. 121) Die Jugendphase wird entstrukturiert, Lebensverläufe werden destandardisiert. Nach Mierendorff und Olk verweisen diese Phänomene „auf den grundlegenden Prozess der Individualisierung und Pluralisierung von Lebenslagen und Lebensstilen (...).“ (Mierendorff u. Olk 2002, S. 128)

Dass dies nicht nur eine neue Freiheit ist, sondern auch ganz neue Ansprüche mit sich bringt, hatte schon ULRICH BECK konstatiert: „Biographien werden »selbstreflexiv«; sozial vorgegebene wird in selbst hergestellte und herzustellende Biographie transformiert." (Beck 1986, S. 216) Um diese Aufgabe geht es in der anderen Variante der These von der Individualisierung. Während Fuchs (1983) mehr die „Sonnenseite" (Heitmeyer u. Olk 1990, S. 25) der Individualisierung hervorhob, geht es bei ULRICH BECK, der dem Begriff der Individualisierung vor allem mit seinem Buch „Risikogesellschaft. Auf dem Weg in eine andere Moderne" (1986) zum Durchbruch verholfen hat, eher um die „Schattenseite". Seine Sicht kann man vorab so zusammenfassen: Im Verhältnis zwischen Individuum und Gesellschaft hat sich etwas verändert: Sie setzt „das Individuum als *Akteur, Konstrukteur, Jongleur* und *Inszenator* seiner Biographie, seiner Identität, seiner sozialen Netzwerke, Bindungen, Überzeugungen" voraus (Beck 1993, S. 151), ohne dass sie ihm noch gesichertes Handlungswissen zur Verfügung stellen könnte.

9 Individualisierung II – Entscheidungen unter Ungewissheiten

Der sozialstrukturelle Wandel der Moderne ist durch eine fortschreitende Differenzierung der Arbeit und der gesellschaftlichen Teilsysteme einerseits und durch eine Auflösung bzw. Pluralisierung religiöser und weltanschaulicher Überzeugungen andererseits gekennzeichnet. Beides machte das Individuum in gewisser Hinsicht freier, denn seine Stellung in der Gesellschaft und zu ihr war nicht mehr von der Geburt, sondern von seiner Qualifikation und von eigenen Überzeugungen abhängig; beides bot dem Individuum die *Chance* der *Individualisierung*.[12] Es konnte seinem Leben und seinen sozialen Beziehungen einen eigenen Stempel aufdrücken – wenigstens im Prinzip.

Dieser optimistischen Betrachtung steht eine andere gegenüber, die Individualisierung als *Zwang* versteht, der mit der fortschreitenden

---

12 Zur Geschichte der Individualisierung vgl. Abels (2006), Kap. 3.2 „Individualisierung – eine erste, das Bewusstsein der Freiheit betonende Definition" und Kap. 13 „Individualisierung – zweite, auch die Last der Freiheit betonende Definition".

Moderne unausweichlich gegeben ist: Mit steigender Komplexität der Systeme werden auch die Verhaltensanforderungen komplexer, und gleichzeitig werden sie immer differenzierter, was zur Folge hat, dass das einzelne Individuum an seinem spezifischen Platz in der Gesellschaft immer häufiger Entscheidungen treffen muss, deren Voraussetzungen und Konsequenzen es nur vage überschaut. Zweitens muss das Individuum in einer weitgehend geregelten und standardisierten Welt um einen Platz kämpfen, an dem seine Individualität überhaupt noch sichtbar wird. Und da drittens feste Orientierungen fehlen oder so zahlreich geworden sind, dass sie alle gleich gut resp. eben nicht gut erscheinen, muss es die Entscheidungen *seines* Lebens *selbst* treffen.

Der unscharfe Begriff der Individualisierung meint ein Doppeltes: Er „kann sich sowohl auf bestimmte sozialstrukturelle Entwicklungen beziehen, die gewissermaßen *von außen* Verhaltensanforderungen und normative Erwartungen an die einzelnen hervorbringen; Individualisierung kann aber ebenso auf die *subjektive* Seite des gesellschaftlichen Modernisierungsprozesses abzielen. In diesem Falle stehen subjektive Strategien der Bewältigung gesellschaftlicher Anforderungen sowie biographische Prozesse der Selbstkonstitution des Individuums im Mittelpunkt der Aufmerksamkeit." (Heitmeyer u. Olk 1990, S. 12)

9.1 „Die Menschen sind zur Individualisierung verdammt"

ULRICH BECK versteht Individualisierung als einen „*neuen Modus der Vergesellschaftung* (...), als eine Art »Gestaltwandel« oder »kategorialer Wandel« im Verhältnis von Individuum und Gesellschaft." (Beck 1986, S. 205) Das Problem der fortgeschrittenen Moderne ist, dass das Rollengefüge zerbricht und „in die *Entscheidung der Individuen*" zerfällt. (Beck 1993, S. 63) Das Individuum ist aus traditionalen, gemeinschaftlichen Bezügen „freigesetzt" worden, und gleichzeitig ist seine geistige Welt „entzaubert" worden. (vgl. Beck 1986, S. 206) Das bedeutet, dass mit der Lockerung traditionaler Bindungen auch entsprechendes „Handlungswissen, Glauben und leitende Normen" (ebd.) ihre sinnstiftende Kraft verloren haben. Gleichzeitig sind die möglichen Orientierungen zahlreicher geworden, und jede macht für sich Sinn. Im Prinzip beschert die *Pluralisierung* der Rationalitäten dem Individuum neue *Wahlmöglichkeiten*, aber da man nicht alle Rationalitäten zu Ende denken kann, sich vielleicht auch in ihrer Komplexität verstrickt oder an gedachten Konsequenzen scheitert, bleibt jede Entscheidung mit einem Risiko behaftet: Man weiß nicht, ob man die richtige Entscheidung getroffen hat.

Gleichwohl muss entschieden werden, und zwar von jedem Individuum. Hier liegt nun das Problem, denn die Kreise, in denen das Individuum auftritt, werden nicht nur zahlreicher, sondern sind oft untereinander auch widersprüchlich, da sie ihrer eigenen Logik folgen. Deshalb beanspruchen sie das Individuum auch in spezifischer Weise und erkennen es auch nur in einem Ausschnitt seines Handelns an. Ein verbindlicher Rahmen, in dem diese soziale Komplexität strukturiert werden könnte, fehlt. Auf diese Herauslösung des Individuums aus sicheren Orientierungen und den permanenten Zwang, trotzdem Entscheidungen zu müssen, deren Konsequenzen sich das Individuum ganz allein auch zurechnen muss, heben ULRICH BECK und ELISABETH BECK-GERNSHEIM vor allem ab: „Individualisierung (...) ist eine gesellschaftliche Dynamik, die nicht auf einer freien Entscheidung der Individuen beruht. Um es mit Jean-Paul Sartre zu sagen: Die Menschen sind zur Individualisierung verdammt. Individualisierung ist ein Zwang, ein paradoxer Zwang allerdings, zur Herstellung, Selbstgestaltung, Selbstinszenierung nicht nur der eigenen Biographie, sondern auch ihrer Einbindungen und Netzwerke, und dies im Wechsel der Präferenzen und Lebensphasen und unter dauernder Abstimmung mit anderen und den Vorgaben von Arbeitsmarkt, Bildungssystem, Wohlfahrtsstaat usw. Zu den entscheidenden Merkmalen von Individualisierungsprozessen gehört derart, dass sie eine aktive Eigenleistung der Individuen nicht nur erlauben, sondern fordern. In erweiterten Optionsspielräumen und Entscheidungszwängen wächst der individuell abzuarbeitende Handlungsbedarf, es werden Abstimmungs-, Koordinations- und Integrationsleistungen nötig. Die Individuen müssen, um nicht zu scheitern, langfristig planen und den Umständen sich anpassen können, müssen organisieren und improvisieren, Ziele entwerfen, Hindernisse erkennen, Niederlagen einstecken und neue Anfänge versuchen. Sie brauchen Initiative, Zähigkeit, Flexibilität und Frustrationstoleranz. Chancen, Gefahren, Unsicherheiten der Biographie, die früher im Familienverbund, in der dörflichen Gemeinschaft, im Rückgriff auf ständische Regeln oder soziale Klassen definiert waren, müssen nun von den einzelnen selbst wahrgenommen, interpretiert, entschieden und bearbeitet werden. Die Folgen – Chancen wie Lasten – verlagern sich auf die Individuen, wobei diese freilich, angesichts der hohen Komplexität der gesellschaftlichen Zusammenhänge, vielfach kaum in der Lage sind, die notwendig werden Entscheidungen fundiert zu treffen, in Abwägung von Interesse, Moral und Folgen." (Beck u. Beck-Gernsheim 1994, S. 14f.)

Individualisierung meint nicht „Vereinsamung, das Ende jeder Art von Gesellschaft, Beziehungslosigkeit", sondern die Ausbildung neuer Lebensformen und Lebenslagen, „in denen die einzelnen ihre Biographie selbst herstellen, inszenieren, zusammenflickschustern müssen." (Beck 1993, S. 150) Was da auf das Individuum zukommt, hat Beck so zusammengefasst: „Schlicht gesagt, meint »Individualisierung«: den Zerfall industriegesellschaftlicher Selbstverständlichkeiten sowie den Zwang, ohne Selbstverständlichkeit für sich selbst und miteinander neue »Selbstverständlichkeiten« zu finden und zu erfinden." (S. 151)

9.2 Die Individualisierung hat die Jugend erreicht – widersprüchliche Reaktionen auf eine widersprüchliche Welt

Beim Individualisierungstheorem geht es, wie gesagt, um beides: um normative Erwartungen, die sich aus sozialstrukturellen Entwicklungen ergeben, und um die subjektiven Strategien ihrer Bewältigung. „Und gerade diese Lokalisierung an den Verbindungslinien zwischen subjektiven Lebensplänen, Sichtweisen und Kompetenzen der Individuen und gesellschaftlich verfassten Gelegenheitsstrukturen macht (das Individualisierungstheorem, Ergänzung H. A.) auch für die Jugendforschung so relevant. Denn die Jugendphase ist ja gerade dadurch gekennzeichnet, dass einerseits der gesellschaftliche Plazierungsprozess der jeweils nachwachsenden Generation (...) in seine entscheidende Phase tritt, und andererseits lebensbiographische Projekte, moralische Urteilsfähigkeit, Wertbindungen sowie subjektive Kompetenzen ausgearbeitet, verfestigt und einem ersten Test unterzogen werden müssen." (Heitmeyer u. Olk 1990, S. 12)

Es sind vor allem zwei sozialstrukturelle Entwicklungen, die nach der These von Beck seit den 1950er Jahren in der Bundesrepublik Individualisierungsprozesse ausgelöst haben. Eine hat mittelbar, die andere unmittelbar die Jugendphase beeinflusst. In allen Sozialschichten stiegen die Einkünfte rasch an und erlaubten einen *eigenen Lebensstil* im Konsum, im Alltag, in der Freizeit oder in der Mode. Auch die Jugendlichen profitierten von der Prosperität, indem ihre Eltern ihnen Mittel zur Präsentation eines eigenen jugendlichen Lebensstils zur Verfügung stellten. Mit steigendem gesellschaftlichem Wohlstand wurden sie nach und nach an die Rolle des selbstbewussten Konsumenten herangeführt.

Die zweite Entwicklung ist die *Bildungsexpansion*, wie sie u. a. schon Fuchs (1983) angesprochen hatte. „Der »Massenkonsum« höherer Bildung und die längere Verweildauer im Bildungssystem begünstigen Selbstfindungs- und Reflexionsprozesse, die allemal auf eine Infragestellung traditionaler Orientierungen und Lebensstile hinauslaufen. Auch individuelle Leistungsmotivation und Aufstiegsorientierung, die im Bildungssystem gefördert werden, sind dazu geeignet, den eigenen Lebensweg nicht als Ausdruck klassen- und milieuspezifischer Zugehörigkeiten, sondern als Resultat eigener Leistungsbeiträge zu interpretieren." (Heitmeyer u. Olk 1990, S. 15)

Nimmt man die Pluralisierung von Lebensstilen hinzu, dann sind die Konsequenzen für die Struktur der Lebensphase Jugend offensichtlich: „Während das herkömmliche sozialwissenschaftliche Verständnis von Jugend eine (...) Standardabfolge von Übergangsereignissen (wie das Durchlaufen und die Beendigung der Schulzeit, Eintritt in Ausbildung und Erwerbsarbeit, Auszug aus dem Elternhaus und Heirat) und auf der sozialpsychologischen Ebene die Konfrontation mit bestimmten Entwicklungsaufgaben (wie die Lockerung von Bindungen an die Eltern zugunsten des Aufbaus neuer Bindungen an heterosexuelle Partner, die Ausbildung einer Geschlechtsrolle, die Entwicklung von Kompetenzen zur späteren Übernahme einer beruflichen Arbeit sowie die Entwicklung eines eigenen Wert- und Normensystems) unterstellen konnte, muss heute sowohl von zunehmend individuell verlaufenden Übergangsprozessen als auch von veränderten Abfolgen der Bewältigung von Entwicklungsaufgaben gesprochen werden." (Heitmeyer u. Olk

1990, S. 22) Auch in der Jugendphase gibt es keinen Standardlebenslauf mehr.

Konnte man früher von einem normalen Lebenslauf ausgehen, in dem sich alle in der gleichen sozialen Lage fortbewegten, so stehen die Individuen in der fortgeschrittenen, offenen Moderne vor dem Problem, dass sie zu verschiedenen Zeiten an soziale Wegkreuzungen gelangen, an denen Entscheidungen getroffen werden können, aber auch müssen. Da sich, wie gehört, die kollektiven Standards verflüchtigt haben, muss das *Individuum* selbst entscheiden, welche *Lebensform* es für die nächste Zeit wählen will. Individualisierung heißt Individualisierung von Entscheidungen. „Die Mitglieder dieser individualisierten Gesellschaft (...) werden zu selbstverantwortlichen Akteuren ihrer eigenen Zukunft, müssen sich also ihre Biografie selbst »zusammenbasteln«. Diese Individualisierung (hat) inzwischen die Jugend- und Kindheitsphase erreicht." (Mierendorff u. Olk 2002, S. 129)

Mierendorff und Olk haben die widersprüchliche Situation, in der sich die Jugendlichen seit den späten 1980er Jahren sahen, so zusammengefasst: Auf der „Sonnenseite" der Individualisierung stehen „neue Wahlmöglichkeiten und Entscheidungschancen bei der Entwicklung biografischer Zukunftsentwürfe. Zum anderen laufen die Jugendlichen – auf der »Schattenseite« der Individualisierung – angesichts der Unsicherheiten und Intransparenzen gesellschaftlicher Entwicklungen Gefahr, nicht nur an den gesellschaftlichen Umständen und Widrigkeiten zu scheitern, sondern darüber hinaus auch noch für Misserfolge persönlich verantwortlich gemacht zu werden. Gerade in der Jugendphase verschärfen sich unter diesen Bedingungen die Spannungen und Ambivalenzen: Während die nachwachsende Generation – nun erst recht – immer mehr Zeit und Energie in die Akkumulation von Humankapital in Form von immer längeren und immer anspruchsvolleren Bildungsgängen investieren muss, um überhaupt eine Chance auf attraktive Berufspositionen wahren zu können, wird die Realisierung dieser Hoffnungen unter den Bedingungen verengter Arbeitsmärkte immer ungewisser. Ob sich die vermehrten Qualifizierungsbemühungen wirklich lohnen, kann immer weniger garantiert werden." (Mierendorff u. Olk 2002, S. 129)

Dieses „Qualifikationsparadox" verstärkt den Eindruck, dass die Entscheidungen, die in der individualisierten Gesellschaft zu treffen sind, die Zukunft keineswegs sicher machen. Zusammen mit der kollektiven Meinung, dass sich die Gesellschaft hinter dem Rücken der Individuen ohnehin nach eigenen, undurchschaubaren Gesetzen in eine globale, ungewisse Zukunft bewege, ziehen die Spannungen „entsprechende Reaktionsformen und Orientierungen bei den Jugendlichen" nach sich: „Zumindest ein Teil der Jugendlichen richtet sich in dieser neuen Situation ein, indem die gesellschaftlich zugemutete Orientierung an der Zukunft (in Form des Imperativs »Investiere jetzt in deine Zukunft, damit du später davon in Form verbesserter Lebenschancen profitieren kannst«) abgelehnt wird. Stattdessen orientieren sie sich verstärkt an der Gegenwart. Jugendliche Ausdrucksformen des hedonistischen Lebens im »Hier und Jetzt« gelten als weitverbreitete Folge dieser jugendspezifischen Verarbeitungsform struktureller Spannungen. Damit wird zugleich offenkundig, dass sich Jugend als Schonraum und Moratorium auflöst." (Mierendorff u. Olk 2002, S. 129)

Auch das gehört zum Jugendbild, das sich um die Wende zum 21. Jahrhundert abzeichnet: Die Konturen sind unscharf, und was man zu sehen bekommt, ist bunt und widersprüchlich. Die Widersprüche kann man auch nicht auf sozialen Polen wie Unterschicht oder Mittelschicht, jung oder „eigentlich-schon-erwachsen", männlich weiblich einordnen, sondern überall findet sich alles, und die Widersprüche finden sich auch in der Orientierung des einzelnen Jugendlichen selbst! CAROL HAGEMANN-WHITE hat einige widersprüchliche empirische Befunde benannt:

1. „Individualisierung, Optionsvielfalt, Gleichberechtigung und Selbstbewusstsein der Jugend allgemein stehen neben einem bemerkenswerten Beharren traditioneller Muster der Interaktion, der Beziehungskulturen, der Arbeitsteilung: es ist eine Gleichzeitigkeit von Freisetzung und Gebundenheit zu beobachten.
2. Ein globales Bewusstsein der Relativität kultureller Normen erzeugt Toleranz (und oft Experimentierlust) in fast allen Verhaltensbereichen, erlaubt eine postmodern ästhetische Verbindung von Kulturelementen, Ethiken; zugleich wächst der Glaube an verborgene Mächte, die über uns schicksalhaft bestimmen, darun-

ter auch ein Glaube an die biologische Determiniertheit der Persönlichkeit. Relativität und Festlegung durch die Natur stehen nebeneinander.

3. Die Eigengeltung von Kindheit und Jugend ist gewachsen, diese Lebensphasen sollen kein bloßes Durchgangsstadium mehr sein, sondern im Hier und Jetzt zu ihrem Recht kommen, in der Forschung und in der Politik ebenso wie auf dem Warenmarkt; zugleich intensiviert sich die Zuschreibung von Versorgungs- und Erziehungsverantwortung: Die Eltern, die Schule, die Politik und viele Akteure mehr sollen erziehen. Frühe Mündigkeit und längere Entmündigung gelten zugleich." (Hagemann-White 2002, S. 157)

Ein vierter widersprüchlicher Befund der empirischen Jugendforschung verdient eine besondere Aufmerksamkeit: die *weibliche Lebensführung*.

9.3   Die widersprüchliche Modernisierung weiblicher Lebensführung

Hagemann-White hält das Theorem der Individualisierung zur Analyse der Modernisierung im allgemeinen und für eine Jugendforschung im besonderen für fruchtbar, weil es den Blick „auf kollektive Lebenslagen und Verhaltensmuster" richtet und dafür „gesellschaftliche Erklärungen sucht". (Hagemann-White 2002, S. 146) Ausdrücklich wurde bei der Anwendung dieses Theorems auf die Analyse der Risikogesellschaft der Moderne (Beck 1986) auf die Rolle der *Frauen* eingegangen. In den sich daran anschließenden empirischen Forschungen, referiert Hagemann-White, „konnte plausibel gezeigt werden, dass Mädchen und Frauen im 20. Jahrhundert eine Moderne nachholen, die zuvor dem (bürgerlichen) männlichen Individuum vorbehalten war." (Hagemann-White 2002, S. 147) Misst man den Anfang vom Ende der Jugendzeit am Eintritt in einen Beruf, dann begann sich eine eigentliche Jugendzeit für Mädchen ohnehin erst in den späten 1950er Jahren abzuzeichnen, als auch sie immer länger in weiterführenden Schulen verblieben. In den folgenden Jahrzehnten begann auch eine Diskussion über die Rolle der Frau, und bei den Mädchen erwuchs daraus das Bewusstsein, über den Weg durchs Leben zumindest mitzubestimmen. Doch der Anspruch der Mädchen und jungen Frauen auf eigenständige Entscheidung über die Lebensform traf auf eine Entwicklung, in der die Rahmen der Orientierungen insgesamt brüchig geworden waren: „In dem historischen Augenblick, in dem Frauen auf breiter Ebene den Zugang zur Eigenständigkeit und Autonomie erschließen, verliert das Individuum insgesamt seine Einbindung in feste soziale Rahmenbedingungen, wird riskant und bruchstückhaft. Die Bewältigung dieser Verunsicherung wird vorrangig den Frauen überantwortet, die für letzte unaufgebbare Verbindlichkeiten, wie z. B. Schutz und Sorge für Kinder, weiterhin Verantwortung tragen. Aus dieser gesamtgesellschaftlichen Entwicklung erwächst für Mädchen und junge Frauen die Notwendigkeit, schon bei der Suche nach dem für sie richtigen Bildungsweg eine künftige Lebensführung zu antizipieren und die Verbindungsmöglichkeiten und Gewichtung von Erwerbstätigkeit und Familie abzuwägen." (ebd.)

Hagemann-White schließt sich ausdrücklich der These von der „widersprüchlichen Modernisierung weiblicher Lebensführung" (Oechsle u. Geissler 1998, S. 9) an. Sie sieht sie in vielen empirischen Studien, etwa „zur Berufsorientierung von Mädchen (...), zur doppelten Lebensplanung junger Frauen (...) oder zur Identitätsentwicklung von 12- und 16-jährigen Mädchen und Jungen (...)" (Hagemann-White 2002, S. 147) belegt.

Widersprüchlich ist die weibliche Lebensführung in der individualisierten Gesellschaft noch aus einem anderen Grund: Es gibt zuhauf öffentliche Bekenntnisse zu neuen Bildern von „weiblich" und „männlich", aber wenn man es in dieser Gesellschaft zu etwas bringen will, dann sind Orientierungen Verhaltensweisen gesellschaftlich gefordert, die traditionell dem Mann attestiert werden: „Ein gesellschaftlicher Wertewandel verschafft zunehmende Anerkennung und auch Integration der traditionell als weiblich und privat geltenden Sensibilität, Familienbindungen, Kooperation und Einfühlsamkeit – bei gleichzeitigem Wegbrechen der organisatorischen Grundlagen sozialer Solidarität, bei wachsender Härte der Konkurrenz und sozialer Kälte. Noch nie schienen weibliche Anteile im öffentlichen Leben so wertvoll, während männliche Sekundärtugenden mehr denn je das Überleben sichern sollen." (Hagemann-White 2002, S. 157)

9.4   Virtuosen, pragmatische Idealisten, robuste Materialisten, zögerliche Unauffällige und selbstbewusste Macher

Vor dem Hintergrund der von Beck formulierten Individualisierungsthese lässt sich auch KLAUS HURRELMANNS kritische Analyse der Strukturierung und Gestaltung des Lebenslaufs durch die Jugendlichen selbst lesen. Er vertritt die These, dass „die Anforderungen an eine aktive Lebensführung und Gestaltung der Biografie (…) schon im Jugendalter eine große Rolle" spielen. (Hurrelmann 2003, S. 115) Das Problem besteht darin, dass es die Jugendlichen in einer Entwicklungsphase trifft, in der sie ohnehin auf der Suche nach ihrer Persönlichkeit sind. Viele fühlen sich von den Erwartungen überfordert. Hurrelmann beschreibt die ambivalente Situation so: „Durch die heute charakteristische Freisetzung von Traditionen und festgelegten Rollenvorstellungen besteht schon im Jugendalter die Chance, einen eigenen Lebensstil aufzubauen und selbstständig zu sein. Zugleich besteht aber auch die Erwartung, einen ganz persönlichen und einmaligen Weg zu finden, der der Zielvorstellung des Individualismus nahekommt (Korrektur H. A.). Viele Menschen fühlen sich hierdurch unter einem schwer zu bewältigenden Originalitätsanspruch. Ob sich ein Mensch als selbstständig erfährt, hängt davon ab, ob er sich für die eigene Lebensführung selbst verantwortlich empfindet und sich als Quelle der eigenen Handlungen und Urteile begreift. Für viele Jugendliche ist es schwierig, diese innere Empfindung zuverlässig zu identifizieren und die geeigneten Maßstäbe für »Selbstständigkeit« zu entwickeln und umzusetzen. Sie sind sozusagen auf der ständigen Suche nach sich selbst als origineller Persönlichkeit." (Hurrelmann 2003, S. 116)

Gleichzeitig stellt sich die Aufgabe der sozialen Integration in diese Gesellschaft, und hier liegt das nächste Problem. Es stellt sich nämlich die Frage, „ob die heutige Komplexität und Brüchigkeit der sozialen Umwelt und ihrer kulturellen, institutionellen, politischen und rechtlichen Vorgaben dazu angetan ist, Individuen bei der Entwicklung eines biografischen Konzeptes und einer gestaltenden Lebensführung zu unterstützen oder ob solche individuellen Leistungen »gegen« die Strukturen der äußeren Realität erbracht werden müssen." (Hurrelmann 2003, S. 116 unter Verweis auf Heinz u. Krüger 2001)

Die Jugendlichen werden mit der Erfahrung groß, dass soziale Vorgaben für einen normalen Lebenslauf brüchig geworden sind und dass man mit einer Pluralität von Lebenswelten umgehen können muss. „Wenn sie diese Situation produktiv bewältigen wollen, wird von ihnen eine enorme Virtuosität des Verhaltens" verlangt. (Hurrelmann 2003, S. 116) Auf der anderen Seite sehen sie, dass „eindeutige und unbezweifelbare Normen und Werte, feste Zugehörigkeiten und Milieus, kalkulierte und klare Abfolgen von persönlichen Lebensschritten, sichere moralische und ethische Standards, eindeutige soziale Vorbilder – alle diese Voraussetzungen für den Aufbau einer Persönlichkeit im Jugendalter (…) heute nicht selbstverständlich" sind; „im Gegenteil, jeder muss mit sich selbst und den anderen seinen eigenen Lebensstil »aushandeln«, den eigenen Lebensplan definieren und ständig neu verändern, ebenso auch das Bild von der eigenen Person flexibel weiterentwickeln. Das »moderne Individuum benötigt eine hohe Flexibilität und ausgeprägte Kapazität der Selbststeuerung (…)." (S. 117)

Wie wir bei Erikson gehört haben, stellt sich in der Jugendphase die Frage nach der Identität. Sie hat zwei Seiten: „Die der *individuellen Identität*, der besonderen Erfahrungen, Eigenschaften, Überzeugungen eines bestimmten, von allen anderen unterschiedenen Individuums, und die der *sozialen Identität*", womit „Aspekte der Persönlichkeit, die aus der Zugehörigkeit zu Bezugsgruppen bzw. der Einordnung in soziale Kategorien hervorgehen", gemeint sind. (Schäfers u. Scherr 2005, S. 91) Die Suche nach der Identität „nimmt im Jugendalter nicht notwendig die Form der bewussten Reflexion an. Bedeutsam sind auch experimentelle Suchbewegungen, das Ausprobieren von Identifikationsangeboten und Modellen, etwa das Nachahmen von Vorbildern, das Sich-Verorten in eine Jugendkultur sowie Formen des situativ-spielerischen Inszenierens von Identitäten." (S. 92) Das war auch gemeint, als Hurrelmann von den „vielfältigen Verlegenheits-Kreativformen der Gestaltung des Jugendalters" (Hurrelmann 2003, S. 121) gesprochen hat.

Doch wäre etwas anderes zu erwarten? Nach HEINER KEUPP haben wir heute alle damit klarzukommen, „dass unsere Identitäten und Lebensentwürfe (…) etwas unheilbar Bruchstück-, Flickenhaftes oder Fragmentarisches haben" (Keupp 2004, S. 30) Jugendliche werden mit diesem Bewusstsein schon groß, und es wäre fatal, würde man ihnen anderes vormachen oder gar abverlangen. Das heißt aber nicht, dass Jugendliche es in Hinsicht auf die Identität nun leichter haben, im Gegenteil: „Heute scheint dieser Prozess (…) erheblich mehr innere Kräfte zu binden als früher. Das Finden der Identität und das Verbinden der personalen und sozialen Identität beschäftigt viele Jugendliche bis in das vierte Lebensjahrzehnt hinein. Ein ständiges Suchverhalten und das Bemühen, sozialen Halt und Gewissheit zu gewinnen, sich zugleich aber keine Option für die weitere Entwicklung zu verschließen und keine Lebenschancen zu verpassen, sind für Jugendliche heute charakteristisch." (Hurrelmann 2003, S. 121)

Den empirischen Beleg für die entsprechenden Einstellungen hat die 14. Shell Jugendstudie „Jugend 2002" erbracht. Im Vergleich zu früheren Jugendlichen, die sich des Wohlstands sicher waren, aber sich nicht so frei gegenüber den Erwachsenen fühlten, ist es bei den Jugendlichen 2002 umgekehrt: Sie haben alle Freiheiten und wissen das auch, aber sie machen sich Sorgen um die ökonomische Zukunft. Deshalb steht bei den 12- bis 25-jährigen das Streben nach Sicherheit auf der Werteskala ganz oben. Sie wollen in der Leistungsgesellschaft Erfolg haben und sind bereit, sich dafür auch anzustrengen. Der Grundtypus ist pragmatisch: „Aufsteigen statt aussteigen." (Hurrelmann u. a. 2002, S. 17) Wertorientierungen, von denen wir den Zusammenhalt einer Gesellschaft her erklären und an denen wir ihre Zukunft ablesen, beziehen sich bei den deutschen Jugendlichen deshalb nicht aus einer abstrakten Idee, sondern ganz konkret aus der Kalkulation, was man *persönlich* angesichts der Verhältnisse, die nun mal so sind, wie sie sind, *machen* kann. Das ist auch der Grund, warum die Jugendforscher die heutigen Jugendlichen als „Trendsetter eines individuellen Wertekonzeptes" (S. 14) beschreiben.

An anderer Stelle fragen die Jugendforscher, ob wir es hier mit „einer Generation von Egotaktikern" (Hurrelmann, Linssen, Albert, Quellenberg 2002, S. 31ff.) zu tun haben, und sie kommen zu dem Ergebnis: Sie sind es. Die heutigen Jugendlichen sind stark „auf die Gestaltung der eigenen Persönlichkeit und die intensive Suche nach der personalen und sozialen Identität" konzentriert und „fragen die soziale Umwelt ständig sensibel nach Informationen darüber ab, wo sie selbst in ihrer persönlichen Entwicklung stehen". Neben dieser „Selbstzentriertheit" gehört „zur egotaktischen Grundeinstellung (...) ein Schuss Opportunismus ebenso wie eine Portion Bequemlichkeit, eine abwartende und sondierende Haltung ebenso wie die Fähigkeit, im richtigen Moment bei einer sich bietenden Chance zuzugreifen". (Hurrelmann, Linssen, Albert, Quellenberg 2002, S. 33)

Was die Werthaltungen in der Jugend angeht, unterscheidet THOMAS GENSICKE, einer der Autoren der Jugendstudie von 2002, vier Wertetypen: pragmatische Idealisten, robuste Materialisten, selbstbewusste Macher und zögerliche Unauffällige. Mit dem empirischen Nachweis dieses breiten Wertespektrums belegt er eine auffällige Wertesynthese[13] in der aktuellen Moderne.

Zeichnen wir diese Wertetypen, die ungefähr gleich stark vorkommen (vgl. Gensicke 2002, S. 162 und 165) kurz nach. „Die Leitwerte der pragmatischen Idealisten sind Kreativität, Engagement und Toleranz. Sie haben ein skeptisches Verhältnis zum robusten Materialismus (Durchsetzung, Macht, Lebensstandard), nicht so deutlich, aber in der Tendenz auch zum Hedonismus (Lebensgenuss). Pragmatische Idealisten verknüpfen ihre Kreativitäts- und Engagementwerte mit dem Respekt vor Gesetz und Ordnung. Sicherheit, Fleiß und Ehrgeiz sind ihnen ebenfalls wichtig. Robuste Materialisten sind der Gegenpol zu den pragmatischen Idealisten. Hedonismus und Materialismus spielen bei ihnen die Hauptrolle, (soziale, Ergänzung H. A.) Engagementwerte und Toleranz sind in ihrem Lebenskonzept nur mäßig von Bedeutung. Auch robuste Materialisten wollen etwas leisten, Sicherheit ist ihnen schon nicht mehr so wichtig, ihr Respekt vor Gesetz und Ordnung bleibt besonders deutlich hinter den pragmatischen Idealisten zurück." (S. 160f.)

Kommen wir zu den beiden anderen Wertetypen. „Beeindruckend ist das Profil der »Selbstbewussten Macher«. Sie scheinen problemlos die Kluft zwischen Materialismus und Idealismus zu überwinden. (...) Zwar ist für selbstbewusste Macher *soziales Engagement* wichtig, fast so wichtig wie für pragmatische Idealisten. Dennoch bewerten sie den

---

13 Zu dieser These, mit der sich Helmut Klages gegen Ronald Inglehardts These eines Wertewandels von materialistischen zu postmaterialistischen Orientierungen gewandt hat, vgl. Abels (2004), Bd. 2, Kap. 1.6 „Klages: Pflicht, Selbstentfaltung, Wertesynthese".

hohen Lebensstandard etwa ebenso hoch wie das soziale Engagement, während pragmatische Idealisten die materielle Seite des Lebens ihrer sozialen (und auch ökologischen) Engagementbereitschaft deutlich nachordnen. Robuste Materialisten haben dagegen wie die pragmatischen Idealisten eine ausschließliche Entscheidung getroffen, nur in umgekehrter Weise.»Zögerliche Unauffällige« sind neben den selbstbewussten Machern eine weitere Gruppe Jugendlicher, für die Idealismus und Materialismus keine Alternative darstellen. Das liegt allerdings daran, dass sie zu beiden Aspekten des Lebens, den idealistischen wie den materiellen, kein Verhältnis haben." (Gensicke 2002, S. 161)

Die Wertorientierungen hängen mit dem Geschlecht, dem Alter, dem Bildungsgrad, der Einbindung in einen Beruf und mit der sozialen Herkunft zusammen. Dennoch scheint Gensicke der Wertetyp des „selbstbewussten Machers" der auffälligste zu sein: Er bewegt sich „am Puls des Zeitgeistes" (Gensicke 2002, S. 168). Er kommt „aus der breiten gesellschaftlichen Mitte, die weder von der Bildung noch vom sozialen Status besonders herausgehoben ist." (ebd.) Er sucht das Beste aus den Verhältnissen zu machen und weiß sich dabei im Konsens mit den meisten in der Gesellschaft – inklusive uns modernen Erwachsenen!

Auch insofern dürfte die Lebensphase Jugend einen „paradigmatischen Stellenwert" (Hurrelmann 2003, S. 121) für das moderne Verhältnis zwischen Individuum und Gesellschaft haben.

Literatur: Lebensphase Jugend

ABELS, HEINZ
1993   Jugend vor der Moderne. Soziologische und psychologische Theorien des 20. Jahrhunderts. Opladen: Leske + Budrich
2004   Einführung in die Soziologie, 2 Bände. Wiesbaden: VS Verlag für Sozialwissenschaften, 3. Aufl. 2007
2006   Identität. Wiesbaden: VS Verlag für Sozialwissenschaften
AYRES, ALEX (ED.)
1987   The Wit & Wisdom of Mark Twain. New York: Harper & Row, Publishers

BECK, ULRICH
1983   Jenseits von Klasse und Stand? Soziale Ungleichheit, gesellschaftli-
        che Individualisierungsprozesse und die Entstehung neuer sozialer
        Formationen und Identitäten. In: Kreckel (Hrsg.) (1983): Soziale Un-
        gleichheiten. Göttingen: Schwartz.
1986   Risikogesellschaft. Auf dem Weg in eine andere Moderne. Frankfurt
        am Main: Suhrkamp
1993   Die Erfindung des Politischen. Zu einer Theorie reflexiver Moderni-
        sierung. Frankfurt am Main: Suhrkamp
BECK, ULRICH; BECK-GERNSHEIM, ELISABETH
1994   Individualisierung in modernen Gesellschaften – Perspektiven und
        Kontroversen einer subjektorientierten Soziologie. In: Beck u. Beck-
        Gernsheim (Hrsg.) (1994): Riskante Freiheiten. Frankfurt am Main:
        Suhrkamp)
BEHNKEN, IMBKE; ZINNECKER, JÜRGEN
1992   Lebenslaufereignisse, Statuspassagen und biografische Muster in
        Kindheit und Jugend. In: Jugendwerk der Deutschen Shell (Hrsg.)
        (1992), Band 2
COOLEY, CHARLES HORTON
1909   Social Organization. A Study of the Larger Mind. New York:
        Schocken Books, 1962, second printing 1963
DEUTSCHE SHELL (HRSG.)
2002   Jugend 2002. Zwischen pragmatischem Idealismus und robustem
        Materialismus. Frankfurt am Main: Fischer Taschenbuch Verlag
DÖBERT, RAINER; NUNNER-WINKLER, GERTRUD
1975   Adoleszenzkrise und Identitätsbildung. Frankfurt am Main: Suhrkamp
EISENSTADT, SAMUEL N.
1956   Von Generation zur Generation. Altersgruppen und Sozialstruktur.
        München: Juventa, 1966
ENGSTLER, HERIBERT; MENNING, SONJA
2003   Die Familie im Spiegel der amtlichen Statistik. Lebensformen, Fami-
        lienstrukturen, wirtschaftliche Situation der Familien und familien-
        demographische Entwicklungen in Deutschland. Berlin: Bundesminis-
        terium für Familie, Senioren, Frauen und Jugend, erweiterte Neuauf-
        lage
ERIKSON, ERIK H.
1950a   Kindheit und Gesellschaft. Stuttgart: Klett, 5. Aufl. 1974
1950b   Wachstum und Krisen der gesunden Persönlichkeit. In: Erikson
        (1959a)

1953/4 Wachstum und Krisen der gesunden Persönlichkeit. In: Psyche VII, Heft 1 und 2

1956   Das Problem der Ich-Identität. In: Erikson (1959a)

1959a   Identität und Lebenszyklus. Drei Aufsätze. Frankfurt am Main: Suhrkamp, 2. Aufl. 1974

1959b   Identität und Entwurzelung in unserer Zeit. In: Erikson (1964)

1961   Die menschliche Stärke und der Zyklus der Generationen. In: Erikson (1964)

1964   Einsicht und Verantwortung. Die Rolle des Ethischen in der Psychoanalyse. Frankfurt am Main: Fischer, 1971

1982   Der vollständige Lebenszyklus. Frankfurt am Main: Suhrkamp 1988

FISCHER, ARTHUR; u. a.

1981   Zusammenfassung der wichtigsten Ergebnisse. In: Jugendwerk der Deutschen Shell (Hrsg.) (1981)

FLITNER, ANDREAS

1963   Soziologische Jugendforschung. Heidelberg: Quelle & Meyer

FUCHS, WERNER

1981a   Jugendbiographie. In: Jugendwerk der Deutschen Shell (Hrsg.) (1981)

1981b   Biographische Portraits. Einführung. In: Jugendwerk der Deutschen Shell (Hrsg.) (1981)

FUCHS-HEINRITZ, WERNER; KRÜGER, HEINZ-HERMANN

1991   Feste Fahrpläne durch die Jugendphase? Jugendbiographien heute. Opladen: Leske + Budrich

GENSICKE, THOMAS

2002   Individualität und Sicherheit in neuer Synthese? Wertorientierungen und gesellschaftliche Aktivität. In: Deutsche Shell (Hrsg.) (2002)

GRAF, RIC

2006   iCool. Wir sind so jung, so falsch, so umgetrieben. Reinbek: Rowohlt

HAGEMANN-WHITE, CAROL

2002   Geschlechtertheoretische Ansätze. In: Krüger u. Grunert (Hrsg.) (2002): Handbuch der Kindheits- und Jugendforschung

HEINZ, WALTER R.; KRÜGER, HELGA

2001   The Life Course: Innovation and Challenges for Social Research. In: Current Sociology, Vol. 49 (2001), 2

HEITMEYER, WILHELM; OLK, THOMAS

1990   Das Individualisierungs-Theorem – Bedeutung für die Vergesellschaftung von Jugendlichen. In: Baacke u. a. (Hrsg.) (1990): Individualisierung von Jugend. Gesellschaftliche Prozesse, subjektive Verarbeitungsformen, jugendpolitische Konsequenzen. Weinheim: Juventa

HURRELMANN, KLAUS

1983 Das Modell des produktiv realitätsverarbeitenden Subjekts in der Sozialisationsforschung. In: Zeitschrift für Sozialisationsforschung und Erziehungssoziologie, Jg. 3, H. 1

2003 Der entstrukturierte Lebenslauf. Die Auswirkungen der Expansion der Jugendphase. In: Zeitschrift für Soziologie der Erziehung und Sozialisation, 23. Jg., H. 2, 2003

2004 Lebensphase Jugend. Eine Einführung in die sozialwissenschaftliche Jugendforschung. 7., vollständig überarbeitete Aufl. Weinheim und München: Juventa, 8. Aufl. 2005

HURRELMANN, KLAUS; LINSSEN, RUTH; ALBERT, MATHIAS; QUELLENBERG, HOLGER

2002 Eine Generation von Egotaktikern? In: Deutsche Shell (Hrsg.) (2002)

HURRELMANN, KLAUS; U. A.

2002 Vorwort der Autoren zur 14. Shell Jugendstudie. In: Deutsche Shell (Hrsg.) 2002

JUGENDWERK DER DEUTSCHEN SHELL (HRSG.) (siehe auch DEUTSCHE SHELL)

1975 Jugend zwischen 13 und 24. Vergleich über 20 Jahre. 3 Bände. Hamburg: Jugendwerk der Deutschen Shell

1981 Jugend '81. Lebensentwürfe, Alltagskulturen, Zukunftsbilder. Opladen: Leske + Budrich, 2. Aufl. 1982

1985 Jugendliche + Erwachsene '85. Generationen im Vergleich. 5 Bände. Opladen: Leske + Budrich

1992 Jugend '92. Lebenslagen, Orientierungen und Entwicklungsperspektiven im vereinigten Deutschland. 4 Bände. Opladen: Leske + Budrich

KEUPP, HEINER

2004 Fragmente oder Einheit? Wie heute Identität geschaffen wird. http://www.ipp-muenchen.de/texte/fragmente_oder_einheit.pdf (Zugriff 7.6.2006)

KREPPNER, KURT

1991 Sozialisation in der Familie. In: Hurrelmann u. Ulich (Hrsg.) (1991): Neues Handbuch der Sozialisationsforschung. Weinheim: Beltz

KREUTZ, HENRIK

1974 Soziologie der Jugend. München: Juventa

LAZARSFELD, PAUL F.

1931 Die Ergebnisse und die Aussichten der Untersuchungen über Jugend und Beruf. In: Lazarsfeld (1931): Jugend und Beruf. Jena: Fischer

MIERENDORFF, JOHANNA; OLK, THOMAS
2002   Gesellschaftstheoretische Ansätze. In: Krüger u. Grunert (Hrsg.)
        (2002)
MUCHOW, HANS HEINRICH
1952   Stimmt unser Bild von der Jugend eigentlich noch? In: Unsere Ju-
        gend, 4 (1952), S. 41-45
1959   Sexualreife und Sozialstruktur der Jugend. Reinbek: Rowohlt, 4. Aufl.
        1960
NEIDHARDT, FRIEDHELM
1967   Die Junge Generation. Opladen: Leske, 2. Aufl. 1968
1970   Bezugspunkte einer soziologischen Theorie der Jugend. In: Neidhardt
        u. a. (1970): Jugend im Spektrum der Wissenschaften. Beiträge zur
        Theorie des Jugendalters. München: Deutsches Jugendinstitut
1975   Bildungs- und schichtsoziologische Ansätze zur Jugendforschung. In:
        Jugendwerk der Deutschen Shell (Hrsg.) (1975)
OECHSLE, MECHTILD; GEISSLER, BIRGIT
1998   Die ungleiche Gleichheit. Zur widersprüchlichen Modernisierung
        weiblicher Lebensführung. In: Oechsle u. Geissler (Hrsg.) (1998): Die
        ungleiche Gleichheit. Junge Frauen und der Wandel im Geschlechter-
        verhältnis. Opladen: Leske + Budrich
OLK, THOMAS
1985   Jugend und gesellschaftliche Differenzierung – zur Entstrukturierung
        der Jugendphase. In: Zeitschrift für Pädagogik, 1985, 19. Beiheft, S.
        290-301
PARSONS, TALCOTT
1951   The Social System. New York: The Free Press, 1964
RIESMAN, DAVID
1950   Die einsame Masse. Eine Untersuchung der Wandlungen des ameri-
        kanischen Charakters. Mit einer Einführung in die deutsche Ausgabe
        von Helmut Schelsky. Reinbek: Rowohlt, 1958
SCHÄFERS, BERNHARD
1980   Primärgruppen. In: Schäfers (Hrsg.) (1980): Einführung in die Grup-
        pensoziologie. Heidelberg: Quelle & Meyer, UTB
SCHÄFERS, BERNHARD; SCHERR, ALBERT
2005   Jugendsoziologie. Einführung in Grundlagen und Theorien. Wiesba-
        den: VS Verlag für Sozialwissenschaften, 8., umfassend aktualisierte
        und überarbeitete Auflage
SCHELSKY, HELMUT
1956   Soziologische Bemerkungen zur Rolle der Schule in unserer Gesell-
        schaftsverfassung. In: Schelsky (1956): Schule und Erziehung in der

industriellen Gesellschaft, 6. Aufl. 1967. Würzburg: Werkbund-Verlag

1957 Die skeptische Generation. Eine Soziologie der deutschen Jugend. Düsseldorf: Diederichs, 4. Aufl. 1960

1961 Anpassung oder Widerstand? Soziologische Bedenken zur Schulreform. Heidelberg: Quelle & Meyer, 4. Aufl. 1967

1975 Rückblick auf die „Skeptische Generation". Vorwort zur Taschenbuch-Ausgabe. Frankfurt am Main: Ullstein

SCHIMANK, UWE

1996 Theorien gesellschaftlicher Differenzierung. Opladen: Leske + Budrich, UTB

SPRANGER, EDUARD

1924 Psychologie des Jugendalters. Heidelberg: Quelle & Meyer, 28. Aufl. 1966

TENBRUCK, FRIEDRICH H.

1962 Jugend und Gesellschaft. Soziologische Perspektiven. Freiburg: Rombach, 2. Aufl. 1965

TWAIN, MARK (s. Ayres)

UNDEUTSCH, UDO

1966 Die psychische Entwicklung der heutigen Jugend. München: Juventa

ZINNECKER, JÜRGEN

1981 Jugend 1981: Porträt einer Generation. In: Jugendwerk der Deutschen Shell (Hrsg.) (1981)

1986 Jugend der achtziger Jahre – im historischen Spiegel der fünfziger Jahre. In: Carlhof u. Wittemann (Hrsg.) (1986): Freiheit und Schutz (k)ein Interessenkonflikt. Ansätze und Perspektiven der Jugendschutzarbeit. Stuttgart: Aktion Jugendschutz, Landesarbeitsstelle Baden-Württemberg

1987 Jugendkultur 1940-1985. Opladen: Leske + Budrich

2000 Selbstsozialisation – Essay über ein aktuelles Konzept. In: Zeitschrift für Soziologie der Erziehung und Sozialisation, 20. Jg. 2000, H. 3

ZINNECKER, JÜRGEN; FISCHER, ARTHUR

1992 Jugendstudie '92. Die wichtigsten Ergebnisse im Überblick. In: Jugendwerk der Deutschen Shell (Hrsg.) (1992), Band 1

Ansgar Weymann: Lebensphase Erwachsenenalter

Sozialisation, Konstruktionen und institutionelle Vermittlung

1 Was ist Erwachsenensozialisation?

Mit dem Begriff Sozialisation verbundene Vorstellungen reichen nicht aus, um dem Begriff Erwachsenensozialisation einen Sinn abzugewinnen.[1] Denn sie handeln von Kindern und Jugendlichen oder besser vom Verhältnis zwischen erziehenden und urteilenden Erwachsenen einerseits und zu erziehenden und zu beurteilenden Kindern und Jugendlichen andererseits. Der Begriff der Erwachsenensozialisation hingegen enthält zwei sich selbst widersprechende Bestandteile: einmal den Begriff des Sozialisierens (von Kindern und Jugendlichen), zum anderen den Begriff des Erwachsenen (also des voll sozialisierten Menschen). Der Erwachsene ist nach allgemeinem Sprachgebrauch und eigenem Selbstverständnis dadurch gekennzeichnet, dass er als sexuell voll entwickelte und in der Gesellschaft unbeschränkt rechtsfähige Person eben nicht sozialisationsbedürftig ist, sondern selbst Kinder erzieht, Schüler unterrichtet oder Lehrlinge und Studenten ausbildet.

Das weit verbreitete *Lexikon zur Soziologie* (Fuchs-Heinritz u. a. (Hrsg.), 4. Aufl. 2007) hilft auf den ersten Blick nicht weiter, denn der Begriff Erwachsenensozialisation ist dort, wie in anderen soziologischen Nachschlagewerken auch, als Schlagwort nicht verzeichnet. Verzeichnet aber ist das Schlagwort „Sozialisation" mit zahlreichen Unterschlagworten wie antizipatorische, historische, klassenspezifische, lebenslange, militärische, partielle, politische, primäre, retroaktive, schichtspezifische, sekundäre Sozialisation.

1.1 Sozialisation

„**Sozialisation**, Sozialisierung, selten auch deutsch: Vergesellschaftung, (..) Bezeichnung für den Prozess, durch den ein Individuum in eine soziale Gruppe eingegliedert wird, indem es die in dieser Gruppe geltenden sozialen Normen, insbesondere die an das Individuum als Inhaber bestimmter Positionen gerichteten Rollenerwartungen, die zur Erfüllung dieser Normen und Erwar-

---

1 Ausführlicher und mit weiterführenden Literaturhinweisen wird das Thema behandelt in Weymann (2004).

tungen erforderlichen Fähigkeiten und Fertigkeiten sowie die zur Kultur der Gruppe gehörenden Werte, Überzeugungen usw. erlernt und in sich aufnimmt. Wenn dieser Aneignungsprozess so weit geht, dass das Individuum die betreffenden Verhaltensstandards, Werte, Überzeugungen, Einstellungen usw. als seine ‚eigenen' bzw. als ‚Selbstverständlichkeiten' empfindet, spricht man von einer Internalisierung derselben. Der Sozialisationsprozess setzt unmittelbar nach der Geburt ein und führt durch die Internalisierung und Integration der von den wichtigsten Interaktionspartnern des Individuums während der Kindheits- und Jugendphase (→ Sozialisationsinstanzen) vermittelten Werte, Einstellungen, Rollenerwartungen usw. zum Aufbau des sozialen Selbst bzw. der sozialkulturellen Persönlichkeit." (Lexikon zur Soziologie 2007, S. 605f.)

Welche Elemente enthält diese Definition?

- Sozialisation beginnt unmittelbar nach der Geburt.
- Sie wird durch die Interaktionspartner von Kindern und Jugendlichen betrieben.
- Die Erziehenden vertreten Gesellschaft und Kultur dem Kind gegenüber.
- Sozialisation führt zur Vermittlung von Werten, Normen, Einstellungen, Fähigkeiten und Fertigkeiten.
- Diese machen, wenn die Vermittlung erfolgreich internalisiert, also verinnerlicht ist, die Übernahme von Erwachsenenpositionen möglich, weil die dann dort zu spielenden Rollen beherrscht werden.
- Voll sozialisiert ist das Kind, wenn es ein angemessen funktionierender Rollenspieler geworden ist, eine sozialkulturelle Persönlichkeit mit einem stabilen sozialen Selbst, mit anderen Worten: ein idealtypischer Erwachsener.
- Im Ergebnis werden also durch Sozialisation Kinder und Jugendliche in Familie, soziale Gruppen, Gemeinschaften, Institutionen und Organisationen, Kultur und Gesellschaft integriert.

Obwohl das Schlagwort Erwachsenensozialisation nicht im Lexikon zur Soziologie enthalten ist, setzt sich der Text zum Schlagwort Sozialisation doch über den oben zitierten Abschnitt hinaus fort und definiert dabei, ohne den Begriff ausdrücklich zu benutzen, auch den Begriff der Erwachsenensozialisation:

> „Obwohl einige Autoren die Verwendung des Sozialisationsbegriffes auf diesen Aufbau der sozialkulturellen Persönlichkeit und somit auf die bewusst und unbewusst ablaufenden Erziehungsprozesse bis zum Abschluss der Jugendphase beschränkt wissen wollen, kann grundsätzlich jedes Erlernen einer neuen sozialen Rolle bzw. jede Eingliederung in eine neue Gruppe als Sozialisation bezeichnet werden. Insofern ist die Sozialisation ein Prozess, der das gesamte Leben hindurch andauert. Von besonderer Bedeutung ist in diesem Zusammenhang die berufliche Sozialisation, die bei einem Großteil der Bevölkerung in industriell entwickelten Gesellschaften erst nach Abschluss der Jugendphase einsetzt." (Lexikon zur Soziologie 2007, S. 606)

Dieser zweite Teil der Definition bezieht sich explizit auf die Sozialisation von Erwachsenen. Die ergänzenden Elemente sind:

- Sozialisation bezeichnet nicht nur Erziehungsprozesse, sondern den lebenslangen Lernprozess des Menschen.
- Sozialisation ist mit jedem Erlernen einer neuen Rolle, mit jeder Eingliederung in eine neue Gruppe verbunden, also beispielsweise mit dem Übertritt von der Hochschule in einen Betrieb nach dem Abschluss des Studiums, mit jedem späteren Betriebswechsel, mit Ehe und Familie, mit der Mitgliedschaft in einem neuen Verein, einem Verband, einer Partei oder Gewerkschaft. Erwachsenensozialisation ist ein zwangsläufiges, unvermeidbares Element von Institutionszugehörigkeit, das insbesondere bei Institutionswechsel intensiv erfahren wird.
- Sozialisation ist lebenslanges Rollenlernen unter sich stets wandelnden gesellschaftlichen und kulturellen Bedingungen, eine Daueraufgabe in jedem Lebenslauf. Dies wird besonders dann sichtbar, wenn der individuelle Lebenslauf in eine historische Phase intensiven und schnellen sozialen Wandels eingebettet ist

oder wenn der Lebenslauf als Folge von Migration durch unterschiedliche Gesellschaften und Kulturen führt.

Die Elemente dieses zweiten Teils der Definition von Sozialisation machen klar, weshalb hier der Sozialisationsbegriff durchgehalten wird, also nicht stattdessen beispielsweise von Erwachsenenbildung, Umschulung oder lebenslangem Lernen gesprochen wird. Denn das Erlernen der neuen Rolle findet keineswegs zwingend, ja eher selten in Institutionen des Erwachsenenbildungssystems statt, also in der Universität, in der Volkshochschule, oder in einem Goetheinstitut. Es gibt in aller Regel keinen systematischen Erziehungs- oder Bildungsprozess. Vielmehr geschieht das Erlernen der neuen Rollen im Alltag, nebenher, unorganisiert, unsystematisch. Die berufliche Sozialisation beispielsweise bezeichnet die andauernde Vergesellschaftung des arbeitenden Erwachsenen durch seine berufliche Tätigkeit, durch seinen Betrieb als Organisation mit festen Abläufen zu festen Zeiten am festen Ort, durch seine Kollegen, Kolleginnen und Vorgesetzten, ohne dass eine organisierte Bildung und Erziehung durch Berufsbildung, Fortbildung, Umschulung oder Bildungsurlaub gegeben sein muss. Auch das Lernen neuer sozialer Rollen durch das Eintreten in neue Kleingruppen wie Sportvereine, Bürgerinitiativen oder den Elternbeirat einer Schule sind Sozialisation der Erwachsenen, sind Beispiele lebenslanger Vergesellschaftung, die nicht durch das Bildungs- und Erziehungssystem organisiert sind.

Bei genauerem Hinsehen enthält das Lexikon zur Soziologie also zwar nicht das gesuchte Stichwort Erwachsenensozialisation, wohl aber dehnt es den Begriff der Sozialisation explizit auf den Bereich der Sozialisation von Erwachsenen aus. Es definiert die Sozialisation von Erwachsenen als lebenslanges Lernen von Rollen zur angemessenen Ausfüllung neuer Positionen in neuen, kleinen oder großen Gruppen, Organisationen. Erwachsenensozialisation ist damit als sozialer Prozess erfasst – wenn auch nicht durch ein besonderes Schlagwort.

1.2 Lebenslange Sozialisation

Ganz besonders nahe kommt dem Begriff der Erwachsenensozialisation das ebenfalls im Lexikon zur Soziologie enthaltene Schlagwort *lebenslange Sozialisation*:

„**Sozialisation, lebenslange.** Diese Bezeichnung betont, dass Sozialisation nicht – wie nach älterem Verständnis – in Kindheit und Jugend mehr oder weniger abgeschlossen wird, sondern dass sie im Gegenteil während der ganzen Lebensspanne vor sich geht. Erlernen neuer Rollenanforderungen, Verlernen alter und Lösung aus den alten Rollen, Bewältigung von Statusübergängen und damit verbundene Identitätswandlungen und auch -krisen usw. werden jetzt als Kennzeichen des gesamten Lebenslaufs angesehen und erforscht." (Lexikon zur Soziologie 2007, S. 606)

In diesem Schlagwort ist der Begriff Erwachsenensozialisation durch den Begriff lebenslange Sozialisation ersetzt worden. Seine Elemente sind:

- Aufhebung der Begrenzung des Sozialisationsbegriffs auf Kindheit und Jugend und Ausdehnung des Sozialisationsbegriffs auf das gesamte Leben.
- Ergänzung des Lernprozesses durch Verlernprozesse, durch die Kunst zu Vergessen und früher Erlerntes auszutauschen. Ein einfaches Beispiel für diese Kunst ist, dass man die kindlichen Angewohnheiten aus dem Umgang in der Familie ablegen muss, wenn man in Schule, Universität und Betrieb eintritt.
- Befassung mit dem dauerhaften Problem des Wechsels von Positionen im Leben und mit dem Problem des Wechsels von Rollen und Status, die mit diesen Positionen verbunden sind, was besonders unter Bedingungen schnellen sozialen Wandels erfahren wird.
- Schließlich der Aspekt der fortlaufenden Bewältigung auch der inneren Wandlungsprozesse, der Wandlung der sozialkulturellen Persönlichkeit, also des Selbst, der Identität. Hier liegt eine unerschöpfliche Quelle für die individuelle Nachfrage nach Selbster-

fahrungsgruppen, nach Psychotherapie, nach Esoterik, Ideologie, Religion und nach anderen Formen der Stiftung neuen Sinns.

• Da Sozialisation eine historische Ausprägung hat, trifft sie aufeinander folgende Geburtskohorten je nach deren Lagerung im historischen Geschehen in unterschiedlicher Weise. Diese kollektive Lebenserfahrung ist dann zugleich eine Quelle möglicher Entwicklung von Generationsbewusstsein, das wiederum Generationsbeziehungen auf der Basis der erlebten Generationsverhältnisse formt.

An der Definition dieses Stichwortes ist interessant, dass ein weiterer Aspekt von Erwachsenensozialisation eingeführt wird. Erwachsenensozialisation ist als wissenschaftlicher Begriff nicht auf die Problematik der Integration von Erwachsenen in Gesellschaft beschränkt, sondern umfasst zugleich die innere Verarbeitung des gesellschaftlichen Prozesses durch das betroffene Individuum. Diese innere Seite würde man üblicherweise als *soziale und personale Identität* bezeichnen, an deren Herausbildung und ständiger Weitergestaltung Erwachsenensozialisation beteiligt ist. Damit haben wir neben der gesellschaftlichen auch die personenbezogene Seite des Sozialisationsprozesses von Erwachsenen bezeichnet und beide Prozesse als zwei Seiten einer Münze dargestellt.

1.3   Retroaktive Sozialisation

Wir wollen ein letztes Schlagwort aus dem Lexikon zur Soziologie hinzunehmen, das ebenfalls einen wichtigen Aspekt der Erwachsenensozialisation beleuchtet, ohne den Begriff selbst zu erwähnen. Es ist die *retroaktive Sozialisation*:

> „**Sozialisation, retroaktive**, rückwirkende Sozialisation, also jene persönlichkeitsverändernden usw. Einflüsse, die vom Sozialisanden (z.B. dem Kind) auf die Sozialisatoren (z.B. die Eltern) ausgehen. Die Jugendsoziologie hat z.B. verschiedentlich festgestellt, dass sich Eltern an die politischen Meinungen, die modischen Präferenzen, die technischen Interessen oder den Umgangsstil ihrer heranwachsenden Kinder annähern. Als Bedingung für die Zunahme solcher retroaktiven Sozialisation gilt

meist, dass Kinder und Jugendliche – wegen des beschleunigten sozialen und kulturellen Wandels – in manchen Bereichen (Mode, technische Hobbys, politische Bewegungen, Musik und Tanz z.b.) schneller und intensiver kompetent werden als Erwachsene, weil sie das Neue nicht auf dem Hintergrund lebensgeschichtlich früherer Erfahrungen, Präferenzen und Fähigkeiten aufnehmen. Aber auch unabhängig davon ist der Begriff der retroaktiven Sozialisation anregend, weil er Sozialisation nicht als einseitigen Vorgang auffasst." (Lexikon zur Soziologie 2007, S. 607)

Interessant ist an den Ergänzungen dieser Definition,

- dass sich die aktive und passive Rolle der Sozialisation umkehren kann, dass also auch Erwachsene zum Objekt von Sozialisation werden, Erwachsene nicht nur selbst erziehen und bilden, sondern auch durch ihre Kinder beeinflusst werden,
- und dass hier auf die Folgen des sozialen Wandels für Erwachsenensozialisation hingewiesen wird. In sich schnell wandelnden Gesellschaften wird nicht nur die angesammelte Weisheit der Erwachsenen an die Kinder weitergegeben, sondern die Kinder wachsen in den neuen Verhältnissen unbefangener auf und eignen sie sich schneller an als die Erwachsenen. Dies versetzt sie in die Lage, bestimmte Dinge ihrerseits zuerst zu beherrschen, die sie dann an Erwachsene vermitteln können. Ein in allen Familien vertrautes Beispiel ist die Technikkompetenz von Kindern und Jugendlichen im Umgang mit Videorekordern, DVD und MD, PC und Internet, die derjenigen der Erwachsenen in der Regel überlegen ist, so dass hier die Erwachsenen die zu Sozialisierenden sind.

2 Alltagswelt und Institutionen der Erwachsenensozialisation

Erwachsenensozialisation ist alltägliche Lebenswelt in dem Sinne, dass sie konkrete und lebendige Lebenserfahrung von Handelnden ist, die in Erwachsenensozialisationsprozesse und -institutionen einbezogen sind und die diese Erfahrungen als sinnhafte subjektive Welt wahrnehmen. Die Wahrnehmung muss so strukturiert sein, dass sie in der gegebenen Gesellschaft Orientierung gibt. Dazu schöpft der Handelnde einmal aus der Umwelt, aus den historischen Erfahrungen seiner Zeitgenossen, und zum anderen aus den eigenen biographischen Erfahrungen sowie aus den Erfahrungen der unmittelbaren Mitwelt kontinuierlicher Sozialbeziehungen. Die Alltagswelt wird zur eigenen Welt gemacht, zur unbefragten, selbstverständlichen Lebenswelt. Das geschieht durch Sinnkonstruktion, durch den sinnhaften Aufbau der Welt, in der wir leben. Und hier stellt sich auch die entsprechende Aufgabe der Soziologie: „Die Wissenschaften, die menschliches Handeln und Denken deuten und erklären wollen, müssen mit einer Beschreibung der Grundstrukturen der vorwissenschaftlichen, für den – in der natürlichen Einstellung verharrenden – Menschen selbstverständlichen Wirklichkeit beginnen. Diese Wirklichkeit ist die alltägliche Lebenswelt. (…) Nur in der alltäglichen Lebenswelt kann sich eine gemeinsame kommunikative Umwelt konstituieren." (Schütz u. Luckmann 1979, S. 25)

Zu den Strukturen der Lebenswelt des Alltags gehört, dass Lebenswelt unbefragt ist, fraglos gegebene, natürliche Weltanschauung. Lebenswelt gilt als strukturiert: soziales Handeln ist planbar und mit Erfolg durchführbar; es ist auch wiederholbar. Die Struktur der Lebenswelt hat räumliche und zeitliche Aspekte der Erreichbarkeit oder Unerreichbarkeit. So unterscheiden wir Nähe und Vertrautheit der eigenen Mitwelt vom Wissen um fernere oder unerreichbare Umwelten. Wir unterscheiden unsere Zeitgenossen, die in derselben Lebenswelt des Alltags leben, von Vorfahren und Nachfahren, die in anderen Lebenswelten lebten, an deren Konstruktion wir nicht beteiligt sind. Dabei ist unser Wissensvorrat je nach sozialer Position in der Sozialstruktur der Gesellschaft höchst unterschiedlich verteilt. Auch die Relevanz, die wir dem Alltag zumessen, stellt sich in der subjektiven Lebenswelt unterschiedlich dar. Jedoch hat die Lebenswelt des Alltags immer eine idealtypische Sinnstruktur, die aus der Verbindung von Leben und Denken durch Zuwendung hervorgeht (Schütz 1932, S. 72f.).

Der Phänomenologe „geht nämlich von der ontologischen Voraussetzung einer objektiven Welt nicht einfach aus, sondern macht diese zum Problem, indem er nach den Bedingungen fragt, unter denen sich die Einheit einer objektiven Welt für die Angehörigen einer Kommunikationsgemeinschaft konstituiert. Objektivität gewinnt die Welt erst dadurch, dass sie für eine Gemeinschaft sprach- und handlungsfähiger Subjekte als ein und dieselbe Welt gilt." (Habermas 1981, S. 31)

2.1 Beobachtungen eines fiktiven Tagesverlaufs

Versetzen wir uns in den Berufsalltag der Hochschuldozentin Meier, die zum Frühstück das Radio anstellt und den Tag musikalisch mit Pink Floyd „*We don´t need no education*" beginnt. Es folgen die Nachrichten: Die Bundesanstalt für Arbeit gibt die monatliche Arbeitslosenzahl bekannt und weist zugleich auf Haushaltsdefizite hin, die die Programme zur *beruflichen Wiedereingliederung durch Fortbildung/Umschulung* beeinträchtigen. An die allgemeinen Nachrichten schließen sich die Lokalnachrichten an: die Volkshochschule teilt mit, dass sie weitere *Kurse zur Ausländerintegration* anbiete. In der Morgenzeitung finden sich Kommentare des Herausgebers und Stellungnahmen von Politikern anlässlich eines Festaktes zugunsten von *Behinderten* und damit zusammenhängend Erklärungen über Möglichkeiten und Schwierigkeiten der *Gleichstellung* durch *soziale, psychische, berufliche Maßnahmen.* Auf der Rückseite wirbt ein *kommerzielles Weiterbildungsinstitut* mit Kursen zum Erwerb der *mittleren Reife, der Fachhochschulreife oder des Abiturs.* Auf dem Weg zur Universität blättern Mitfahrer im Bus in einer bekannten Boulevard-Zeitung, deren Schlagzeile heute der *Urteilsverkündung* in einem spektakulären Mordfall gilt: Strafmaß, Zurechnungsfähigkeit des Täters, Spekulation über Qualität und Rolle der *psychiatrischen Gutachter sowie Sinn und Unsinn resozialisierenden Strafvollzugs* erhitzen die Gemüter. Meier selbst blättert währenddessen in einem an der Bushaltestelle eingekauften Nachrichtenmagazin, das den Kommentar eines Mediziners zur Überspezialisierung seines Berufsstandes enthält mit der ironischem Anmerkung, er werde wohl bald noch einen *Spezialisten für Sterbeberatung* hervorbringen.

In der Universität hängen an den Wänden Einladungen von Frauengruppen, die durch *Selbsterfahrung* eine *neue weibliche Identität* erhoffen. Das Thema der eigenen Vorlesung erlaubt Meier einige geistvolle Anmerkungen zur Diskussion um das Familienrecht mit seinen mehr oder weniger subtilen *Eingriffsmöglichkeiten in die Familie* durch verschiedene *Instanzen sozialer Kontrolle.* In der Sprechstunde erscheint ein Student zur *Studienberatung,* dessen Lernprobleme weniger mit fachlichen als mit *psychologischen* Schwierigkeiten zu tun haben und dem deshalb empfohlen wird, die *psychotherapeutische Beratungsstelle* aufzusuchen. Unter der Post auf dem Schreibtisch befindet sich auch die Fachschaftszeitung. Dort wird in einer Artikelfolge zum Umdenken in Ernährungsfragen aufgefordert (*neues Ernährungsbewusstsein*), und zur Gründung einer *Männergruppe* aufgerufen, da die *Selbstfindung des Mannes* nicht der Frauenbewegung überlassen werden dürfe.

Am Mensaeingang die gewohnte Ansammlung von Büchertischen, auf denen nicht mehr wie in vergangenen Jahrzehnten die bekannten sozialistischen *Arbeiter- und Arbeiterführerbiographien* ausliegen, wohl aber *biographische Literatur* aus dem bürgerlichen Leben und aus so unterschiedlichen sozialen Bewegungen wie *Frauenbewegung, Homosexuellenszene* und *Attac.* Auf dem Mensatisch unter den verschiedenen Flugblättern und Aufrufen Prospekte des *studentischen Reisebüros*: sie verheißen *multikulturelle Horizonterweiterung in fernen Ländern.* Wenn erwünscht und benötigt, steht bei manchen Angeboten ein *Freizeitberater* (*Animateur*) zur Verfügung.

Der Nachmittag beginnt mit einer Sitzung des Ausschusses für Lehre, der Schwierigkeiten hat, die Jahresplanung des *Lehrangebots* – wie in Studien- und Prüfungsordnung vorgeschrieben – zu organisieren. Es fehlen noch Angebote für die *Studieneingangsphase* (*Kennen lernen, Ortsbegehung, Kommunikation und Problemaustausch*). Meier wird diese Aufgabe übernehmen, da das ältere Professorium dies erwartet.

Die Rückfahrt in die Wohnung führt am *Jugendzentrum* vorbei, dem eine Sozialpädagogenplanstelle gestrichen werden soll. In Plakaten weisen betroffene Jugendliche darauf hin, dass sie nicht auf die *profes-*

sionelle Freizeitbetreuung verzichten können. Zu Hause befindet sich unter der Privatpost ein Flugblatt, das zu einem *Straßenfest* einlädt und vom *Gemeinschaftsbewusstsein* der Bürger im Stadtteil spricht. Ein Rundschreiben aus der Schule des spätpubertären Sohnes lädt zum *Elternabend* ein: Drogenmissbrauch unter Schülern ist das Thema. Ein Fachmann ist eingeladen. Sein Thema: „*Generationenkonflikte*". Der Nachbar, der zu einem Glas Bier vorbeikommt, berichtet, dass das Haus gegenüber frei wird. Die *Ehescheidung* läuft bereits. Der Kampf geht im Wesentlichen um das *Sorgerecht- und Aufenthaltsbestimmungsrecht*. Das Urteil wird noch etwas auf sich warten lassen, da die psychologischen Gutachten noch nicht vorliegen.

Das Abendmagazin des Fernsehens befasst sich mit der Gesundheit der Bevölkerung, die Anlass zur Sorge gibt. Der eingeladene Experte empfiehlt den Ausbau von public health, die Einführung *obligatorischer Gesundheitserziehung* durch Schule und Massenmedien. Die Sendung schließt mit dem Problem: *wer erzieht die Erzieher*. Als Bettlektüre nimmt Meier ein humoriges Büchlein für Menschen im mittleren Lebensalter zur Hand mit dem viel versprechenden Titel: „Was machen wir jetzt?" (Dörrie 2000). Es geht neben Ehekrisen und Eltern-Kinder-Konflikten um die heilsame Rolle *buddhistischer Lebensphilosophie* für den sinnsuchenden europäischen Mittelschichtler. Lange kann sie aber nicht lesen, denn am nächsten Morgen wird sie auf einem *Bildungsurlaubsseminar* über Zweck und Notwendigkeit *lebenslangen Lernens und beruflicher Flexibilität* sprechen.

Bis dahin bleiben ihr noch ein paar verträumte Stunden, deren Träume sie aber nicht mehr unbefangen genießen kann, seitdem sie – Folge eigener *Fortbildung* – ein Buch über Traumarbeit auf die psychoanalytisch relevanten Hintergründe des Geträumten aufmerksam gemacht hat. Einzelne Albträume bedürfen keiner besonderen Deutung. Sie erklären sich dadurch, dass Meier auf einer *zeitlich befristeten Stelle* beschäftigt ist und ihre beruflichen Zukunftsaussichten unklar sind. Da sie schon lange in Y lebt und hier Familie und Freunde hat, weiß sie nicht, ob sie einen möglichen *beruflichen Aufstieg*, der zwangsläufig mit einem *Ortswechsel* verbunden sein wird, mehr fürchten oder herbeihoffen soll. Es wird – in jedem Fall – in absehbarer Zeit ein *einschneidender Abschnitt berufliche Sozialisation* zu bewältigen sein.

Der erfundene Tag brachte die Hochschuldozentin Meier mit folgenden Institutionen und Prozessen der Erwachsenensozialisation in Berührung – als unhinterfragte und wiederholbare Lebenswelt des Alltags:

- Massenmedien
- Arbeitsförderungsgesetz
- Migration- und Integration
- Rehabilitation
- Weiterbildung und Erwachsenenbildung
- Psychiatrie und Psychotherapie
- Strafvollzug und Resozialisation
- Sozial-medizinische Betreuung
- Sozialisation durch soziale Bewegungen
- Familien- und Scheidungsrecht
- Hochschulsozialisation: Lehre, Studienberatung, Berufsberatung
- psychotherapeutische Beratung
- Gesundheitsaufklärung und public health
- Biographien
- Sozialisationseffekte von Reisen und Animateuren
- Gemeindearbeit
- Jugendarbeit
- Freizeitbetreuung
- Rückwirkungen der Schule auf Eltern
- Sozialisationswirkungen von Nachbarschaft und Ortsgemeinde
- Generationskonflikte
- Drogen und Kontrolle
- Familienzyklen und Lebenszyklen
- Aussteigerkultur und alternatives Leben
- Bildungsurlaub
- Berufliche Sozialisation durch Arbeit und Arbeitsbedingungen
- Sozialisationsfolgen von Ortswechseln.

Als Hochschuldozentin ist Meier selbst ein Sozialisationsagent in einer Sozialisationsinstitution und insofern mit Erwachsenensozialisation öfter konfrontiert als andere Bürger. Doch auch in anderen Berufssparten und im privaten Alltag sind viele dieser Sozialisationsereignisse des fiktiven Tagesablaufs allgegenwärtig.

2.2 Intervention bei sozialen Problemen

Am augenfälligsten sind jene Sozialisationsprozesse, denen Gruppen von Erwachsenen in *systematischer und organisierter* Form als *Klientel professioneller Agenten in speziellen Sozialisationsinstitutionen* unterworfen werden. Die sozialisierende Intervention in den Lebenslauf des Erwachsenen hinein erfolgt in der Regel aufgrund gesetzlicher Bestimmungen, die die Kontrolle und Kompensation eines *sozialen Problems* regeln. Die Sozialisation ist dabei oft nur eines von verschiedenen Instrumenten zur Bewältigung des sozialen Problems, das in Kombination mit rechtlichen Maßnahmen oder materiellen Hilfestellungen gelöst werden soll. In diesen Beispielen von Erwachsenensozialisation haben Klientel, Agenten, Institutionen, Ziele, Inhalte und Formen relativ feste und allgemein bekannte Konturen. Dazu einige Beispiele:

Arbeitslosigkeit: Interventionen, die aufgrund gesetzlicher Bestimmungen durchgeführt werden, sind beispielsweise Umschulung, Fortbildung, sozialpädagogische Motivationskurse, Berufsgrundbildungsjahr, nachträglicher Erwerb von Schulabschlüssen, JUMP etc. Arbeitslosigkeit wird einschließlich ihrer Folgeerscheinungen als soziales Problem begriffen. Als Ursache wird ein Qualifikationsdefizit und nicht selten auch ein Sozialisationsdefizit unterstellt. Als Ziel wird die Wiedereingliederung in das Erwerbsleben angestrebt. Je größer der Anteil persönlichkeitsformender, insbesondere sozialpädagogischer, pädagogischer, psychologischer und beratender Zielsetzungen und Maßnahmen in diesen Kursen, desto offenkundiger wird, dass hier in einem sehr umfassenden Sinne nicht nur qualifiziert, sondern sozialisiert wird.

Kriminalität: Schon der Fachterminus Resozialisierung für den Erziehungsstrafvollzug, besonders für den Jugendstrafvollzug, macht auf den Vorrang von Erwachsenensozialisation aufmerksam, der hier planvoll unternommen wird. Im Einzelnen gehören dazu psychologische Begutachtung und Beratung, sozialpädagogische und seelsorgerische Betreuung, soziales Lernen, aber auch berufliche Qualifizierung und Allgemeinbildung.

Krankheit und Behinderung: Auch hier macht der Begriff Rehabilitation auf die Wiedereingliederungsabsicht aufmerksam, die von einer vollzogenen, zumindest teilweisen oder zeitlich begrenzten Ausgliederung aus der Gesellschaft als gegebenem Sachverhalt ausgeht. Erwachsenensozialisation findet in Form medizinischer Behandlung und Information, beruflicher Umschulung, psychologischer und sozialpädagogischer Beratung und Betreuung statt.

Psychische Erkrankungen: Psychiatrische und psychotherapeutische Maßnahmen haben zum Teil betont sozialisierenden bzw. die Sozialisation korrigierenden Charakter, zum Teil allerdings auch (insbesondere bei Zwangsmaßnahmen) verwahrende und entsozialisierende Funktionen.

Migration: Aufgrund sozialer Probleme und des öffentlichen Drucks, diesen Problemen zu begegnen, entstehen Maßnahmen zur kulturellen, sozialen und beruflichen Integration wie Sprachkurse, Stadtteilarbeit, Ausländerbetreuung, Berufsbildung. Erwachsenensozialisation ist hier im unmittelbarsten Sinne das Hineinsozialisieren in eine andere Kultur und Gesellschaft.

Jugendprobleme: Alkoholismus, Randaliererei, Vandalismus, Kriminalität gelten als Auffälligkeiten nicht ausreichend sozialisierter Jugendlicher, deren Sozialisationsdefizit nicht nur mit gerichtlichen und polizeilichen Auflagen, sondern auch mit umfangreichen Formen von Jugend- und Sozialarbeit begegnet werden soll. Der jugendliche Problemfall erscheint als der noch nicht ausreichend sozialisierte Erwachsene, dessen Sozialisationsdefizit lebensgeschichtlich letztmalig ausgeglichen werden kann.

Verkehrsdelinquenz: Die gesetzlichen Bestimmungen der Straßenverkehrsordnung haben bei einer derart hohen Zahl von Bürgern zu so umfangreichen Punkteintragungen in der Flensburger Zentralkartei geführt, dass hier regelmäßig politischer Revisionsdruck entsteht. Das Problem wird nicht primär in der eigentlichen Schadensbilanz gesehen mit hohen Sachschäden und vielen Toten und Verletzten als Folge der Verkehrsdelinquenz. Das Problem ist vielmehr der politische Druck, den Millionen Täter als Wähler und über diverse Lobbys von Verkehrsclubs bis Anwaltsvereinigungen ausüben. Als Ursache der Verkehrsdelinquenz scheint mangelhafte Verkehrserziehung ausgemacht worden zu sein, denn eine (freiwillige) Teilnahme an zusätzlicher Verkehrserziehung macht es möglich, zur Abwendung des Führerscheinentzuges Punkte in der Zentralkartei abzulernen und abzusozialisieren.

Gesundheit: Gesundheit ist nicht nur ein medizinisches, hygienisches, naturwissenschaftliches Problem, sondern auch ein soziales Problem und ein Objekt gezielter Erwachsenensozialisation. Sie gehört zu den säkularen Religionen der Gegenwartsgesellschaft. Der aus dem Angelsächsischen kommende Begriff „Public Health", also die öffentliche Gesundheit, ist dafür ein gutes Beispiel. Beratungs-, Vorsorge-, Aufklärungskampagnen zu Diabetes, Krebs, AIDS, Grippe usw. entstehen. Sie treten als direkte Sozialisationsleistung neben bereits bestehende, unter denen die Entmündigung durch Hospitalisierung die dramatischste ist.

Diese Beispiele machen Erwachsenensozialisation jeweils an einem sozialen Problem fest. Über die Betroffenheit durch ein soziales Problem lässt sich die Gruppe der Sozialisanden und Sozialisierer relativ klar abgrenzen. Oft ist die Definition des Problems eine Angelegenheit staatlicher oder staatlich anerkannter Institutionen, und die Intervention durch Sozialisation ist rechtlich, organisatorisch und professionell geregelt.

Die Zahl sozialer Probleme und die Zahl jener Bundesbürger, die als problembehaftet definiert werden, ist groß und wächst. Eine natürliche Obergrenze gibt es nicht. Mit dem Wachstum korrespondiert die Neigung, Erwachsenensozialisation durch gesetzlich legitimierte Institutionen gezielt als Problemlösungsmittel einzusetzen. Die Zahl der Beispiele erwachsenensozialisatorisch definierter sozialer Probleme lässt sich deshalb fast beliebig weiter erhöhen. Jedoch kommt es an dieser Stelle nicht darauf an, Prozesse der Sozialisation von Erwachsenen vollständig zu sammeln und zu beschreiben wie ein Botaniker im Reich des Sozialen, sondern einige der wichtigsten zu benennen und den Typus der Erwachsenensozialisation zu kennzeichnen als selbstverständliche Wirklichkeit des Alltags und lebensweltlicher, sinnhafter Erfahrungshorizont.

2.3 Soziale Bewegungen

Oft in gezielter Absetzung von rechtlich fixierten Problemdefinitionen und staatlichen Interventionsstrategien sind Erwachsenensozialisationsprozesse in sozialen Bewegungen zu begreifen. Soziale Bewegungen haben oft keine scharf umrissenen Zugehörigkeitskriterien; sie definieren selbst, was sie für das Problem halten; sie legen auch ihre Zuständigkeit selbst fest; sie wollen nicht Objekt, sondern Subjekt der Problemlösung sein. Erwachsenensozialisation ist selten das eigentliche Ziel der Bewegung, immer aber eine *Begleiterscheinung der Gruppenbildung, Gruppenaktivitäten und Bewusstseinsbildung.*

Das Leben spielt sich in zahllosen Gruppen ab, formellen und informellen. Der Erwerb der Mitgliedschaft, das Einnehmen spezifischer Positionen in der Organisation, das angemessene Rollenspiel, die Verinnerlichung der Gruppennormen und -werte sind überall ablaufende Sozialisationsereignisse im Leben von Erwachsenen. Die Wirkungen dieser Vergesellschaftungen im Kleinen schlagen auf die Persönlichkeitsentwicklung wie auf die Gesellschaft insgesamt durch, wobei im Einzelnen große Unterschiede in Inhalt, Ziel und Form bestehen. Mitgliedschaft und Karriere in einer Sekte, in einer Umweltschutz- oder Anti-AKW-Bewegung, bei Attac oder bei den zahlreichen Gleichstellungsbewegungen haben neben allen Unterschieden ein wesentliches Charakteristikum gemeinsam, nämlich intensive Erwachsenensozialisation zu sein.

Arbeiterbewegung/Gewerkschaftsbewegung: Neben die Erfahrung gleicher existenzieller Lebenslagen und die Erfahrung von Problemlösungsmöglichkeiten bei solidarischem Verhalten traten mit zunehmender Institutionalisierung auch gezielte Schulungen und Agitationen in sozialisierender Form insbesondere für Mitglieder und Funktionäre. Die lange Geschichte der Arbeiterbewegung und Gewerkschaftsbewegung hat überdies zu vielfältigen Traditionsbildungen geführt, die zahlreiche, sozialisationsrelevante Werte und Normen transportieren, denen sich Mitglieder nicht entziehen können und wollen.

Frauenbewegung: Auch hier treten neben die alltägliche, ähnliche Erfahrung der Lebenslage zahlreiche Formen von Selbstorganisation und Selbsthilfe, Institutionalisierungen also, die außer rechtlichen und politischen Aktionen auch Bildungsmaßnahmen, Beratung und Betreuung einschließen, wobei die autonome Beherrschung dieser Entwicklung stets gefährdet ist durch Übergang in staatliche Instanzen als Folge des Strebens nach Verrechtlichung der Ansprüche, Professionalisierung, Arbeitsplatzbeschaffung durch staatliche Unterstützung.

Grüne und Alternative: Erwachsenensozialisation findet zunächst durch die Arbeit in der Gruppe und in der Öffentlichkeit statt, jedoch nimmt sie auch hier durch die Kooperation mit wissenschaftlichen Einrichtungen, durch das Eintreten in politische Institutionen bis hin zur Abgeordneten- und Regierungstätigkeit, durch die Ausschöpfung von Rechtsmitteln und wirtschaftlicher Instrumente wie Subventionen und Sozialpolitik eine andere Form an, die in politische Professionalisierung und berufliche Sozialisation übergeht. Ihren finalen Zustand findet die Bewegung als Verein, Verband, Partei, Staatsapparat.

In den hier angesprochenen Feldern ist es Sache der sich als betroffen Definierenden, ihr Problem als allgemein anerkanntes Problem in die Öffentlichkeit zu bringen. Hier gibt es zumindest zu Beginn keine oder nur geringfügige staatliche Interventionen. Der Sozialisationsprozess ist ein Erlebnis- und Erfahrungsprozess, weit weniger ein gezielter Schulungs-, Betreuungs- oder Beratungsvorgang; ja er ist oft Resultat einer Gegenstrategie der Akteure gegen staatliche Interventionsmaßnahmen. Am Ende aber stehen häufig Bürokratisierung und Verstaatlichung.

Soziale Bewegungen sind ein Musterfall der Sichtbarkeit gesellschaftlicher Bedingtheit des subjektiven Wissensvorrats, seiner Entstehung und seiner Weitergabe durch Sozialisation und Erwachsenensozialisation. Es zeigen sich die Grenzen der Verständigung in der Lebenswelt im

Streit um konkurrierende Sinnhorizonte der richtigen Auslegung der Welt.[2]

2.4 Lebenslauf und Statuspassagen

Hier stehen nicht Kollektivaspekte sozialer Probleme oder sozialer Bewegungen im Mittelpunkt, sondern gesellschaftlich geordnete Passagen, längere Sequenzen und langfristige Trajekte im individuellen Lebenslauf. Zu denken ist beispielsweise an Geburt, Ehe, Elternschaft, Scheidung, Tod; an Passagen im Bildungssystem wie Einschulung, Schulwechsel, Schulabgang, Immatrikulation, Graduierung; an den Berufslebenslauf mit den Passagen Berufsausbildung, Berufsbeginn, Berufswechsel, Arbeitsplatzwechsel, Arbeitslosigkeit, Rente. Solche für jeden Menschen gewöhnliche Passagen, Sequenzen und Trajekte des Lebenslaufs wirken in verschiedener Weise einschneidend sozialisierend: durch das Eingehen bzw. Abbrechen von Sozialbeziehungen – oft in Verbindung mit Riten und Feierlichkeiten, durch Änderung der Rechtsverhältnisse und der wirtschaftlichen Verhältnisse, durch Normen und Wertewandel, die wiederum eingebettet sind in ein dichtes Netz von Erziehung, Bildung, Beratung, Betreuung und sozialer Kontrolle. Sequenzen und Trajekte des Lebenslaufs werden durch Passagen eingeleitet bzw. beendet, in denen gesellschaftliche Positionen eingenommen oder verlassen werden, in denen Vergesellschaftung und Individuierung von Erwachsenen zu einem neuen Status vorangetrieben werden. Typischerweise nimmt auch in diesen sozusagen naturwüchsigen Sozialisationsvorgängen des individuellen Lebenslaufs der Anteil systematisch organisierter Erwachsenensozialisation zu. Einige Beispiele mögen das verdeutlichen.

Geburt: neben die unmittelbaren persönlichen Erfahrungen treten familiäre und rechtliche Einwirkungen auf die Eltern; es werden medizinische und psychologische Beratungen angeboten; Kurse zur Vorbereitung auf Geburt, Kinderpflege und Elternschaft haben fast

---

2 Zu konkurrierenden Sinnstrukturen im Wandel der Geschichte Dux (1982). Zur Wirklichkeitskonstruktion sozialer Bewegungen vgl. Paris (1998) über den „Kurzen Atem der Provokation".

schon obligatorischen Charakter; der Freundes- und Bekanntenkreis ändert sich; eine Fülle von wissenschaftlicher, populärwissenschaftlicher, sensationsjournalistischer und romanhafter Literatur transportiert Deutungsmuster, denen sich die Eltern direkt oder über Verwandte, Freunde und Nachbarn vermittelt konfrontiert sehen. Es findet ein Zusammenwirken privater und öffentlicher, informeller und rechtlich formeller, selbstbestimmter und fremdbestimmter Sozialisationseinflüsse statt. Der Anteil der förmlich sozialisierenden Einflussnahmen durch Beratung, Betreuung, Weiterbildung, Vorbereitung, Recht, aber auch der Einfluss von wissenschaftlichen Deutungsmustern und Weltanschauungen, die die Massenmedien transportieren, ist groß.

Ehe und Familie: Es bedarf keiner Begründung, dass die Ehe und auch (gesetzlich anerkannte) Lebenspartnerschaften die sozialen Beziehungen der Partner und ihre Identität verändern, dass sie lebensgeschichtlich fundamental „vergesellschaftend" wirken. Auch in dieses Sozialisationsgeschehen greifen formale und gezielte Interventionen durch Ehevorbereitungskurse, Eheberatungsstellen, Familienberatungsstellen und ein immer differenzierteres Geflecht rechtlicher Bestimmungen ein. Besonders dramatische Formen nimmt dieser Zugriff im Scheidungsfall an und bei Problemfamilien, in denen Eltern und/oder Kinder einer Vielfalt sozialisierender Kontrollen unterzogen werden.

Studium: Im Vergleich zur Ehe und Familie ist das Studium ein kurzer und nur einen Teil der Erwachsenen betreffender Sozialisationsprozess. Das Studium auf eigenes Risiko – Einsamkeit und Freiheit, in Humboldts Worten – ist Vergangenheit. Obgleich auch diese traditionelle Form der deutschen Universität auf ihre Mitglieder ohne Zweifel sozialisierend gewirkt hat und eine ganz bestimmte Vergesellschaftung einleitete, war der persönliche Spielraum an Gestaltungsfreiheit groß. Heute hingegen wird das Studium durch eine immer weiter anschwellende Flut von Gesetzen und Verordnungen in feinsten Details reglementiert, in denen die Sozialisationsziele und Inhalte immer genauer definiert sind. Zur Absicherung sind Studienberatung und Berufsberatung auf verschiedenen Ebenen angesiedelt, werden Prüfungen und Tests gemacht, psychologische Beratungsstellen eingerichtet und Zentren für Hochschuldidaktik geschaffen. Der Student wird in das Studium hinein, durch es hindurch und aus ihm heraus betreut und geleitet, wobei die Sozialisierung auch als latente Funktion des eigentlichen wissenschaftlichen Lern- und Arbeitsprozesses auftreten kann.

Beruf: Das Berufsleben ist ein Lebensabschnitt von langer Dauer und großer Wirkungsintensität auf die Erwachsenensozialisation, die hier eine Einfügung in den Wirtschaftsprozess, seine Organisationen und Strukturen bedeutet. Elementare Erfahrungen von Sicherheit und Unsicherheit, Konflikt und Solidarität, Entfaltung und Fremdbestimmung, Selbständigkeit und Abhängigkeit werden gemacht. Sozialisierend wirken Tag für Tag Kollegen, Vorgesetzte, Untergebene, die Arbeitsbedingungen, die rechtlichen Bestimmungen, die Entlohnungsweise und die Herrschaftsverhältnisse, Erfolge und Misserfolge, Lob und Tadel. Alles prägt die Persönlichkeit und ihr Verhalten. Die Unentrinnbarkeit der mit dem Berufsleben verbundenen Sozialisationseffekte hält dem Vergleich zu Ehe und Familie stand – wobei auch hier eine Aussteigerkultur und Aussteigerökonomie existiert. Die Verrechtlichung des Arbeitslebens und der Berufssphäre ist weit fortgeschritten, organisiert sozialisierende Interventionen sind überall vorzufinden: in Kursen zur Berufsvorbereitung, in der Berufsausbildung, in Umschulung, Fortbildung und Weiterbildung, im Bildungsurlaub, in gewerkschaftlicher oder in der Führungskräfteschulung. Für die Eingangsphase und die Ausgangsphase stehen psychologische und sozialpädagogische Beratungen, Diagnosen, Betreuungen, Vorbereitungen, assessment center, Volontariate, Praktika usw. bereit.

Freizeit/Urlaub: Freizeit und Urlaub werden in der Fachliteratur gelegentlich auch mit dem Terminus Reproduktionssphäre bezeichnet. Dieses (oft marxistische) Kunstwort weist auf die Komplementarität von Freizeiträumen mit Arbeit und Beruf (der Produktion) hin. Nun sind Freizeit und Urlaub nicht schlicht auf Zulieferung für die Arbeit reduzierbar. Aber es gibt Verflechtungen, die sich unter anderem am Bildungsurlaub zeigen, in dem auf der Grundlage eines tariflichen Anspruchs Urlaub und Bildung im Zusammenhang mit Arbeit und Beruf gewährt wird. Sozialisationsleistungen im Freizeitbereich – ob

Gesundheit oder Sport oder Amüsement oder Erlebnis oder Kultur – werden durch eine expandierende Sparte professionalisierter Freizeitberufe dokumentiert, die von sozialpädagogischer Jugendfreizeitbetreuung über den Freizeitpädagogen im Dienst einer Kommune oder eines Betriebs bis zum Animateur und Bildungsreiseleiter am Urlaubsort reichen. Nicht nur die oft beschworene Kommerzialisierung bestimmt die Freizeit in erheblichem Umfang mit, sondern auch ihre sozialisierende Pädagogisierung.

Diese Beispiele umfassen Erwachsenensozialisation, die jedes Leben in seinem Verlauf berührt. Es geht um Passagen von Status zu Status bei Positionswechseln, die in der Regel von Passageriten begleitet sind. Es kommt zu einem Abschluss oder zu einer Verlängerung, zu Vertiefung oder Korrektur lebensgeschichtlich bereits laufender Sozialisation, zu einem Vorantreiben der Vergesellschaftung des Erwachsenen und zu einer Weiterentwicklung seiner personalen und sozialen Identität durch Individuation im lebensgeschichtlichen Zeithorizont.

Phänomenologisch interessant ist hier der Aspekt des Scheiterns eines Sinnhorizontes der Auslegung der Alltagswelt. So lange das Neue sich in die alte Erfahrungsauslegung einfügen lässt, wird die Lebenswelt bestätigt. Ist das Neue im Alltag hartnäckig inkongruent mit der bisherigen Auslegung, wird die lebensweltliche Auslegung problematisch. Der Sinnhorizont wird dann breiter und tiefer neu ausgelegt. Das wiederum kann zur Aktualisierung bislang ungenutzten Wissens führen und damit zu einer neuen Fraglosigkeit oder aber auch zu weiterer Problematisierung des bis dahin für fraglos gültig gehaltenen lebensweltlichen Sinnhorizonts.

2.5   Presse und Fernsehen

Massenmedien informieren, unterhalten, lenken die Aufmerksamkeit, oder lenken ab, vermitteln Werte, Normen und Meinungen, beeinflussen die Wahrnehmung und die Selbstwahrnehmung. Sie decken ein sehr breites Spektrum von Themen ab. Der Lebenslauf des Lesers wird begleitet, kommentiert, befördert, behindert. Man konsumiert freiwillig, aber die Wahl eines Stoffes und Mediums ist selbst das Ergebnis einer bestimmten Sozialisierung, und die Konsumierung wirkt wiederum stabilisierend oder destabilisierend auf die bereits erfolgte Sozialisation zurück. Die Massenmedien verdeutlichen, dass Erwachsenensozialisation nicht nur ein alltägliches, sondern auch ein öffentliches Thema ist.[3]

Jeder Blick auf einen beliebigen Zeitungskiosk lehrt, wie viele auf Probleme der Erwachsenensozialisation geradezu spezialisierte Druckerzeugnisse es gibt. Besonders auffallend ist die große Zahl von Frauenzeitschriften, die für verschiedene Altersgruppen und Einkommensschichten den Lebenslauf begleiten, Ratschläge geben, Rollenerwartungen formulieren, Rollen kritisieren, Rollenkonflikte thematisieren, kurz die Lebensauffassung, das Selbst- und Weltbild der Leserin beeinflussen: wie bleibe oder werde ich eine gute Geliebte, Ehefrau, Hausfrau, Mutter, wie wohnen und kleiden, wohin reisen, was essen und was glauben? Für den Kreis männlicher Kunden stehen die direkten Sozialisationsthemen im Hintergrund, jedoch ist stattdessen eine breite Palette an Themen vorhanden, die in gleicher Weise mit dazu beitragen, die kulturell normierten Rollen in unserer Gesellschaft auf allen Positionen einzuhalten und sich ihrem Wandel lebenslang anzupassen: zu nennen sind hier Zeitschriften für Beruf, Wirtschaft, Finanzen, Politik, aber auch für Auto, Technik, Hobby, Populärwissenschaft, Sport usw.

Die Tatsache, dass viele Druckerzeugnisse gezielt einen weiblichen oder männlichen Kundenkreis ansprechen, ist selbst bereits Ergebnis einer geschlechtsspezifischen Sozialisation, die das Verhalten der Erwachsenen ebenso bestimmt wie dasjenige des Kindes. Die angesprochenen Journale tragen zur Fortsetzung der geschlechtsspezifischen Erwachsenensozialisation nachhaltig bei. Im Übrigen spiegeln die thematischen Schwerpunkte solcher Publikationen vieles von dem wider, was in unserer Kultur einen hohen Rang hat und gesellschaftlich normiert ist: Arbeit, Beruf, Einkommen, Vermögen, Bauen, Wohnen, Partnerschaft, Kleidung, Essen, Urlaub, Gesundheit, Jugend und Alter, Autos, Hobbys, Freizeit, Liebe, Sexualität – und nicht zuletzt korrekte politische Gesinnung und sozial adäquate Weltanschauung. Über vie-

---

3 Zur Sozialisation und Erwachsenensozialisation durch Massenkommunikation vgl.
   Ronneberger (1971).

les, was man jeweils zu bestimmter Zeit an bestimmtem Ort in seinem jeweiligen sozialen Milieu für wesentlich hält zu besitzen, zu tun, zu erreichen, zu wissen, zu glauben und zu meinen geben diese Journale aktuelle Auskunft. Zugleich machen sie sich anheischig, durch Beratung und Information sowie Meinungsbildung das Erstrebte erreichen zu helfen.[4]

Nicht nur die verschiedenen illustrierten Journale und die vielfältigen wahren Lebensgeschichten im handlichen Heftformat befassen sich mit Themen der Erwachsenensozialisation und wirken zugleich an ihr mit, auch die seriöse politische Presse ist daran nicht unbeteiligt. *ZEIT*, *Spiegel* und *Focus* beispielsweise enthalten eine außerordentliche Fülle an kommentierenden Artikeln (monatlich etwa 30-50), in denen erwachsenensozialisatorische Themen ausführlich oder zumindest u.a. der Gegenstand sind. Aber nicht allein die Wochenzeitungen mit ihren – neben dem Nachrichtenanteil – vor allem milieubezogen kommentierenden und räsonierenden Artikeln behandeln das Thema, sondern auch überregionale Tageszeitungen wie *FAZ*, *Süddeutsche*, *Frankfurter Rundschau* oder Lokalzeitungen. Auch hier findet man in jeder Woche mühelos jeweils über ein Dutzend einschlägige Berichte, wenngleich die Tageszeitungen weit weniger Beiträge zum Thema Erwachsenensozialisation enthalten als die Wochenpresse, da in ihnen der Kommentar im Vergleich zur Nachricht einen geringeren Stellenwert hat.

Für die privatwirtschaftlich arbeitende Presse ist Erwachsenensozialisation schon deshalb ein lohnendes Thema, weil es hierfür einen breiten Absatzmarkt gibt. In vielen Ereignissen aus dem alltäglichen Leben findet sich der Leser selbst wieder; in anderen Themen sieht er ein Negativbild zur eigenen Rolle und zum eigenen Lebenslauf, von dem er sich wohltuend abheben kann: seien es nun Schicksalsschläge, erschreckende Krankheiten oder (drastisches) kriminelles Verhalten. Andere

---

4 Aufschlüsse über die große Bedeutung des guten Geschmacks, des angemessenen Lebensstils und des Habitus in unterschiedlichen Sozialräumen, Klassen und Milieus bietet die Studie von Pierre Bourdieu über die feinen Unterschiede (Bourdieu 1979). Gerhard Schulze hat die Gesellschaft der saturierten Bundesrepublik vor der Wiedervereinigung als Erlebnisgesellschaft bezeichnet (Schulze 1992). In beiden Studien bestimmen Sozialisation und Erwachsenensozialisation den Ort im jeweiligen Milieu.

Ereignisse von Erwachsenensozialisation gehören in die Wunschsphäre des Lesers, die gleichwohl als Lesestoff attraktiv sind: ausgefallene Hobbys, teurer Lebensstil, exotische Reisen, Traumwelten von Liebe und Sexualität.

Soweit in der Presse Erwachsenensozialisation zum Thema gemacht wird, entspricht dieses Vermutungen, Erfahrungen oder professionellen Erhebungen über die Marktlage: es besteht eine Nachfrage, deren Akzente sich regelmäßig etwas verlagern. Die Medien sind einerseits Ausdruck der jeweiligen Moden, andererseits arbeiten sie an deren Durchsetzung und Erhalt mit. Seien es nun gestern Ruhm und Rang der eigenen Nation, heute technologische Neuerungen oder Freuden des Konsums, und morgen Erziehungsfragen, Gesundheit, Psychologie, Natur- und Umweltschutz. Die Erwartungen an den Erwachsenen, in diesen Dingen so an seiner Sozialisation zu arbeiten, dass er seine Rolle als informierter, natürlich kritischer, in jedem Falle aber mit den in seinen Kreisen erwartbaren einschlägigen Verhaltensweisen und Meinungen versehener Zeitgenosse wahrnimmt, sind immer die gleichen.

Das öffentlich-rechtliche Fernsehen steht offiziell unter einem gesetzlich geregelten Bildungs- und Informationsauftrag, der neben dem Unterhaltungsauftrag eine starke Stellung hat. Erwachsenensozialisation ist daher ein absichtsvolles Unternehmen der Programmproduzenten, die nicht nur auf die Nachfrage ausgerichtet sind. Wie weitgehend das Fernsehprogramm direkt und ganz unverhüllt erzieherisch auf Erwachsene einwirken soll, veranschaulicht ein Blick in das Programm. Allein die Sichtung eines einzigen Tagesprogramms zeigt die Rolle von Erziehung, Beratung, Bildung, die dem Fernsehen zur Sozialisation des erwachsenen Publikums zugewiesen ist bzw. von ihm wahrgenommen wird. Neben dieser direkt erwachsenenbildnerischen Seite des Programms sind zahlreiche Spielfilme zu finden, die Themen der Erwachsenensozialisation bearbeiten. Hier steht zwar nicht der Erziehungsauftrag im Vordergrund, sondern die Nachfrage des Publikums und das zugängliche Angebot an Spielfilmen. Gleichwohl ist der Anteil von sozialisationsbezogenen Filmthematiken hoch und das thematische Spektrum ebenso breit gestreut wie dasjenige der Presse. Die Programme zeigen exemplarisch, wie alltäglich und allgegenwärtig das Thema Erwachsenensozialisation und Biographie in den Fernsehmedien ist. Man kann sagen, dass Fernsehspiele lebensgeschichtlichen Thematiken kultureller, sozialer und politischer Korrektheit besondere Aufmerksamkeit widmen. Sie sind damit ein Spiegelbild der Gesellschaft, ihrer Normen, Werte, Phantasien und Albträume.

2.6 Gegenwartsliteratur

Die Literatur der Gegenwart (aber auch der Vergangenheit) ist reich an Themen aus der Erwachsenensozialisation: Biographien, Autobiographien, Familiengeschichten, eine Flut von Erscheinungen zur Midlife-Crisis, die Mutter-Tochter- oder die Vater-Sohn-Beziehung, gehören ebenso dazu wie zahllose Romane aus der Frauenbewegung, Schilderungen psychotherapeutischer Behandlungen, Dokumentationen über die Folgen der Haft, Biographien aus dem Dritten Reich, der DDR, dem GULAG der UdSSR, aus fundamentalistischen islamischen Staaten, Schilderungen aus dem Alltagsleben in den unterschiedlichsten Randgruppen sowie Erweckungserlebnisse in Sekten oder esoterischen Gruppen. Und nicht zu vergessen, eine Überfülle an (selbstverliebten) Biographien von Prominenten aus allen Lebensbereichen, die in der Regel hohe Absatzzahlen erzielen.[5] Die Beschäftigung mit dem Leben, den alltäglichen und den besonderen Ereignissen, Einflüssen und Veränderungen, machen einen erheblichen Teil der Bestsellerlisten auf dem gegenwärtigen Buchmarkt aus – wobei die Behandlung des Themas dokumentarisch, populärwissenschaftlich oder belletristisch sein kann.

Wir werden mit dem Thema Erwachsenensozialisation in der Literatur den Versuch beschließen, einen Eindruck von der Alltäglichkeit und der inhaltlichen Breite des Erwachsenensozialisationsthemas zu gewinnen. Unter den zahlreichen Stoffen, die in der Literatur in den letzten Jahren im Mittelpunkt gestanden haben oder noch stehen, seien – willkürlich – vier herausgegriffen: die berufliche Sozialisation aus der Sicht eines Mannes in der Midlife-Crisis, Erwachsenensozialisation bei Nichtsesshaften/Landstreichern aus der Feder eines Klassikers, Er-

---

5 Ein Musterfall dafür ist Joschka Fischers „Mein langer Lauf zu mir selbst" (Fischer 1999).

wachsenensozialisation durch Psychoanalyse autobiographisch aus feministischer Sicht sowie eine Vater-Tochter- und Gattenbeziehung unter dem Einfluss buddhistischer Lebenswelt.

In Joseph Hellers Buch: „Was geschah mit Slocum?" (Heller 1975) schildert der in der Midlife-Crisis steckende, erfundene Held das Leben als Angestellter und Mittelschichtangehöriger in seiner Firma. Konkurrenzdruck, Aufstiegszwang, Angst vor dem beruflichen Scheitern prägen die Charaktere der dort Berufstätigen. Der Beruf sozialisiert sie lebenslang, und sie können sich nicht der Deformation ihrer Persönlichkeit widersetzen, ohne völlig aus der von ihnen erwarteten privaten und beruflichen Rolle auszubrechen:

„Mir ist nicht geheuer, wenn ich geschlossene Türen sehe. Selbst in der Firma, wo ich mich derzeit so glänzend bewähre, lässt mich der Anblick geschlossener Türen manchmal fürchten, dass dahinter Grässliches geschieht, was für mich üble Folgen zeitigt; wenn Lügen, Liebe, Alkohol oder auch nur Schlaflosigkeit und Nervosität mich nachts zuvor wach gehalten haben, wittere ich förmlich die Katastrophe, die unsichtbar hinter den Riffelglasscheiben Gestalt annimmt. Meine Hände sind dann nass vor Schweiß, und meine Stimme klingt mir fremd. Warum wohl?" (S. 5)

„In meinem Büro gibt es fünf Personen, vor denen ich mich fürchte. Von diesen fünfen fürchtet jeder vier andere Personen ..., was zusammen zwanzig macht; jeder von diesen zwanzig wiederum fürchtet sechs weitere Personen, das macht insgesamt einhundertzwanzig Personen, die von mindestens je einer Person gefürchtet werden. Jeder von diesen einhundertzwanzig fürchtet sich vor den restlichen einhundertneunzehn Personen, und alle diese einhundertfünfundvierzig Personen fürchten sich vor den zwölf Männern an der Spitze, den Gründern und derzeitigen Eigentümern des Unternehmens. Diese zwölf Männer sind nun allesamt ältlich; die Jahre und der Erfolg haben ihre Energien und ihren Ehrgeiz aufgezehrt. Manche haben ihr ganzes Leben in der Firma verbracht. Wenn ich ihnen auf dem Korridor begegne, wirken sie freundlich, gesetzt und zufrieden (sie wirken tot)" (S. 11)

Der Zweck von Wirtschaftsbetrieben ist nicht die Sozialisation der dort Arbeitenden, aber die berufliche Sozialisation ist ein notwendiger, wenn auch nicht notwendigerweise systematisch organisierter Nebeneffekt der Berufstätigkeit. Im nächsten Beispiel, der autobiographischen Erzählung einer Selbstfindung in der Psychoanalyse, ist der Schritt zur Erwachsenensozialisation keine Begleiterscheinung und nicht aufgezwungen, sondern gewollt. Außerdem wird hier auf eine Institution zurückgegriffen, deren primärer Zweck die Erwachsenensozialisation ist. Marie Cardinal schreibt in ihrer autobiographischen Erzählung „Schattenmund" (Cardinal 1979) u.a.:

„Vater ist für mich ein abstrakter Begriff, der überhaupt keinen realen Sinn ergibt; denn ‚Vater' gehört zu ‚Mutter', und in meinem Leben sind diese beiden Personen voneinander getrennt, die eine ist weit von der anderen entfernt. Wie zwei Planeten, die beharrlich auf der jeweils eigenen, unveränderlichen Bahn ihrer Existenz kreisen. Ich war auf dem Planet Mutter, und in regelmäßigen, wenn auch sehr ausgedehnten Abständen kreuzten wir den Planet Vater, der mit einem Nimbus, einem ungesund schillernden Lichthof umgeben war. ... Als ich selbst ein einsamer Planet wurde und folgsam, wie alle Planeten, meine eigene Bahn in den großen blauschwarzen Weiten meiner Existenz beschrieb, versuchte ich lange Zeit, mich dem Vater zu nähern. Weil ich aber nichts über ihn wusste, musste ich meine Suche aufgeben, ermattet, aber nicht traurig. ... Dort, am Ende der Sackgasse auf der Couch, das Gesicht zur Decke, die Augen geschlossen, um leichter die Verständigung mit dem Vergessenen wiederherzustellen, mit dem Verschlossenen, dem Unbekannten, dem Undenkbaren, wollte ich meinen Vater wieder auferstehen lassen. Endlich wollte ich ihn finden, weil seine Abwesenheit, besser seine Nichtexistenz, mich tief verwundet hatte." (S. 51)
„In dem Maße, in dem sich mein Leben, mein Gleichgewicht in der Sackgasse aufbaute, gewann es auch draußen an Form und Sinn. Ich konnte mehr und mehr mit anderen Menschen reden, auf Versammlungen gehen, mich frei bewegen. Da meine Kinder nicht mehr die einzigen Bezugspunkte zur Realität waren, fiel ich ihnen auch weniger zur Last. ... Wir bauten uns Brücken, die von

ihnen zu mir und von mir zu ihnen führten. ... Je mehr Fortschritt ich machte, umso suspekter wurde mir die traditionelle Mutterrolle. ... Ich fühle mich heute noch dafür verantwortlich, sie in die Welt gesetzt zu haben, aber ich lernte allmählich, mich nicht für sie als eigenständige Personen verantwortlich zu fühlen. Sie waren nicht ich, und ich war nicht sie, sie mussten mich erst genauso kennen lernen wie ich sie. Ich war damit völlig in Anspruch genommen, denn auf diesem Gebiet hatte ich den Eindruck, Zeit vergeudet zu haben. Der Älteste war mittlerweile fast zehn Jahre alt." (S. 162f.)

Wieder einen anderen Aspekt von Erwachsenensozialisation im Lebensalltag schildert ein Roman von Doris Dörrie. Er beschreibt einige Tage aus dem Leben eines Mannes von Mitte Vierzig, der seine idealistischen beruflichen Ziele als kritischer Filmemacher mangels Talent nicht verwirklichen konnte, stattdessen aber erfolgreich als Geschäftsführer einer modischen Restaurantkette ist. Entfremdung von sich, seiner Frau und seiner Tochter bringt ihn auf den Spuren seiner in einen buddhistischen Lama verliebten Tochter in ein buddhistisches Klostercamp in Südfrankreich (Dörrie 2000), bevölkert von sinnsuchenden mittelalten Europäern aus bürgerlichen Verhältnissen.

„Ich bin im Begriff, meine Familie zu verlieren. Meine Ehe ist auf dem Hund, und meine Tochter Franka hat sich in einen Kerl verknallt, der sie nach Indien entführen will." (S. 7)
„Franka will fliehen, und ich soll es verhindern. Aber ich bin ebenfalls auf der Flucht, auf der Flucht vor meiner beginnenden Glatze, dem unvermeidlichen Niedergang meines Körpers, auf der Flucht vor dem Ende der Liebe zu meiner Frau, dem Ende meiner Ehe." (S. 47)
„Noch vier Kilometer. Noch drei. Eine menschenleere Gegend breitet sich vor uns aus. ... Ich habe das Gefühl, (im buddhistischen Klostercamp) etwas leisten zu müssen, wofür ich nicht trainiert habe. ... Meditieren. In aller Herrgottsfrühe aufstehen. Nix Anständiges zu fressen. Die ganze Zeit schweigen. ... Noch einmal links abbiegen, noch einmal rechts, und dann weiß ich, dass wir hier richtig sind, denn sie kommen uns bereits entgegen. Schlimmer als in meinen kühnsten Träumen. Männer mit schütteren lan-

gen Haaren in hellgrünen Jogginghosen, Frauen mit ausladenden Hintern in lila Pumphosen ... ohne BH unter verfärbten rosa T-Shirts, Kinder mit Vokuhila Frisur: vorne kurz, hinten lang. Das sind sie also, die Erleuchteten. Oder die zu Erleuchtenden. Sie winken uns freudig zu und begleiten uns zum Parkplatz. Deutsche Kennzeichen aus Bergisch Gladbach, Neuß, Peine, Füssen, wenig Großstädte. Ansonsten französische, englische, holländische Kennzeichen." (S. 114f.)

„Ich zünde mir im Auto eine letzte Zigarette an. Norbert deutet strahlend auf ein Schild, auf dem in mehreren Sprachen steht: Du bist angekommen. Freu Dich an Deinem Atem. Schweige." (S. 115)

3 Fallstudie I: Beruf und Erwachsensozialisation

3.1 Das Problem

Der erwerbstätige Erwachsene verbringt drei, vier, manchmal auch fünf Jahrzehnte im Berufsleben. Mehr als ein Drittel des Tages, also der größte Teil der wachen Phase, wird durch den Beruf bestimmt.

Die berufliche Sozialisation kann unter zwei verschiedenen Gesichtspunkten betrachtet werden: als Sozialisation *für* den Beruf durch Berufsbildung, berufliche Weiterbildung, aber auch durch die familiäre und schulische Vorbereitung; und als Sozialisation *durch* den Beruf, also durch Berufstätigkeit selbst. In den weiteren Ausführungen werden wir uns im Wesentlichen auf die Sozialisation durch den Beruf konzentrieren.

Der *Beruf als typisiertes Kompetenzmuster* prägt die, die ihn ausüben oder sich auf die Ausübung vorbereiten, nicht nur partiell. Er bestimmt vielmehr ihre gesamte Persönlichkeit, formt ihren Sozialcharakter (Daniel 1981). Die an einen Unbekannten gerichtete Frage „Was sind Sie?" zielt in unserer Gesellschaft primär auf den Beruf, nicht aber zum Beispiel auf das religiöse Bekenntnis oder den Familienstatus. Die *berufli-*

che Identität rangiert in manchen Aspekten und in vielen Lebensphasen vor den privaten Elementen der Identität.

Obwohl Berufe ständig vom Arbeitsmarkt verschwinden und neue auftreten, obgleich für viele Menschen der Berufswechsel eine geläufige Tatsache geworden ist und obwohl viele Berufe den Charakter von Jobs angenommen haben, ist der Berufsbegriff in Wissenschaft und alltäglicher Praxis noch nicht ersetzt worden und auch nur schwer zu ersetzen. Wir werden also von beruflicher Erwachsenensozialisation sprechen und meinen damit die umfassende *Persönlichkeitsbeeinflussung des Erwachsenen durch die Berufstätigkeit.*

3.2   Sozialisation für und durch den Beruf

Für die Berufssoziologie geht es unter dem Begriff *berufliche Sozialisation*[6] um die subjektive Seite der Berufstätigkeit in gesellschaftlich organisierter Arbeit, um die Frage, „welche Anforderungen an persönliche Orientierungen und Fähigkeiten, an Verhalten und Interessen, an Lebensgestaltung und persönlicher Entwicklung in diese Strukturen selbst objektiv eingelassen sind, welche u.U. problematischen, widersprüchlichen ‚Menschenbilder' und ‚Entwicklungsprogramme' sie implizieren." (Beck, Brater, Daheim 1980, S. 199)

Die Spezialisierung im Beruf baut auf bereits vorangegangene familiäre und schulische Einflüsse auf und vertieft sie. Die berufliche Spezialisierung eröffnet nicht nur Chancen, sie führt auch zur Ausblendung oder zum Hintenanstellen von persönlichen Entwicklungsmöglichkeiten, die nicht auf dem Markt gebraucht werden. Die Vermarktungsmöglichkeit findet schließlich ihr Ende, wenn das spezialisierte Angebotsprofil keine Nachfrage findet. *Über den Beruf erlebt der Mensch seinen Platz in der Gesellschaft.* Durch die ihm entgegengebrachten Spiegelungen seiner Person erwirbt er ein *Selbstbild*; er erfährt Realitätsbewältigung, Machbarkeit und Ohnmacht, erlebt hierarchische Zwänge und Solidarität; er hat das Gefühl, alltäglich und fraglos gebraucht – oder nicht gebraucht – zu werden. Der Beruf strukturiert zudem die *soziale Zeit* (Brose 1982; Heinemann 1982): die Lebensphasen, den

---

6   Überblicke geben Lange u. a. 1999; Lempert 1998; Wahler 1997.

Jahresrhythmus, den Wochenrhythmus und die Tageseinteilung. Der Beruf gibt selbsterworbene Mittel zur wirtschaftlichen *Existenzsicherung*, die sich von staatlichen und familiären Transfers unterscheiden.

Erwachsenensozialisation im Beruf berührt wie jede Sozialisation im Kern das Problem der Abstimmung bzw. des Konflikts zwischen Person und Institution. Auf betrieblicher Ebene ergeben sich beispielsweise *Konflikte* aus der Notwendigkeit, den Betrieb im Wettbewerb an die Marktbedingungen anzupassen und damit auch Arbeitsplätze zu verändern. Reorganisation und Rationalisierung stoßen aber nicht selten mit den Interessen und dem vorhandenen Qualifikationspotential der Belegschaften zusammen. Das Individuum kann versuchen, eine größere Berufsmobilität durch die Art seiner Ausbildung zu erlangen, also beispielsweise die generalisiertere akademische anstelle der spezialisierteren dualen Ausbildung anstreben. Durch die andere Art der Humankapitalinvestition lässt sich unter Umständen leichter eine Balance zwischen fortlaufender Anpassung an Firmen- und Arbeitsmarktnotwendigkeiten bei gleichzeitiger Bewahrung der personalen Einzigartigkeit finden (Windolf 1981; 1982).

Diese betriebsbezogene Balance findet ihre Entsprechung in der These von der Entkopplung von Bildungssystem und Beschäftigungssystem.[7] *Die Sozialisation für den Beruf geht nicht in jedem Leben bruchlos in eine Sozialisation durch den Beruf über.* Flexibilitäts- und Mobilitätsanforderungen wachsen. Sowohl von der Allokation der Qualifikationen her wie auch unter biographischen Gesichtspunkten treten Probleme auf, die als „Lehrstellenmangel" oder „Akademikerschwemme" die Spalten der Zeitungen füllen.

Weitere Probleme in der beruflichen Sozialisation treten durch die *Indifferenz des Berufssystems gegenüber individuellen Lebensphasen* auf. So steht die biologische und psychische Erfahrung des persönlichen Alterwerdens nicht in Übereinstimmung mit den berufsbiographischen Normen, nach denen die Betriebe Alterungsprozesse organisiert haben. Wenn das Individuum der beruflichen Normalbiographie nicht folgen

---

7 Zu den kurz- und langfristigen Folgen von dualer und Hochschulausbildung im Übergang zwischen Bildung und Arbeitsmarkt sowie für die weitere Berufskarriere insbesondere von Frauen siehe Falk u. Weymann (2002).

kann oder will, kommt es zu Konflikten und Legitimierungsschwierig-
keiten. Die betriebliche Organisation des Alterns ist *eine* der Ursachen
für persönlich erlebte Altersprobleme (Kohli 1981). Die soziale Zeit
einer Gesellschaft und ihrer Institutionen kann mit der eigenen biographischen Lebenszeit gut harmonieren, aber auch in einem gravierenden
Spannungsverhältnis stehen. So gibt es bestimmte gesellschaftliche
Erwartungen an die angemessene soziale Zeit für das Ende der Ausbildung, für den Berufseintritt, für den Karrierehöhepunkt, für den Übergang in die Rente, die mit den eigenen biographischen Möglichkeiten
und Hoffnungen in schweren Konflikt geraten können. Ein gutes Beispiel für ein in vielen Fällen unlösbares Spannungsverhältnis ist die
Zeitarbeit bei Zeitarbeitsfirmen, die eine kontinuierliche biographische
Erwartung und Planung ausschließt (vgl. Brose, Wohlrab-Sahr, Corsten
1993). Ein anderes vertrautes Beispiel sind die Verläufe und Aussichten des eigenen Eintrittszeitpunkts in den Beruf. Abhängig davon, ob
der eigene Jahrgang klein oder groß ist, ob die Konjunktur gut oder
schlecht ist, ob eine Weltwirtschaftskrise, ob Krieg oder Frieden
herrscht, ob eine Gesellschaftsstruktur stabil ist oder gerade kollabiert
wie im Falle der DDR, gibt die gesellschaftliche Zeitstruktur die Bedingungen für die eigene berufsbiographische Entwicklung vor. Es
entwickeln sich Generationsschicksale auf dem Arbeitsmarkt (Blossfeld 1989; Sackmann 1998), für die die Lebensläufe der „Generation
der Wende" im Zusammenbruch der DDR exemplarisch sind (Sackmann, Weymann, Wingens 2000).

Gravierend ist auch die Indifferenz der gesellschaftlich und beruflich
organisierten Arbeit gegenüber den familiären Lebensformen, insbesondere gegenüber dem Lebenszyklus von Familien. *Familiäre und
berufliche Normalbiographien* sind nur mit größten Schwierigkeiten
und oft gar nicht in Übereinstimmung zu bringen. Bereits eine kürzere
Unterbrechung der beruflichen Normalbiographie durch die Erzie-
hungstätigkeit von Frauen hat für diese weitreichende und oft nicht
aufhebbare Konsequenzen hinsichtlich beruflicher Möglichkeiten
(Blossfeld 1995). Die berufliche Sozialisation kann die Unterschiede
zwischen „Männerwelt Beruf, Frauenwelt Familie" vergrößern (Beck-
Gernsheim 1976 und 1980; Goldmann u. Müller 1986).

3.3 Arbeitslosigkeit, Arbeits- und Beschäftigungspolitik

Die klassisch zu nennende Untersuchung über „*die Arbeitslosen von Marienthal*" (Jahoda u. a. 1933), hatte sich bereits in erheblichem Maße mit den sozialpsychologischen Folgen von Arbeitslosigkeit auseinandergesetzt. Im Mittelpunkt dieser Studie, die 1931/32 durchgeführt wurde, stand das südlich von Wien gelegene Dorf Marienthal. Mit einer ungewöhnlichen Fülle von Daten geht diese empirische Untersuchung der sozialen Verelendung nach, dem Verfall des Dorfbildes, der Veränderung von Verhaltensweisen seiner Bewohner und der Zerstörung seiner Kultur im Gefolge des wirtschaftlichen Niedergangs. Obgleich die materielle Situation von Arbeitslosen heute mit der krassen Armut der Bewohner Marienthals nicht zu vergleichen ist, sind manche sozialpsychologische Auswirkungen von Arbeitslosigkeit die gleichen geblieben. Das hat etwas zu tun mit dem Verlust der zentralen beruflichen Identität, die, neben der wirtschaftlichen Existenz, durch die Berufstätigkeit und berufliche Sozialisation gesichert wird.

Die Forscher der Marienthalstudie weisen eine abnehmende Benutzung der – kostenlosen – Bibliothek nach, eine starke Verringerung von Vereinsaktivitäten, ein Desinteresse am Zustand des Ortes, ein geringes Informationsinteresse, eine Neigung zu Feindseligkeiten und Aggressivität der Bewohner untereinander. Besonders auffallend – und bis heute in Folgestudien bestätigt – ist der Zerfall der Zeiteinteilung und des Zeitbewusstseins bei den Bewohnern, vor allem bei Männern, die ihren Lebensrhythmus nach der Arbeit (nicht z.B. nach der Familie) ausgerichtet hatten. Es entstehen Geh- und Sprechschwierigkeiten, Unpünktlichkeit in vielen Angelegenheiten macht sich breit, und es gibt auffallende Probleme, die Einteilung des Tages im Interview zu beschreiben, denn die Zeit verrinnt konturenlos.

Diese und andere Folgen von Arbeitslosigkeit, so z.B. für das familiäre Zusammenleben, für die Schulleistungen der Kinder und für die Gesundheit verschärfen sich progressiv im Laufe der Monate, mit den mehr und mehr abnehmenden finanziellen Mitteln, mit dem Aufzehren der Rücklagen und dem Verbrauch der vorhandenen Haushaltsausstattung.

Diese faszinierend gemachte Studie über das Problem Arbeitslosigkeit ist unter dem Blickwinkel beruflicher Sozialisation interessant, weil sie neben den materiellen auch die sozialen und psychischen Folgen des Ausfalls der Berufstätigkeit bearbeitet. Mit dem Verlust des Ortes in der Gesellschaft und in der Zeit wird die gesamte Identität substanziell in Frage gestellt und bis hin zu Persönlichkeitsveränderungen beeinflusst.

Der Marienthal-Studie sind andere Untersuchungen gefolgt (einige auch vorausgegangen), die sich für die Probleme besonderer Gruppen interessieren. Insgesamt lassen sich heute, trotz wesentlich verbesserter wirtschaftlicher Absicherung der Arbeitslosen, immer noch die gleichen schwerwiegenden Folgen der Arbeitslosigkeit feststellen, die mit dem Verlust der beruflichen Identität durch die unterbrochene berufliche Sozialisation zu tun haben. So spricht Wacker vom gestörten Arbeits-/Freizeitrhythmus, vom Verlust vieler gewohnter Rollen, von Stigmatisierung und Marginalisierung, von der verlorenen Lebensperspektive, von Ohnmachtgefühl und Abhängigkeitserfahrung (Wacker 1976; Wacker (Hrsg.) 1978). Kieselbach u. Offe (1979) weisen auf die zahlreichen Lebensbereiche hin, die durch Arbeitslosigkeit indirekt mit betroffen sind: Nachbarschaftsbeziehungen, Freundschaftskontakte, Familie, Freizeit und Konsum, politisches Bewusstsein und Informationsverhalten.

Beide Bände resümieren eine Reihe von empirischen Untersuchungen, fassen ihre Resultate zusammen, und setzen sich zugleich mit den Maßnahmen zur Beseitigung von Arbeitslosigkeit auseinander. Diese Maßnahmen richten sich, neben wirtschaftspolitischen Strukturverbesserungen und individuellen Förderungen, vor allem auf sogenannte Problemgruppen: Jugendliche, gering Qualifizierte, Dauerarbeitslose, Frauen, Ausländer, Behinderte usw. Gemeinsam ist diesen Maßnahmen, sofern sie nicht wirtschaftspolitisch sind, ein sozialpädagogischer, weiterbildender und beratender Charakter, also der Versuch, das Qualifikationsangebot der Qualifikationsnachfrage anzupassen und darüber hinaus bzw. als Ersatz die Arbeitsbereitschaft und das Sozialverhalten zu beeinflussen, wenn eine Integration in den Arbeitsmarkt auf kürzere Sicht nicht möglich ist. Die wirtschaftlich bedingte Arbeitslosigkeit wird also als sozialpolitisches Problem begriffen und u. a. mit erwachsenensozialisatorischen Instrumenten bekämpft. Es ist klar, dass solche Maßnahmen weniger die Ursachen beseitigen, als dass sie die Folgen kontrollieren und kompensieren.

Wenn schon die individuelle und die gruppenspezifische Arbeitslosigkeit weit reichende Folgen hat, welche Veränderungen gehen dann mit der *Massenarbeitslosigkeit als Dauerzustand* einher? Geht man davon aus, dass Arbeit und Beruf in der Industriegesellschaft nicht nur die materielle Lebensgrundlage garantieren, sondern dass sie einen ganz bestimmten Sozialcharakter hervorbringen, der diese Industriegesellschaft wiederum wirtschaftlich, politisch, kulturell trägt, dann hat die dauerhafte Ausgliederung eines größeren Teils der Bevölkerung aus dem Berufsleben nicht nur für die individuelle berufliche Sozialisation, sondern auch für die gesellschaftliche Ordnung tief greifende Folgen.

Über die Arbeitsmarkt- und Berufspolitik hinaus ist deshalb auch die Sozialpolitik mit diesem Problem befasst. Berger und Offe beschreiben das Problem so: der Arbeitsmarkt hat stets nur in Grenzen funktioniert, weil Arbeitskraft keine wirkliche Ware ist. Die Nutzung der Arbeitskraft ist daher stets begrenzt. Der Arbeitsmarkt selbst ist nicht frei, es sind Kartellbildungen von der Nachfrageseite sowie von der Anbieterseite vorhanden. Es kommen andere Faktoren hinzu, die die Funktionsfähigkeit des Arbeitsmarktes weiter einschränken: Umweltprobleme, internationale Konkurrenz, geburtenstarke Jahrgänge, kultureller Wandel der Arbeitseinstellung.

Geht man von dem Postulat aus, dass die Möglichkeit von Berufs- und Erwerbstätigkeit sowohl für die wirtschaftliche wie für die kulturelle Existenz der Industriegesellschaft elementar wichtig ist, dann muss die Funktionsfähigkeit des Arbeitsmarktes verbessert oder ein Teil seiner Funktionen auf andere Institutionen verlagert werden. Berger u. Offe (1982) schlagen an dieser Stelle eine aktive *Arbeitspolitik* vor, die neben institutionellen und rechtlichen Eingriffen in den Arbeitsmarkt auch eine *Arbeitszeitpolitik* einschließt, die der Umstrukturierung und Verknappung der Lebensarbeitszeit dient.

Mit diesen in den achtziger Jahren formulierten politischen Konzepten einer umfassenden Arbeitspolitik sollte ein anderer Weg beschritten werden, als der über individuelle Anpassung der Arbeitsqualifikationen

und Arbeitsbereitschaft durch Erwachsenenbildung und Erwachsenensozialisation. Hier ging es nicht um die Mobilisierung und Förderung
von Ressourcen, von sozialem Kapital und Humankapital, in Entsprechung bestehender oder prognostizierter Nachfrage. Es ging vielmehr
um eine (neomarxistisch inspirierte) Umformung der Gesellschaft und
ihrer Institutionen mit dem Ziel, die Nachfrage selbst staatlich festzu-
setzen, und die Vergesellschaftung der Individuen direkt durch Gesell-
schaftspolitik zu gestalten.

3.4   Freiheit, Innovation, Wirtschaftsleistung

Für die Mehrheit der Wirtschaftswissenschaftler ist hier schon die Aus-
gangsfrage falsch gestellt, und die darauf aufbauenden Institutionspoli-
tiken einschließlich der Erwachsenensozialisation sind ungeeignet, ja
schädlich. Denn sie schränken den Markt zusätzlich weiter ein. So ist
der Markt zwar selbst eine Institution und benötigt Rahmensetzung,
aber Transaktionskosten senkende, nicht erhöhende institutionelle
Strukturen. Das Problem muss durch die Wiederherstellung des Marktes gelöst werden. Allein dessen Funktionieren als Institution – nicht
jedoch dessen Beseitigung durch noch weitergehende Verregelung und
Ersatz durch Beschäftigungs- und Arbeitspolitik – ermöglicht eine höhere Beschäftigungsquote sowie Produktivität, und damit die Wohlfahrt
der Nationen, wie schon Adam Smith argumentierte.

Der zentrale Einwand lautet, „dass das Argument für die individuelle
Freiheit hauptsächlich auf der Erkenntnis beruht, dass sich jeder von
uns in Unkenntnis eines sehr großen Teils der Faktoren befindet, von
denen die Erreichung unserer Ziele und unserer Wohlfahrt abhängt."
(Hayek 1960, S. 38) Also kann es keine zentrale Planung und Lenkung
welcher Art auch immer geben. Fortschritt ist dadurch bedingt, dass
jeder Einzelne von den Erfolgen aller Anderen profitieren kann. Das
wiederum setzt eine freie Gesellschaft voraus, eine Zivilisation, die es
erlaubt, dass der Einzelne mehr Wissen verwerten kann, als er selbst
erworben hat. Erfolgreiche Zivilisationen müssen Freiheit für Innovation und Wettbewerb garantieren, Raum für fortlaufende Revision geben.
Allein durch die zahllosen Innovationen der Vielen, durch deren unterschiedliche Kombination, durch Nachahmung erfolgreicher Lösungen,

durch moralische Hochschätzung von Leistung, durch Wettbewerb, durch Kooperation und Preise, entstehen bessere Lösungen in Gestalt neuer Institutionen. Sie entstehen nicht am Reißbrett der Vernunft, schon gar nicht durch die umfassenden Zwangsmittel staatlicher Planung und Lenkung. Freie Institutionen sind die angemessene Antwort auf die unabwendbare Tatsache des Unwissens und Risikos.

Wirtschaftlicher Fortschritt ist daher das Ergebnis freier Institutionen einschließlich der dazu notwendigen Hinnahme von Ungleichheit infolge Innovationswettbewerbs. Die wirtschaftlichen Erfolge der besseren Lösungen waren schon in der Geschichte Europas das Muster für die Nachzügler unter den (National)Staaten, heute sind sie das Muster im globalen Wettbewerb. Der Luxus der Wenigen (Personen oder Staaten), den heute erfolgreiche Lösungen erlauben, ist morgen der Lebensstandard der Vielen. Der Wohlfahrtsstaat darf deshalb das Prinzip der Freiheit nicht zerstören: das Prinzip des Wettbewerbs um Innovationen und deren Nutzung und damit der Durchsetzung der besseren Lösung von Gegenwartproblemen. Andernfalls wird der auf Umverteilung spezialisierte Hoheitsstaat nicht nur den Innovationswettbewerb und dessen Wachstumserträge beseitigen, sondern Stagnation und nachfolgend Niedergang einleiten.

Auch die Institutionen der Erziehung und Bildung sind nach dem Prinzip der Freiheit zu verfassen. Das Ziel der allgemeinen staatlichen Erziehung ist hingegen die Angleichung der Geister, die Despotie über die Geister in der drastischen Sprache von Wilhelm von Humboldt (1792), dem Kulturphilosophen und Organisator der Universität in Deutschland[8], und John Stuart Mill (1859), dem englischen Nationalökonomen und liberalen Politiker, der Grundlegendes über den Ausgleich der Interessen und der Macht zwischen Individuen und Staat geschrieben hat. Der Staat sollte nicht einen einheitlichen Menschentyp

---

8 Dazu schrieb Humboldt: „Der wahre Zweck des Menschen (...) ist die höchste und proportionierlichste Bildung seiner Kräfte zu einem Ganzen. Zu dieser Bildung ist Freiheit die erste und unerläßliche Bedingung. Allein außer der Freiheit erfordert die Entwickelung der menschlichen Kräfte noch etwas anderes (...): Mannigfaltigkeit der Situationen." (1792, S. 22) „Öffentliche Erziehung scheint mir daher ganz außerhalb der Schranken zu liegen, in welchen der Staat seine Wirksamkeit halten muss." (S. 74)

zu produzieren versuchen, der zu einer bestimmten Zeit und an einem bestimmten Ort gerade für den besten gehalten wird. Das aber ist das Prinzip der Sozialisation und Erwachsenensozialisation im heutigen Bildungswesen. Es ist ein innovations- und leistungsschwaches Prinzip.

„In einer Welt, in der es wieder, wie schon zu Beginn des 19. Jahrhunderts, das wichtigste ist, den spontanen Entwicklungsprozess von den Hindernissen und Erschwernissen, die die menschliche Torheit aufgerichtet hat, zu befreien, müssen seine (des Liberalen, A.W.) Hoffnungen darauf beruhen, dass er jene, die ihrer Veranlagung nach „Fortschrittliche" sind, überzeugen und ihre Unterstützung gewinnen kann und, auch wenn sie jetzt die Änderungen vielleicht in der falschen Richtung suchen, zumindest gewillt sind, das Bestehende kritisch zu untersuchen und wenn nötig, zu ändern." (Hayek 1960, S. 496)

Über die vielen bereits zusammengefassten Aspekte von Erwachsenensozialisation greifen die letzte Argumente weit hinaus: Leistungsstärke, Auf- und Abstieg der Nationen,[9] sind primär eine Folge der Gestaltung ihrer gesellschaftlichen Institutionen in Wirtschaft, Recht, Wissenschaft, Politik. Hier ist heute bereits eine große Varianz in der Bewältigungsfähigkeit verschiedener Nationalstaaten gegenüber der Globalisierung zu beobachten. Diese wird sich in Zukunft noch ausweiten. Die berufliche Sozialisation der Erwachsenen durch spezialisierte Erwachsenensozialisationsinstitutionen ist demgegenüber ein sekundäres Problem. Denn primär geschieht Erwachsenensozialisation in Beruf und Arbeit „latent", als Folge der Einbindung in das, wie Weber pointiert formulierte, „stahlharte" Gehäuse der Institutionen mit ihrer spezifischen (okzidentalen) Rationalität.

---

9   Einen wirtschaftshistorischen Rückblick und internationalen Vergleich gibt Olson 1982. Zur Wirtschaftsgeschichte erfolgreicher Nationen von 1500 bis 1900 Kindleberger 1996. Die neo-institutionstheoretischen Grundlagen aus wirtschaftshistorischer Sicht finden sich bei North 1990. Zur „Investition in Menschen" Schultz 1981.

3.5 Zusammenfassung

Wir fassen die Ausführungen zur beruflichen Sozialisation mit W. R. Heinz zusammen:

„Die Arbeitswelt beeinflusst über verschiedene Wege die Lebensführung, Persönlichkeit und Wertorientierung der Individuen. Da ist einmal der Einfluss der Arbeitserfahrungen und der beruflichen Werdegänge der Eltern auf die Lebensweise der Familie und die Sozialisation ihrer Kinder. Dadurch werden, nicht immer konfliktlos, berufsgebundene Orientierungen an die nächste Generation weitergegeben. Schulische Bildungseinrichtungen und das betriebsbezogene sowie universitäre Ausbildungssystem vermitteln für die Arbeitswelt notwendige Basisqualifikationen und legen unterschiedliche Einstiegsmöglichkeiten in das Erwerbssystem fest. Bildungsqualifikationen und Ausbildungszertifikate eröffnen bzw. verschließen den Zugang zu verschiedenen Segmenten des Arbeitsmarktes und legen damit auch den Grundstein für unterschiedliche Berufsverläufe. Die Arbeitstätigkeit selbst ist mit unterschiedlichen Chancen für Handlungsspielräume, Einkommen, Aufstieg und berufliche Kontinuität, aber auch mit den Risiken Restriktivität, Belastungen, Dequalifizierung und beruflicher Diskontinuität verbunden. Die inhaltlichen Anforderungen und die Zeitstruktur der Arbeit beeinflussen auch den Lebensstil, die kulturellen Interessen und Konsumgewohnheiten in der Freizeit. Erwerbslosigkeit, falls sie erzwungenermaßen länger dauert, wirkt sich in Verbindung mit materiellen Einschränkungen und Abstiegsprozessen psychisch außerordentlich belastend aus. Schließlich sind Zeitpunkt und Verarbeitungsweisen des Ruhestandes von den Arbeitserfahrungen, Arbeitsbelastungen und dem Einkommensniveau – also von der gesamten Berufsbiographie – nicht zu trennen." (Heinz 1995, S. 11f.)

Zur beruflichen Sozialisation gehören zum einen die institutionellen Strukturen, die Verfassung des Betriebes, die Berufsstruktur, die Arbeitsmarktlage, das Arbeits- und Sozialrecht, die Wirtschaftsverfassung eines Landes, die Konjunktur. Zum anderen gehören hierher die direkten Sozialisationsprozesse wie beispielsweise das Bildungs- und Ausbildungssystem, der Alltag betrieblichen Handelns mit Kollegen und Vorgesetzten, die Art der Arbeitstätigkeit selbst und nicht zuletzt die Vereinbarkeit von Arbeit und Familie durch häusliche Arbeitsteilung – einschließlich wiederum institutioneller Hilfen der Kinderbetreuung, also erneut struktureller Arrangements eines Nationalstaates, eines Bundeslandes, einer Kommune oder privater Institutionen. Es gibt in allen diesen Aspekten große Unterschiede zwischen den verschiedenen Nationalstaaten und es gibt große Unterschiede über die Zeit, die durch die Globalisierung beschleunigt werden dürften. In vielen Fällen werden sich Qualifizierung, Gestaltungsspielräume und Ertrag der Arbeit verbessern, in anderen werden sie stagnieren oder sich verschlechtern.

4   Fallstudie II: Globalisierung, Lebenslaufpolitik und Erwachsenensozialisation

Die bisherigen Ausführungen zur Erwachsenensozialisation im Lebenslauf bewegen sich auf der Plattform gegebener und vertrauter Beziehungen zwischen Individuum, Institutionen und Gesellschaft. Im Zeitalter der Globalisierung verliert diese Plattform den Status der Lebenswelt des Alltags. Zwar ist Globalisierung ein seit Jahrhunderten bekanntes Element im Modernisierungsprozess[10] (so beispielsweise in der Kolonialisierungsgeschichte mit der militärischen, wirtschaftlichen, technischen, kulturellen Expansion Europäischer Nationen), das schon Adam Smith und Karl Marx beobachteten, beschrieben und analysierten.[11] Geschwindigkeit, Ausdehnung und Intensität haben jedoch einen

---

10 In „The Consequences of Modernity" bezeichnet Anthony Giddens (1990) die Modernisierung als das für die westliche Zivilisation kennzeichnende historische Projekt und die Globalisierung als jüngstes Kind der Modernisierung.

11 Adam Smith beschreibt in „An Inquiry into the Nature and Causes of the Wealth of Nations" (1776) Globalisierung, natürlich nicht unter diesem Begriff, als wirtschaftlich positive Triebkraft unter anderem am Beispiel weltweiter arbeitsteiliger Kooperation zur Produktion eines Pullovers; hingegen ist das kommunistische Manifest von Karl Marx und Friedrich Engels ein Musterfall ambivalent fortschrittseuphorischer und apokalyptischer Beobachtung von Globalisierung und deren Folgen (Marx u. Engels 1848; vgl. auch Engels 1845 „Die Lage der arbeitenden Klassen in England").

neuen Grad erreicht. Er geht auch über den bisherigen Höhepunkt der Globalisierung zu Beginn des 20. Jahrhunderts hinaus.[12]

Bereits der über Jahrhunderte sich hinziehende Prozess europäischer Modernisierung hatte als Reaktion der aufkommenden Nationalstaaten zu einer gezielten Institutions- und Lebenslaufpolitik geführt. Die Anforderungen an institutionelle Lebenslaufpolitik werden mit der gegenwärtigen Globalisierungsdynamik steigen.[13] Als Lebenslaufpolitik wollen wir hier die planvolle strategische Einrichtung (policy) und die kurzfristige Organisation oder Umorganisation (politics) von Institutionen zur Erleichterung von Passagen, Sequenzen und langfristigen Trajekten im Lebenslauf bezeichnen. *Lebenslaufpolitik schafft oder verändert Institutionen des Lebenslaufregimes einer Gesellschaft und damit der Muster der Erwachsenensozialisation.*

Lebenslaufpolitik ist (weitgehend) eine „Erfindung" moderner Gesellschaften. Deren Kennzeichen ist die Befreiung des Individuums von der Herrschaft der Lebenswelt des Alltags, von Religion, Tradition, Adel, Großfamilien und Ortsgemeinschaften. Anstelle traditionaler Gemeinschaften strukturieren hochspezialisierte Institutionen das Leben in modernen Gesellschaften von der Wiege bis zur Bahre. *Es handelt sich nicht zuletzt um Institutionen der Sozialisation und der Erwachsenensozialisation.*

Lebenslaufpolitik ermöglicht eine rationale Lebensführung und stabile Erwartungen angesichts riskanter Übergänge und schwer planbarer langfristiger Trajekte durch Schaffung und Implementierung unterstützender Institutionen. Kerninstitutionen von Lebenslaufpolitik sind Bildungs- und Erziehungswesen, Ehe, Familie und Partnerschaft, Gesundheit und Altersversorgung, Einrichtungen des Sozialstaats, Beschäftigung- und Arbeitsmarktpolitik. Diese Kernfelder von Lebenslaufpolitik sind – aus historischen Gründen in unterschiedlichem Ausmaß – Aufgabe des Nationalstaats geworden. Im Laufe der Jahrhunderte haben

---

12 Diese erste Globalisierung wurde durch Renationalisierung in Weltkriegen und Weltwirtschaftskrise beendet. Zur Wiederholungswahrscheinlichkeit dieser Reaktion auf die heutige Globalisierung vgl. James 2001 „The End of Globalization".

13 Ausführlicher zu diesem Abschnitt Weymann (2003).

sich dabei sehr unterschiedliche Pfade von Lebenslaufregimen in verschiedenen Nationen entwickelt. Sie sind äquivalente Antworten auf die Vielzahl neuer Herausforderungen an den Lebenslauf in modernen Gesellschaften.

Wenn institutionelle Lebenslaufpolitik eine Kernaufgabe der Nationalstaaten ist, was wird dann mit den nationalen Lebenslaufregimen unter dem Einfluss der Globalisierung geschehen? Werden in ihrer Souveränität und Autonomie geschwächte Nationalstaaten die Kraft zur Lebenslaufpolitik verlieren? Werden sich Nationalstaaten auflösen und mit ihnen die nationalen Lebenslaufregime? Wird es zu internationalen und supranationalen Lebenslaufregimen kommen als innovative Antworten auf die Globalisierung? Für letzteres könnte die Europäische Union das Muster sein.

4.1   Lebensläufe in modernen Gesellschaften

Zwar brachte der Modernisierungsprozess in vielen Feldern des sozialen Lebens außerordentliche Fortschritte, diese gingen aber häufig mit Krise und Anomie einher. Auf der einen Seite bietet die moderne Gesellschaft extrem verbreiterte und verbesserte Opportunitätsstrukturen, die dem individuellen Lebenslauf viele neue Optionen geben; auf der anderen Seite aber ist für das moderne Leben ein hohes Risiko individuellen Scheiterns charakteristisch, das nicht ohne weiteres auf Gottes Wille, Schicksal, Klassen und Stand oder andere unabwendbare äußere Umstände geschoben werden kann. Zwar ist das moderne Leben weit weniger von Tod, Armut und Krankheit bedroht als das Leben in vormodernen Zeiten; aber gleichzeitig ist das moderne Leben ein individualisiert riskantes Leben.[14]

---

14   Die okzidentale Modernisierung hat das Prinzip *Gemeinschaft* schrittweise durch das der *Gesellschaft* ersetzt. Ferdinand Tönnies, ein Gründungsvater der Soziologie, hat diese Differenz so definiert: „Die Theorie der Gesellschaft konstruiert einen Kreis von Menschen, welche, wie in Gemeinschaft, auf friedliche Art nebeneinander leben und wohnen, aber nicht wesentlich verbunden, sondern wesentlich getrennt sind, und während dort verbunden bleibend trotz aller Trennungen, hier getrennt bleibend trotz aller Verbundenheiten." (Tönnies 1887, S. 34)

In der modernen Gesellschaft wird der individuelle Lebenslauf nicht länger durch die geteilte Lebenswelt des Alltags dominiert, sondern durch persönliche Interessen – also durch utilitaristische Prinzipien. Da die Menschen der Gegenwart sich als frei und als gleich in physischer und mentaler Hinsicht betrachten, stehen sie in einem ständigen Wettbewerb um die knappen begehrten Objekte des Lebens, insbesondere um Eigentum, Macht und Vergnügen. Das Kennzeichen der modernen Gesellschaft ist deshalb der ständige Kampf aller gegen alle. Politische Theoretiker wie *Machiavelli, Hobbes* und *Marx* – italienische Renaissancestädte, *Cromwells* Großbritannien und die Klassenkämpfe des 19. Jahrhunderts vor Augen – verstanden diesen immerwährenden Wettbewerb als permanenten Bürgerkrieg. Andere Sozialwissenschaftler hingegen wie *Adam Smith, Schumpeter, Hayek* oder *Coleman* sehen den Wettbewerb in liberalen modernen Gesellschaften als eine großartige und nicht versiegende Quelle der Innovation und Prosperität. Denn nur in Gesellschaften des westlichen Typs kommt es erstmals zu einer Wohlfahrtsproduktion, die weit über die notwendige Subsistenz hinausgeht. Ursache sind eine sehr hohe Arbeitsproduktivität, hohe Beschäftigungsquote, hohe Kapitalisierung der Wirtschaft sowie der systematische Einsatz von Wissenschaft und Bildung. Hinzu kommt, dass der freie Handel in wachsenden großen Märkten immer neue Opportunitätsstrukturen erzeugt durch Spezialisierung auf Gebieten relativen Wettbewerbsvorteils. Deshalb ist dieser moderne, liberale und kapitalistische Gesellschaftstyp der einzige in der Geschichte der Menschheit, der unter Inkaufnahme ungleicher Verteilung der Erträge, fortgesetzt große Überschüsse produziert.

Gleichwohl, liberté, égalité – plus productivité, um die bekannte Parole etwas zu variieren, führen keineswegs zwangsläufig zu fraternité, wie die französischen Revolutionäre glauben machen wollten. In kleinen Gemeinschaften ist es nicht schwierig, das Streben nach individuellen Vorteilen mit solidarischer Kooperation zu vereinbaren. In großen Organisationen und Gesellschaften hingegen besteht der unaufhebbare Anreiz, faire Kooperation selbst für geringste persönliche Vorteile aufzukündigen, typischerweise als Trittbrettfahrer (Olson 1965). Gemeinschaften konnten individuelle Lebenslaufsarrangements ihrer Mitglieder noch den religiösen Regeln und kulturellen Normen der jeweiligen tradierten Lebenswelt unterwerfen. Individualisierung war nur in engen Grenzen möglich. Die Gemeinschaft hatte Vorrang. In modernen Gesellschaften hingegen ist die Integration individueller Lebenslaufentwürfe und institutioneller Belange ein Dauerproblem.

Eine Lösung dieses Problems kann Lebenslaufpolitik bieten. Lebenslaufpolitik schafft die Institutionen zur Unterstützung und Integration individueller Lebensläufe. Institutionelle Arrangements und Rechtsansprüche in Bezug auf Erziehung und Bildung, Familienunterstützung, Krankenversorgung, Alterssicherung sind solche Kernelemente von Lebenslaufpolitik in modernen Gesellschaften. Sie strukturieren, unterstützen oder ermöglichen bestimmte Passagen, Sequenzen und Trajekte im Lebenslauf. Lebenslaufpolitik legt die Grundlagen der Stabilisierung von Erwartungen, Übergängen und Trajekten und damit die Grundlagen für eine mögliche rationale Lebensplanung – in je nach nationaler Tradition jeweils besonderer Weise.

4.2   Nationalstaatliche Lebenslaufpolitik und Globalisierung

Wir hatten gesagt, dass Lebenslaufpolitik die in modernen Gesellschaften nicht mehr von Gemeinschaften erzeugten, aber unverzichtbaren öffentlichen Güter bereitstellt zur institutionellen Unterstützung von Familie, Bildung, Erziehung, Gesundheit, Arbeit, Soziales und Altersversorgung. Im Zeitalter der Globalisierung stellt sich dann allerdings die Frage, ob diese im Zuge der Geschichte als nationale Leistungen zustande gekommenen öffentlichen Güter, die je nach Nationalstaat auch noch unterschiedlichen Pfaden gefolgt sind, in vollem oder ausreichendem Umfang erhalten bleiben können oder ob angesichts der Globalisierung internationale und supranationale Lebenslaufpolitik die bessere Lösung wäre?

Zu Beginn war der Nationalstaat eine befreiende und inklusive Kraft. Er brach den Regionalismus und den Feudalismus, erzeugte große Märkte, schuf eine effektive Verwaltung und ist eng verquickt mit der Durchsetzung der Demokratie. Immer schon mit Ethnonationalismus verbunden, wuchs nach Versailles der Ethnonationalismus auch kleiner Gruppen. Rassismus und zweiter Weltkrieg haben dem Nationalstaat den Glanz in Europa genommen. Die Idee, dass Nationen natürlich, einheitlich und homogen sind, überzeugt nicht mehr.

Historisch gesehen folgte der Nationalstaat dem Niedergang der vormodernen, hierarchischen, polyethnischen, religiösen und feudalen Gesellschaft und den zentralisierten Königreichen. Er ist in Gänze ein Kind der Modernisierung: verbunden mit der Durchsetzung der industriellen und kapitalistischen Wirtschaftsordnung, mit zentraler Infrastrukturpolitik, mit professioneller bürokratischer Verwaltung, mit professionellem Militär, mit Ethnosymbolismus, mit Rechtsstaat und zunehmend demokratischer Verfassungsform. Am Ende der Entwicklung sind die Bevölkerungen in die Käfige ihrer Nationalstaaten eingeschlossen. Die Außenbeziehungen werden von den Staats- und Militäreliten definiert. Mit dem Einschluss steigt nach innen die Politisierung vieler Probleme als Staatsprobleme. Für alle Ziele lassen sich mobilisierbare Gruppen finden, die ihre Sonderinteressen als Lobbyisten auf den Nationalstaat richten.

Wird der Nationalstaat als Folge der aufscheinenden Globalisierung in Zukunft verschwinden? Wird dies dann wiederum zur Destruktion des Wohlfahrtsstaates und der staatsbürgerschaftlichen Rechte führen? Werden die nationalstaatlichen Lebenslaufregime für Bildung und Erziehung, öffentliche Gesundheit, Altersversorgung und soziale Leistungen zusammenbrechen?

Die Antwort hängt ab von der Einschätzung der Globalisierung. Die radikalste und auch einfachste Idee ist, dass alle fortschrittlichen Industriegesellschaften nach und nach auf ein einziges gemeinsames Modell der Produktion und Wirtschaftsform einschwenken werden als Konsequenz der erfolgreichsten Praxis in Freihandel und freiem Kapitalverkehr (Crouch u. Streeck, 1997). Sorgfältige Analyse zeigt jedoch, dass diese Annahme falsch ist. Auffällig ist die starke Widerständigkeit nationaler historischer Pfade. Nationale Pfade bieten einen starken Widerstand aufgrund ihrer jeweiligen Einzigartigkeit des Zusammenwirkens von multinationalen Konzernen, der Art der Bereitstellung von öffentlichen Gütern wie Bildung, Infrastruktur, Justiz und Verfassung, aber auch anderer, weicher Kontextbedingungen wie Sprache, Kultur und Normen. Dies alles sind starke Kräfte nationaler Art, die einen massiven Einfluss auf die Reduktion von Transaktionskosten haben, was dann wiederum auf die Stärke nationaler Wettbewerber im internationalen Wettbewerb durchschlägt.

4.3   Strukturen europäischer Lebenslaufpolitik

Sind angesichts der Herausforderungen durch die Globalisierung internationaler Regime insbesondere supranationale Organisationsformen eine innovative Lösung, um die Schocks der Globalisierung abzufedern und deren Möglichkeiten zu nutzen? Die Geschichte Europas und die Lebenslaufpolitik in der Europäischen Union vermögen vorläufige Antworten zu geben.

In einer vergleichenden Studie hat de Swaan (1988) über Jahrhunderte der Modernisierung die Entwicklung der ‚Staatsfürsorge‘, wie er es nennt, in den Bereichen Gesundheit, Bildung, Sozialstaat in Deutschland, England, Frankreich, Holland (und teilweise den USA) untersucht. Beginnend mit Schutzmaßnahmen gegen Massenmigration und Vagantentum umfasste die ‚Staatsfürsorge‘ nach und nach soziale Hilfsmaßnahmen und den Wohlfahrtsstaat, das Bildungswesen mit einem nationalen Curriculum, Gesundheitsfürsorge und öffentliche Gesundheitspolitik, Gesundheits- und Altersversicherung, Familienfürsorge und andere Leistungen. Die treibende Kraft hinter dieser Expansion des Fürsorgestaats in immer weitere Bereiche der individuellen Lebensführung hinein war die offensichtliche Unfähigkeit von Individuen, Bauernfamilien, Dörfern, kleinen Städten, örtlichen Herrschern und Regierungen, religiösen und weltlichen Autoritäten aller Art, mit den überwältigenden Problemen der Auflösung der alten Gemeinschaften und den drohenden Problemen der neuen Gesellschaft fertig zu werden.

Während der Nationalstaat als Fürsorgestaat die Lösung der historischen Modernisierung europäischer Gesellschaften in den letzten Jahrhunderten war, um mit den überbordenden Problemen des schnellen und tiefgreifenden sozialen Wandels fertig zu werden, könnte die Europäische Union die Antwort auf die heutigen Probleme sein. Denn die freie Beweglichkeit von Gütern, Dienstleistungen und Kapital brachte in ihrem Gefolge auch die freie Beweglichkeit von Menschen mit den bereits aus der Geschichte bekannten Konsequenzen. Mit vielen dieser Konsequenzen könnte die Europäische Union, könnte eine europäische Lebenslaufpolitik, besser fertig werden als die institutionelle Lebenslaufpolitik der Nationalstaaten. Die EU kann in einem gewissen Maße Globalisierungsprozesse zu internen Prozessen machen durch die Einrichtung supranationaler, EU-weiter Institutionen.

Ein zentrales Feld europäischer Lebenslaufpolitik ist der *Wohlfahrtsstaat*. Leibfried u. Pierson (1995) haben hier argumentiert, dass die Europäische Union die Antwort auf gemeinsam geteilte Probleme der Nationalstaaten sei.[15] Die Lebenslaufpolitik im Bereich des Wohlfahrtsstaates ist ein direkter Ausfluss des gemeinsamen Marktes von Gütern, Dienstleistungen und Kapital. Sozialstaatliche Lebenslaufpolitik kann nicht länger ausschließlich nationalstaatlich strukturiert sein, wenn der Markt der Güter, Dienstleistungen und des Kapitals sowie die freie Beweglichkeit der Menschen international wird. Sozialpolitik wird daher schrittweise eine Angelegenheit der Europäischen Union werden. Dies wird auch bereits in vielen Feldern sichtbar: Krankenversicherung, Arbeitssicherheitsgesetzgebung, Beschäftigungs- und Industriepolitik, Mutterschaftsrechte, Rechtsansprüche im Falle von Invalidität, Armut und Alter. Eine besondere – aber auch kritisierte – Rolle spielt in der Sozialpolitik der Europäische Gerichtshof mit seiner Ausdehnung sozialer Rechte.

Ein anderes bedeutendes Feld sich entwickelnder europäischer Lebenslaufpolitik ist das *Bildungswesen*, hier insbesondere Berufsbildung, Weiterbildung und der Hochschulbereich. Die Europäische Union ist ein vorangeschrittener Spezialfall – aber keine Ausnahme – im weltweit wachsenden Isomorphismus des Bildungswesens mit seiner Angleichung der Ziele, der Organisationsformen und der Curricula. In der EU werden Abschlüsse und Zertifizierungen wechselseitig anerkannt. Die Regelungen für Gebühren, Stipendien, Forschungsförderung, Austauschprogramme sind wechselseitig bindend, zum Teil Gemeinschaftsangelegenheit (Barblan 2000). Wichtig und von starker Wirkung auf die Vereinheitlichung der Lebenslaufpolitik sind auch die immer häufiger werdenden und in der öffentlichen Debatte intensiv aufge-

---

15   Vgl. auch Cousins (1999) und Esping-Anderson (1999).

nommenen Vergleichsstudien über Standards, Qualifikationen, Kompetenzen und Leistungen des Bildungswesens (Goedebuure u. a. 1994; Deutsches PISA-Konsortium 2001). Curricula, Zertifikate, Abstufungen, Organisationsformen, Management, Rechtsansprüche konvergieren nach dem Bologna Prozess.

Die schrittweise aufkommende europäische Bildungspolitik wird einen starken Einfluss auf die bislang noch bestehende nationale Vielfalt des Bildungswesens haben, insbesondere auf die Beziehungen zwischen dem Nationalstaat und dessen jeweiligem Bildungssystem (Henkel u. Little 1999). Das Lebenslaufregime im Bildungsbereich tendiert erkennbar in Richtung eines neuen Modells von ,mixed governance': Supranationale EU, Bildungsmarkt, regionale und lokale Einheiten gewinnen Einfluss auf Kosten des jeweiligen Nationalstaates (Braun u. Merrien 1999).

Die empirische Lebenslaufforschung hat damit begonnen, die Wirkung von Institutionen und Curricula auf Bildungs- und Berufskarrieren zu untersuchen. Wie homogen oder heterogen sind Bildungs- und Berufsverläufe im Vergleich der EU Staaten und was sind die Ursachen dafür? Es ist keine riskante Annahme, dass nationale Unterschiede früher oder später das Objekt von Lebenslaufpolitik in der Europäischen Union sein werden.

4.4   Zusammenfassung

Globalisierung durchdringt unsere gegenwärtige Welt als Kapitalmärkte, Arbeitsmärkte, Handelsmärkte, Information und Migration. Globalisierung wirkt sich weltweit gravierend auf individuelle Lebensläufe aus. Eine Konsequenz der Globalisierung ist die Fortsetzung der schon aus der europäischen Modernisierung bekannten Destruktion strikter sozialer Kontrolle, die typisch für traditionale Gemeinschaften ist. Wie schon die europäische Modernisierung, so befreit auch die heutige Globalisierung weltweit Individuen aus religiösen, feudalen, traditionalen, kulturellen Zwängen, vergrößert durchgreifend die persönliche Autonomie in der Konstruktion des Lebenslaufs. Auf der anderen Seite aber muss diese Befreiung aus tradierten Lebenswelten des Alltags bezahlt werden. Der Preis ist die Abschwächung der Sicherheit gebenden Werte und Normen, der Verlust der Routine von Traditionen und Ritualen, die Minderung lokaler Solidarität und gemeinschaftlicher Unterstützung. Diese Verluste können durchaus furchterregend sein. Die Reaktion auf Verlustängste kann sich in Entfremdung, Desorientierung, Ressentiments und beispielsweise europäischem Faschismus des 20. Jahrhunderts ebenso niederschlagen wie in der heute vielfältig zu beobachtenden Neigung zum Fundamentalismus und Terrorismus.

Europa wird seine Bürger ‚erwachsenensozialisieren': durch neue Institutionen, getragen von neuen Ideen und reduzierten Transaktionskosten in Politik und Staat, Recht und Markt, Bildung, Kultur und Sozialwesen; durch neue und veränderte Funktionen, Positionen, Rollen und Status; durch erneuerte und ‚resozialisierte' Lebenswelt, durch Sprachwandel, durch neue epistemische und Diskursgemeinschaften; durch neue Möglichkeiten der individuellen und korporativen Interessenrealisierung in größeren Märkten und in umfassenderen Rechtsverhältnissen – soweit die erwachsenen Bürger Europas sich diesen Prozessen unterwerfen, sie zumindest hinnehmen, sie sich zu eigen machen, sie aktiv nutzen, sie handelnd vorantreiben und als legitim ansehen, also die neue Ordnung aktiv mit konstruieren.

Es ist ein historischer Prozess der Erwachsenensozialisation im individuellen Lebenslauf und ein Prozess des Generationsaustausches – mit offenem Ausgang.

5 Theorien der Erwachsenensozialisation

Die heutige Institutionalisierung von Erwachsenensozialisation mit ihren Akteuren und Organisationen ist das Ergebnis der sich historisch langsam und schrittweise herausbildenden gesellschaftlichen Ideen und Institutionen von Erwachsenensozialisation in der modernen Gesellschaft. Zwar spielte Erwachsenensozialisation immer schon eine Rolle in der menschlichen Gesellschaft, beispielsweise durch Traditionsweitergabe, Ritus, Mythos, Religion, in Kirchen und Ständen, jedoch insti-

tutionell weit weniger differenziert als heute, rechtlich wenig kodifi-
ziert, und wissenschaftlich nicht rationalisiert. Der Zuwachs an gezielter Organisation und Steuerung der Erwachsenensozialisation hängt mit
der Sicht auf spezifische Probleme der modernen Gesellschaft und mit
deren Verwissenschaftlichung zusammen.

Dieses Kapitel behandelt grundlagentheoretische Herangehensweisen
an Erwachsenensozialisation:

- Erwachsenensozialisation als Vergesellschaftung des Individuums;
- Erwachsenensozialisation als soziale Konstruktion von Person
  und Identität;
- Erwachsenensozialisation als Begleiterscheinung des Handelns
  rationaler Akteure.

5.1 Die Vergesellschaftung des Individuums

Sozialisation ist der Prozess der Zivilisation von Barbaren, nämlich der
immer nachrückenden Millionenheere von Kindern und Jugendlichen.
Die Institutionen der Gesellschaft können ihre Funktionen nur dann
erfüllen, wenn die Persönlichkeiten der Individuen nach den Normen
der herrschenden Kultur fortlaufend geprägt und nachgebessert werden.
Diese lebenslange Sozialisation kann funktional oder dysfunktional
verlaufen. Sie wird schwieriger, je differenzierter und mobiler eine Gesellschaft ist.

Erwachsenensozialisation wird unter *strukturfunktionalistischen* Annahmen als Vergesellschaftung des Individuums erklärt. Die Institutionen der Erwachsenensozialisation repräsentieren die Funktion des Er-
halts und der Weitergabe der kulturellen Muster einer Gesellschaft.
Dies setzt eine homogene Welt der kulturellen Ideen voraus, die Vorstellung eines obersten kulturellen Baldachins mit allgemeinverbindli-
chem Anspruch (möglichst für die gesamte Menschheit und alle Zeiten). Eine einheitliche Funktionsebene des Handelns führt dann zu einer Reduktion der Transformationskosten des Handelns dadurch, dass
das Problem der doppelten Kontingenz vermindert wird. Akteure, die
im Kontext der gleichen Kultur aufeinandertreffen, müssen nicht jedes

Mal die kulturellen Grundlagen austauschen und verbindlich festlegen. Denn sie sind über dieselben Institutionen kulturell gleich sozialisiert worden, können sich also im Rahmen der gleichen Ideen leicht verständigen, was die Transaktionskosten verringert.

Diese Grundlagentheorie von Erwachsenensozialisation kann nicht nur auf eine lange Tradition zurückblicken, sie ist auch die dominierende. Ausgangspunkt der Überlegungen ist die Gesellschaft mit ihren fundamentalen Funktionen, die sichergestellt werden müssen, nicht das Individuum mit seiner Lebensgeschichte und Identität. Das Verhältnis zwischen Individuum und Gesellschaft wird als Reproduktion von Gesellschaft begriffen, nicht als Konstruktion sozialer Wirklichkeit oder als individuelle Bildungsgeschichte. Erwachsenensozialisation hat zu garantieren, dass adäquate Persönlichkeitseigenschaften entstehen, gefestigt oder wiederhergestellt werden, die die Gesellschaft benötigt, um ihre elementaren Aufgaben wahrnehmen zu können. Erwachsenensozialisation reproduziert also Gesellschaft. Sie konstituiert sie nicht, denn das würde bedeuten, dass aus der Interaktion und Kommunikation von Individuen Gesellschaft erzeugt, konstruiert wird, Gesellschaft also eine Schöpfung aus Interaktion und Kommunikation ist, eine symbolische Lebenswelt, oder dass sie primär eine rational gewollte Markt- und Rechtsbeziehung darstellt.

Eine Veröffentlichung von ORVILLE G. BRIM (1974) gilt bis heute als Musterfall der Anwendung strukturfunktionalistischer Grundlagentheorie auf Erwachsenensozialisation. Brim versteht *Erwachsenensozialisation als fortgesetzte Anpassung des Menschen an sich wandelnde gesellschaftliche Erfordernisse*, die ökonomischer, technologischer, sozialstruktureller oder kultureller Art sein können. Er untersucht die Art und die Ursache dieser gesellschaftlichen Entwicklungen nicht weiter und begreift den Erwachsenen ausschließlich als das passive Sozialisationsobjekt unter gesellschaftlichen Zwängen:

„Es ist nicht unsere Aufgabe, zu verstehen, wie die Gesellschaft verändert wird, um sich der menschlichen Natur anzupassen und seine persönliche Zufriedenheit zu erhöhen, sondern zu verstehen, wie der Mensch lernt, die gesellschaftlichen Aufgaben zu erledigen." (...) „*Aufgabe von Sozialisation ist die Umwandlung des*

‚menschlichen Rohmaterials‘ einer Gesellschaft in fähige Mitglieder dieser Gesellschaft.“ (Brim 1974, S. 3)

„Die Sozialisation, die ein Individuum in seiner Kindheit erfährt, kann keine angemessene Vorbereitung auf die Aufgaben in späteren Jahren sein. Mit dem Älterwerden nimmt der Mensch eine Abfolge von Positionen ein, die den verschiedenen Lebensabschnitten entsprechen. Einige Erwartungen der Gesellschaft bleiben zwar während des ganzen Lebens relativ stabil, andere aber verändern sich mit dem Lebensalter. Wir wissen, dass die Gesellschaft vom Individuum verlangt, dass es sich in seiner Persönlichkeit ändert, um in seinem Leben Platz zu schaffen für neue signifikante Personen, wie Familienmitglieder, Lehrer, Arbeitgeber und Arbeitskollegen.“ (Brim 1974, S. 18)

„Dies ist erstrebenswert, aber nicht genug; moderne Gesellschaften müssen auch für Resozialisierung in solchen Rollen sorgen, auf die eine Person in ihrer Entwicklung nicht vorbereitet worden ist. Es entstehen gesellschaftliche Institutionen, deren spezifische Aufgabe die Resozialisation von Kindern oder Erwachsenen ist, fast so wie es Schule und Familie für den primären Sozialisationsprozess sind.“ (Brim 1974, S. 20)

Die Definition von Brim steht stellvertretend für eine theoretische Position, in der es um die Einfügung von Menschen in gesellschaftliche und kulturelle Verhältnisse geht und um die Korrektur dieser Einfügung, sofern sie sich als unzureichend herausstellt. Das unter den jeweils gegebenen gesellschaftlichen Verhältnissen erforderliche oder gewünschte Rollenverhalten wird durch Sozialisation erzeugt, durch Erwachsenensozialisation gefestigt oder nachgebessert. *Erwachsenensozialisation ist Vergesellschaftung.*

Aus Geschichte und Gegenwart sozialwissenschaftlicher Theorien wurde ein Begriff von Erwachsenensozialisation gewonnen, der das Verhältnis zwischen Individuum und Gesellschaft wie folgt begreift: das Individuum ist von Natur aus egoistisch, unsozial, ja asozial. Im Kampf gegen die äußere und innere Natur bedarf es der Zivilisierung durch die Institutionen der Gesellschaft nach den Normen der herrschenden Kultur. Die Gesellschaft erzieht sich Persönlichkeiten nach ihrem Muster und Bedarf. Man kann diesen Vorgang als normativ regulierte Reproduktion von sozialen Systemen bezeichnen, weil soziale Systeme ihren Fortbestand (Reproduktion) unter anderem durch Erwachsenensozialisation zu sichern versuchen, wobei es Normen über den adäquaten Persönlichkeitstypus und Regeln zur Form der Prägung gibt, die in Religion, Kultur und gesetzlichen Bestimmungen enthalten sind.

Erwachsenensozialisation ist in dieser Theorietradition eine Fortsetzung, Vertiefung oder auch Korrektur der vorhergegangenen kindlichen Sozialisation in Familie, Schule und Gleichaltrigen-Gruppe. Die Sozialisation des Kindes hat dessen Persönlichkeit bereits substantiell geprägt, die Erwachsenensozialisation muss sich daher in ihren Bedingungen und Möglichkeiten auf die gegebenen Voraussetzungen beziehen. Der Prozess von Sozialisation und Erwachsenensozialisation ist im Prinzip der gleiche, da beide nur als Phasen in zeitlicher Abfolge gedacht werden. Erwachsenensozialisation bezieht aber andere Institutionen ein, fußt auf anderen rechtlichen Bestimmungen und normativen Erwartungen und setzt ggf. eine stärkere Selbstbeteiligung des zu sozialisierenden Erwachsenen voraus.

5.2 Die soziale Konstruktion von Person und Identität

Sozialisation ist der alltägliche symbolische Interaktionsprozess, in dem die einzelnen Mitglieder der Gesellschaft in unmittelbarer oder mittelbarer Interaktion und als wechselseitiges Publikum lernen, sich mit den Augen ihrer Interaktionspartner zu sehen. Persönlichkeit, soziale und personale Identität, entsteht als Verinnerlichungsvorgang von wechselseitigen Zuschreibungen und Rollenübernahme. Über die Zeit betrachtet ist Sozialisation ein biographischer Deutungsvorgang, abhängig von fortlaufenden Interaktionen im Kontext von Institutionen.

Unter *pragmatisch-interaktionistischen* Annahmen ist das Ausgangsargument der Erklärung von Erwachsenensozialisation das sinnhafte Handeln des Akteurs im Kontext einer geteilten Symbolwelt. Soziales Handeln bedarf eines Sinnhorizontes. Der Sinnhorizont ist *sozial konstruierter* Sinn: Konstrukt aus der Interaktion von Individuen und Kollektiven, Ergebnis gesellschaftlicher Verteilung von sozialem Wissen.

Symbolische Sinnwelten sind historisch kontextualisiert. Sie werden je nach Widerständigkeit der Umwelt gegebenenfalls neu ausgelegt. Die Person gewinnt ihre Identität durch die rekursive und reflexive Rückwendung des eigenen Handelns auf sich selbst, über die Reaktionen der Umwelt auf ihr Tun. Die geteilte Sinnwelt der Institutionen macht soziales Handeln routinisiert, an einfachen Typisierungen ausrichtbar. Erwachsenensozialisation ist die ständige Adjustierung des Auslegungshorizontes oder auch dessen Erneuerung im Falle tiefgreifender Transformation der Umwelt.

Unter den Begriffen der Konstruktion von Person und sozialer Wirklichkeit geht es nicht um Vergesellschaftung des Individuums, sondern um Identität, Biographie, Institution. Im Vordergrund steht nicht die gesellschaftliche, sondern die personale und sozial konstruktive Seite der Erwachsenensozialisation. *Wie erlebt, verarbeitet, gestaltet das Sozialisationsobjekt den Prozess, dem es unterworfen ist?* Welche Spielräume des Handelns und des Interpretierens hat es? Welche gesellschaftlichen Deutungsmuster transportiert und modifiziert es?

Martin Kohli (1987, 1995) beschreibt das Erwachsenenalter als einen sozial in ganz bestimmter Weise verfassten Abschnitt des Lebens. Die soziale Verfassung dieses Lebensabschnitts verlangt vom Erwachsenen Stabilität in seiner Persönlichkeit und seinen sozialen Beziehungen. Dieses Verlangen hat eine normative Komponente in Form gesellschaftlicher Erwartungen und eine materielle Komponente in Form institutioneller Arrangements, wie beispielsweise Familie und Beruf. Zur sozialen Verfassung der Erwachsenenphase gehören deutlich hervortretende Abgrenzungen in Form von Statuspassagen, von Eingangsriten und Ausgangsriten, also klare Unterscheidungen gegenüber Kindheit, Jugend und Alter. Über diese zeitliche Abgrenzung zwischen einem Vorher und einem Nachher hinausgehend weist die Lebensphase des Erwachsenen auch eine innere Zeitstruktur auf. Die Institution Familie kennt beispielsweise die inneren zeitlichen Strukturierungen Eheschließung, Elternschaft, nachelterliche Phase, Verlust des Ehegatten durch Scheidung oder Tod. Interne Zeitstrukturen kennzeichnen auch die berufliche Sozialisation mit Vorbereitungszeit, Einstieg, Aufstieg, Höhepunkt und Abstieg. Auch die Krise der Lebensmitte gehört zu dieser internen Zeitstruktur familiärer und beruflicher Erwachsenensozialisation.

Wichtig zu ergänzen ist, dass die aufeinander folgenden Generationen jeweils unter anderen, oft sehr unterschiedlichen historischen Bedingungen ihr Leben durchlaufen. Familie, Schule, Beruf, Arbeitsmarkt, Altersversorgung, Krieg und Frieden geben einen für jede Generation anderen, folgenreichen Rahmen ab, der den Möglichkeiten des individuellen Lebensverlaufs enge Grenzen setzt und der als Rahmen vom Individuum nicht korrigiert werden kann. Solche spezifischen historischen Bedingungen betten Sozialisation in den allgemeinen historischen Wandel von Kultur und Gesellschaft ein, geben dem Individuum einen ganz bestimmten Platz im Fluss der Geschichte.

Das nachfolgende Zitat stellt noch einmal die beiden Aspekte von Erwachsenensozialisation, die *strukturfunktionalistische* Betonung der *Vergesellschaftung* des Individuums und die *interaktionistische, biographische* Betonung der *Selbstwerdung* und *Individuierung* im Lebenslauf, gegenüber: „Die Person hat (...) immer zwei Probleme zu meistern: sie muss den allgemeinen Erwartungen entsprechen, sie muss allgemein sein, gewissermaßen einen Typ präsentieren, eine soziale Rolle spielen. (...) Sie muss aber auch ihre Besonderheit und Einzigartigkeit belegen, sie muss anders als alle anderen sein (...). Die Fähigkeit, diese beiden Aspekte zu vereinbaren und den Balancierungsprozess zu vollziehen, nenne ich Ich-Identität." (Griese 1976, S. 187f.)

Erwachsenensozialisation ist also kein einseitiger Vorgang der Zivilisierung des unsozialen Individuums durch die Gesellschaft, sie ist vielmehr ein wechselseitiger Prozess zwischen Individuen bzw. zwischen Individuum und Gesellschaft, der ohne aktive Beteiligung des handelnden Individuums nicht möglich ist. Die Rollen von Sozialisand und Sozialisator sind im Prinzip austauschbar, Vergesellschaftung und Individuierung sind zwei Seiten des gleichen Vorgangs von Erwachsenensozialisation, der aus der alltäglichen symbolischen Interaktion hervorgeht.

Es ist offensichtlich, dass es sich bei dieser zweiten theoretischen Position um eine originäre Theorie von Erwachsenensozialisation (und nicht von kindlicher Sozialisation) handelt, da die wesentlichen Begriffe der Analyse symbolischer Interaktion am Handeln voll kompetenter Erwachsener gewonnen worden sind. Erwachsenensozialisation ist ein alltäglicher Grundvorgang, in dem die Balance zwischen Identitätsbehauptung und sozialer Einfügung stets neu zu definieren ist. Sie ist ein Rollenspiel mit zeitlicher und sinnhafter Dimension, deshalb auch als Biographie und biographische Identität bezeichnet, denn der Sozialisand hat zu seiner eigenen Erwachsenensozialisation eine bewusste, sinnstrukturierte Beziehung.

Gerade umgekehrt wie in der vorher vorgestellten Theorie wird hier das Modell der Erwachsenensozialisation auf die Sozialisation des Kindes rückübertragen. Auch die kindliche Sozialisation geschieht nach den Regeln symbolischer Interaktion, jedoch mit der wesentlichen Einschränkung, dass die soziale Kompetenz, obwohl bei Kindern noch wenig oder beim Kleinkind kaum realisiert, von den erwachsenen Interaktionspartnern der Kinder gleichwohl immer kontrafaktisch als gegeben unterstellt wird.

5.3 Rationale Akteure, Humankapital, Markt und Staat

Gesellschaftliche Ordnung geht aus rationalen Entscheidungen verantwortlicher und selbständiger Individuen hervor, die – mit Ressourcen und Rechten ausgestattet – in der Lage sind, nach ihren Interessen Ziele und Mittel zu wählen, die sie im Tausch mit Anderen realisieren. Dabei entstehen soziale Strukturen wie Markt, Vertrag, Normen, Vertrauen. Sozialisation ist hier eine wichtige Kategorie der Erklärung gesellschaftlicher Ordnung über Kollektivgüter, humanes und soziales Kapital. Sozialisation bezieht sich primär auf die Kindererziehung zu rationalen Personen, sekundär auf subsidiäre Bereitstellung von Bildungsinstitutionen und Qualifizierungsmöglichkeiten zur Humankapitalakkumulation sowie auf die rationale Gestaltung der Opportunitätsstrukturen in Familie, Bildung, Generationsverhältnissen, Wirtschaft, Recht, Bürokratie, Wissenschaft.

Ausgangspunkt des theoretischen Arguments ist die Interessenselektion der Akteure. Akteure handeln interessenorientiert. Das bringt sie in ein Tauschverhältnis zueinander mit dem Ziel, durch Tausch ein Optimum aus den vorhanden Ressourcen und Rechten zu erzielen. Der Tausch vernetzt die Akteure zunächst lediglich auf Zeit an bestimmten Orten. Der in der Menschheitsgeschichte ubiquitäre Markt ist jedoch bereits eine Institution des Tausches, die wesentlich höhere Anforderungen an Regeln stellt: neben Festlegungen von Zeit und Ort sind es Regeln des Rechts, des Geldes, des Vertrauensschutzes, der Sanktion bei Verstößen. Soziale Systeme gehen also aus dem Tauschverkehr rationaler Akteure hervor. Regeln, repräsentiert durch Institutionen, werden freiwillig gesetzt, weil sie Transaktionskosten reduzieren. An der Spitze der wichtigsten Institutionen stehen Markt und Staat. Erwachsenensozialisation geschieht primär und auf natürliche Weise über die Teilnahme am Tausch als Produzent, Marktteilnehmer, Staatsbürger mit Staatsbürgerrechten, Berufstätiger in einer Profession, Partner einer Lebensgemeinschaft und so weiter. Der Wirtschaftskosmos schafft sich die Wirtschaftssubjekte, deren er bedarf, wie Weber formuliert. Spezialisierte Einrichtungen der Sozialisation und Erwachsenensozialisation werden dann geschaffen, wenn die Funktionsfähigkeit des Tauschprozesses in Markt, Politik, Recht bedroht ist. Erwachsenensozialisation ist jedoch subsidiär. Institutionen der Erwachsenensozialisation sind deshalb historisch kontextualisiert, zu erklären über den Zweck der Lösung bestimmter Problemkonstellationen. Auch die Kontinuität verbindlicher Ideen ist wichtig, sie gehört zu den Mitteln der Transaktionskostenreduktion.

Die an natürliche Personen gebundenen Institutionen wie Familien oder Ortsgemeinschaften wurden im Laufe der Jahrhunderte Europäischer Modernisierung weitgehend durch anonyme Korporationen ersetzt. Die Dominanz anonymer Korporationen verändert die Verhaltensweisen der Menschen. Ein Musterbeispiel dafür ist die Entwicklung der Familie (Coleman 1996). In der modernen Gesellschaft sind der alten Institution Familie fast alle Ressourcen und Rechte genommen und an moderne korporative Akteure und an den Staat übertragen worden. Mit der Auslagerung der den Lebensunterhalt sichernden Arbeit aus der Familie an Betriebe, mit der Delegation von Erziehung und Bildung an Kindergärten, Schulen und Hochschulen, mit der Abtretung der Kranken- und der Altersversorgung an Versicherungen und den Sozialstaat wird die Abhängigkeit der Familienmitglieder und Generationen voneinander beseitigt und damit die familiäre Solidarität untergraben. Für Eltern lohnt es sich nicht mehr, viele Kinder zu haben und in sie zu investieren. Das Interesse an Kindern hört auf, zugleich Kollektivinteresse der Gesellschaft und Selbstinteresse der Individuen zu sein. Kinder werden – bei historisch als gleichbleibend angenommenem emotionalen Wert – als Kostenfaktor gesehen mit geringerem Grenznutzen im Vergleich zu anderen Konsumgütern des schönen Lebens.[16]

Coleman führt die historischen Veränderungen der Bereitschaft zu Investitionen in Humankapital bei Eltern und Kindern im Verlaufe der letzten beiden Jahrhunderte auf modifizierte Ertragserwartungen zurück. Er unterscheidet drei Perioden des Wandels der Investitionen in *Humankapital*. In der ersten Periode bis etwa 1880 sind Kinder für ihre Eltern noch eine unmittelbar produktive Ressource (z.B. als Arbeitskräfte und für die Alterssicherung). In der zweiten Periode bis 1950 mussten Eltern (und Kinder) bereits erhebliche Anstrengungen unternehmen, um das für ein auskömmliches Leben notwendige Humankapital durch eine ausreichende Bildung und Ausbildung zu erzeugen. Gute Bildung und Ausbildung lohnten sich für Eltern und Kinder aber noch. In der gegenwärtigen, dritten Periode hingegen zahlen sich auch kostspielige Investitionen in Humankapital für Eltern und Kinder nicht mehr mit Sicherheit oder nur in zu geringem Maße aus. Humankapitalinvestitionen, insbesondere in Bildung, werden deshalb auch weniger getätigt als es gesellschaftlich wünschenswert wäre. Also übernimmt der Staat eine wachsende Vielzahl der ursprünglich familiären Aufgaben. „There is, however, one actor with strong interests in having a child's value to society maximized, or its cost to society minimized. This is the state." (Coleman 1996, S. 188)

Die Zunahme des Anteils kinderloser Personen an der Gesamtbevölkerung und die Überalterung der Bevölkerung haben gravierende Wirkungen auf die Politik. Der Anteil des sozialen Kapitals eines Gemeinwesens, der in Kinder investiert wird, wird in Relation zum Anteil für die Erwachsenen immer kleiner. Die wohlfahrtsstaatlichen Ausgaben fließen primär in Altersversorgung und Gesundheitswesen, das eben-

---

16   Zur Ökonomie der Familie vgl. Becker (1981). Zur Gegenwartdiagnose vgl. Miegel (2002) und Miegel u. Wahl (1993).

falls vor allem den Älteren dient, nicht aber in Erziehung, Bildung und Ausbildung. Der Staat ist mit seinen modernen Organisationen jedoch nicht in der Lage, die so geschaffenen Probleme wie hohe Wohlfahrtskosten, einen fatalen Altersaufbau der Bevölkerung, Bildungsmängel und Gesundheitsschäden, Drogen und Kriminalität zu lösen. Die Schule beispielsweise kann den Ausfall an sozialem Kapital bei ihren Schülern, also an guter Erziehung, Charakterfestigkeit, Gemeinsinn, Solidarität, Kooperationswillen, Motivation nicht ersetzen. Sie muss vielmehr darauf bauen können, dass diese Voraussetzungen für schulische Bildung bereits von den Familien gelegt worden sind.

Auch mehr Geld wird die Schulen nicht instand setzen, das fehlende soziale Kapital, das die Familie ihren Kindern mitzugeben hat, aber nicht mehr ausreichend mitgibt, zu ersetzen. „In the United States, studies have shown that the achievement attributable to the school itself is almost independent of the level of tangible school resources provided by the community or the nation." (Coleman 1996, S. 183)[17]

Erziehung und Bildung müssen auf andere Weise grundlegend gefördert werden, beispielsweise durch die Vergabe von großzügigen Zuwendungen (vouchers) an Familien, die damit wieder selbst in Erziehung und Bildung investieren. Das Problem muss an seinen Wurzeln gelöst werden, durch die Förderung des Interesses von Eltern an ihren Kindern und durch Anreize für die Kinder an der eigenen guten Erziehung und Bildung. Daran fehlt es und die daraus hervorgehenden Probleme lassen sich nicht später durch die Schule oder durch Sozialpädagogik und Psychotherapie lösen. Der Staat ist unfähig, solche Probleme selbst zu bewältigen, ganz gleich wie viel Geld ausgegeben wird, falls er dazu überhaupt in einer alternden und Single-Gesellschaft bereit und in der Lage ist.

Erwachsenensozialisation ist also abhängig von Institutionen und Opportunitätsstrukturen einer Gesellschaft, von den positiven und negativen Anreizen, die sie gibt, von den Optionen, die sie eröffnet, von den gegebenen Ressourcen und Beschränkungen. Bildungseinrichtungen

---

17 Zur Rolle von Bildungsinvestitionen für die Wohlfahrt der Nationen vgl. Schultz (1986).

können diese Grundlagen von Sozialisation und Erwachsenensozialisation nicht ersetzen, sondern müssen darauf aufbauen können.

Im dritten Theorietypus kommt der Erwachsenensozialisation weder ein hoher gesellschaftlicher Kontrollwert zu, noch findet sich hier ein Abstellen auf die Lebenswelt des Alltags geteilter symbolischer Sinnwelten. Erwachsenensozialisation geschieht stattdessen fortlaufend durch die ökonomischen, rechtlichen und religiösen Verhältnisse, die auf ihre Schöpfer zurückwirken. Sie ist, soweit sie Erziehung ist, als Förderung von Humankapital (Fachwissen) zu gestalten. Der Staat hat lediglich eine Nachtwächterfunktion.[18] Erwachsenensozialisation selbst ist nicht seine Aufgabe. Er hat einen materiellen Zuschuss aus Steuermitteln zu geben und die Einhaltung des Rechts zu überwachen. Erwachsenensozialisation wird in dieser theoretischen Tradition also nicht ignoriert, jedoch gilt ihr nicht das Hauptinteresse der Analyse.

Diese theoretische Position ist – noch mehr als die des symbolischen Interaktionismus – eine speziell auf *Erwachsene* zugeschnittene Theorie der Erwachsenensozialisation. Sie ist nicht abgeleitet aus der Theorie kindlicher Sozialisation, wie dies in der ersten Grundlagentheorie der Fall ist, in der der Begriff der Sozialisation auf Erwachsene erst schrittweise übertragen und dann als lebenslange Sozialisation modifiziert werden muss. Die Wirkungen des Berufs und der Wirtschaftsordnung, die Teilhabe an Recht und Politik, die Rationalität von Wissenschaft und Bürokratie sowie die Fachschulung in den höheren Bildungsanstalten richten sich auf *Erwachsene*. Diese spezielle Theorie von Erwachsenensozialisation ist auf die Sozialisation von Kindern nur dadurch übertragbar, dass man die Weitergabe der sozialisatorischen Einflüsse auf Kinder über Institutionen und Opportunitätsstrukturen beschreibt, denn damit werden Optionen und Restriktionen für rationales individuelles und kollektives Handeln gesetzt. Dies aber ist sehr wirksam, oft wirksamer als direktes erzieherisches oder sozialisierendes Handeln. Obwohl sich diese theoretische Tradition also nicht speziell für Sozialisationsvorgänge interessiert, hat sie zentrale theoreti-

---

18 Typischer Vertreter dieser Position ist der schon erwähnte John Stuart Mill (1859) „Über die Freiheit".

sche Argumente zu einer Theorie von Erwachsensozialisation beizutragen.

Wenden wir uns nun einer ganz neuen Perspektive auf die Erwachsenensozialisation zu.

6 Eine neo-institutionstheoretische Perspektive

Der Neo-Institutionalismus greift auf institutionstheoretische Traditionen in Soziologie, Ökonomie und Politikwissenschaft zurück und verbindet diese. Institutionen werden durch Kultur und durch lebensweltliche Traditionen ebenso geprägt wie durch vereinbarte Handlungsbeschränkungen, also beispielsweise durch Gesetze und Regeln. Institutionen dienen dazu, rationalen Akteuren eine bessere Berechenbarkeit insbesondere von langfristigen Tauschvorgängen komplexer Art zu ermöglichen, indem sie die Transaktionskosten unterschiedlicher Arten von Tausch und Kooperation reduzieren.

Erwachsenensozialisation vollzieht sich immer und überall in und durch Institutionen: Institutionen des Rechts, der Wirtschaft, der Politik, der Familie, der Kultur, der Religion und Sitte. Institutionen stiften einen Sinnhorizont, setzen Regeln, liefern Ressourcen, und ermöglichen damit erleichterte Zielorientierung, rationalen Mitteleinsatz, vereinfachte kommunikative Abstimmung, Umgang mit den Grenzen der Handlungsspielräume (Weymann 1989). Der Kulturanthropologe Arnold Gehlen hebt deshalb die Entlastungsfunktion von Institutionen hervor. Der Mensch als instinktreduziertes, weltoffenes Wesen wäre chronisch überlastet, wenn er seine Entscheidungen und Kooperationen nicht in aller Regel auf typisierte kulturelle Verhaltensmuster, d.h. auf Institutionen, stützen könnte, sondern sie in jeder Minute neu (er)finden müsste. Er wäre desorientiert, verunsichert, auf sein zufälliges idiosynkratisches Ego als einzigem Halt zurückgeworfen – mit der Folge von Unsicherheit, Isolation, Angst oder auch als Reaktion Rigidität, Dogmatismus. Dazu heißt es bei Gehlen: „Wenn auch die Institutionen uns in gewisser Weise schematisieren, wenn sie mit unserem Verhalten auch unser Denken und Fühlen durchprägen und typisch machen, so zieht man doch gerade daraus die Energiereserven, um innerhalb seiner

Umstände die Einmaligkeit darzustellen, d.h. ergiebig, erfinderisch, fruchtbar zu wirken." (Gehlen 1961, S. 72)

In der Soziologie werden Institutionen vor allem über Ideen, Gebräuche, Sitten beschrieben und verstanden. Institutionen bringen die Geltungsansprüche von Kultur und Gesellschaft zum Ausdruck. Sie ermöglichen Regelmäßigkeit und damit Berechenbarkeit des Handelns, die durch Orientierung an einer als legitim geltenden Ordnung entstehen. „Institutionsanalyse stellt die Frage: welche Leitideen wirken in welchen Handlungskontexten bis zu welchem Grade verhaltensstrukturierend." (Lepsius 1995, S. 395)

Erwachsenensozialisation (und Sozialisation allgemein) ist die Vermittlung zwischen Kultur und Person durch Institutionen.

Insbesondere unter den Klassikern der Soziologie ist Institutionen nachhaltige Aufmerksamkeit zugewendet worden. Talcott Parsons' strukturfunktionalistische Perspektive richtete sich auf die Funktion von Kultur. Hierarchisch als oberste der vier Grundfunktionen[19] des Handelns (und eines jeden Systems) konzipiert, setzt Kultur durch Werte und Normen die elementaren Verhaltensorientierungen. Werte und Normen werden durch Sozialisation internalisiert, durch Erwachsenensozialisation verstärkt oder resozialisiert und gegebenenfalls bei Normabweichung durch Sanktionen bekräftigt.

Die Repräsentanz von Kultur durch Institutionen – vor allem der Bildung und Erziehung, der Politik und der Wirtschaft – ist hier das entscheidende Moment für Erwachsenensozialisation.

In der phänomenologischen (Schütz 1932) und wissenssoziologischen (Berger u. Luckmann 1969) Tradition geht es um die „gesellschaftliche Konstruktion der Wirklichkeit"[20], um die Konstruktion der Institutionen selbst, die dann ihrerseits die Verteilung des sozialen Wissens und die Überzeugungen der Akteure formen. Institutionen sind symbolische

---

19 Anpassung, Zielerreichung, Integration und Mustererhalt (Parsons 1971, S. 13 und S. 20; Parsons 1975, S. 50-53; Parsons 1976, S. 154); für einen allgemeinen Überblick vgl. Abels (2004), Bd. 1, Kap. 6.3 „Grundfunktionen der Strukturerhaltung (AGIL-Schema)".

20 So der klassisch gewordene Titel des Buches von Berger u. Luckmann (1969).

Systeme von Wissen, Glauben, Moral, deren objektive (institutionsbe-
zogene) und subjektive (identitätsbezogene) Seite in Wechselwirkung
eng verbunden sind. Exemplarisch für diese Sichtweise sind die zahlreichen Studien, die an der Chicagoer Universität in den 1920er Jahren
entstanden. Sie befassen sich mit Presse, Polizei, Justiz, Anwaltskanz-
leien, Hospitälern, Psychiatrie, Schulen, Hochschulen, Berufen und
Professionen, wobei die Wirkung dieser Institutionen auf Lebenslauf
und biographische Identität der von diesen Institutionen als Betreiber
oder Klientel berührten Personen einen Fokus des Interesses bildet.

*Erwachsenensozialisation ist hier der Prozess der fortlaufenden Neu-
konstruktion und Rekonstruktion der sozialen und personalen Wirklichkeit als Lebenswelt des Alltags.*

Auch für Rationalitätstheorien (z. B. Max Weber) ist die Selektion von
Sinn aus dem Horizont unendlicher Möglichkeiten die entscheidende
Leistung von Institutionen. Institutionen ermöglichen durch Sinnselek-
tion, individuellen und kollektiven Interessen rational nachzugehen. Bei
Weber stehen der objektive Sinn der Institution und der subjektive des
Akteurs in einem komplementären Verhältnis, so beispielsweise die
Rationalität der Institution Wirtschaft und die ökonomische Rationalität
der individuellen Lebensführung, oder die zertifizierte Fachschulung
des Bildungswesens und die curriculare individuelle Bildungslaufbahn.
Die Institution erzeugt die Charaktere, deren sie bedarf.

*Erwachsenensozialisation ist die Produktion des erforderlichen sozia-
len Kapitals und Humankapitals.*

Eine institutionstheoretische Perspektive auf Erwachsenensozialisation
interessiert sich also immer für den Sinnhorizont der Institutionen, der
sowohl subjektiv verinnerlicht wurde, als auch selbst soziale Konstruktion der Wirklichkeit durch Erwachsene ist. Weiterhin lässt sich dann
unterscheiden zwischen *sozialen Institutionen* als auf Dauer gestellte,
durch Internalisierung verfestigte Sinngebilde und Verhaltensmuster
einerseits und andererseits *politischen Institutionen* als Regelsysteme
der kollektiven symbolischen Repräsentanz und der Herstellung und
Durchführung von Entscheidungen, also mit anderen Worten zwischen
einer Regelung der *Symbolbeziehungen* einerseits und der *Willensbe-
ziehungen* andererseits (Göhler 1997).

Die *Neo-Institutionstheorie*[21] behält diese theoretischen Perspektiven bei, fügt aber weitere Elemente hinzu. Das zentrale Argument lautet: „At the theoretical center of the new institutionalism paradigm is the concept of choice within constraints." (Brinton u. Nee 1998, S. 8) Der Erwachsene handelt nicht nur regelbasiert aus kulturellen Gründen, sondern auch aus Gründen anthropologischer Grenzen rationaler Entscheidung. Er handelt immer unter Bedingungen begrenzter Ressourcen, unter begrenzt informierten Erwartungen und Bewertungen, sowie unter der Unabsehbarkeit nichtintendierter Folgen der Aggregation massenhafter rationaler Entscheidungen anderer Individuen.[22] Institutionen ermöglichen es, die Transaktionskosten rationaler Entscheidungen zu verringern. Nicht jede Entscheidung muss jedes Mal gänzlich neu rational getroffen werden, als wäre sie die erste. Der begrenzt informierte, nur begrenzt rationale und mit einem Hang zu Lüge und Betrug versehene Mensch (Williamson 1994) kann mit anderen ebenso geprägten Menschen leichter in Interaktion und erfolgreichen Austausch treten, wenn die beidseitigen Verhaltensmöglichkeiten durch das Regelwerk einer Institution wirksam beschränkt sind. Institutionelle Regelwerke von Märkten, Gesetzen, Hierarchien[23], Kultur wirken als Steuerung (governance), wobei deren Regelroutine das Ergebnis des bisherigen historischen Pfades der jeweiligen Institution zwischen Adaption und Selektion ist.

Institutionen können als Machtmittel (von Eliten) eingesetzt werden, als Opportunitätsstrukturen mit positiven und negativen Anreizen, oder als Sozialisationsagenturen. In jedem Fall schaffen sie Vorbedingungen für die kooperative Lösung komplexer Tauschvorgänge. „Institutionen sind die Spielregeln einer Gesellschaft oder, förmlicher ausgedrückt, die von Menschen erdachten Beschränkungen menschlicher Interaktion. Dementsprechend gestalten sie die Anreize im zwischenmenschlichen Tausch, sei dieser politischer, gesellschaftlicher oder wirtschaftlicher Art." (North 1992, S. 3)

---

21 Zur Einführung in die soziologische Neo-Institutionstheorie vgl. auch Knight u. Sened (1998) und vor allem Scott (2001).
22 Vgl. dazu Esser (1993), Kapitel 14.
23 Zur Institutionstheorie von Märkten und Firmen vgl. Williamson (1975).

Tausch (Grüße, Küsse, Adressen, Informationen, Haushaltsgeräte, Nachbarschaftshilfe) geht man ein mit dem Ziel der Verbesserung, aber Tausch kann auch kostspielig und riskant sein. Ein Beispiel ist der wirtschaftliche Tausch: Güter sind nicht homogen, der Tausch findet nicht an einem Ort zu einem Zeitpunkt statt; Güter müssen einheitlich gemessen werden nach Größe, Gewicht und Qualität; Banken und Versicherungen, Rechtssicherheit, Verkehrs- und Kommunikationsinfrastruktur, diverse Agenturen werden benötigt. Allein Institutionen schaffen den Rahmen für einen erfolgreichen und kostengünstigen Tausch. Sie senken die Transaktionskosten. Wie sie dies tun, ist das Ergebnis eines langen Prozesses aus Versuch und Irrtum, der als historischer Pfad beobachtet werden kann. Pfade sind also historische Lösungswege, aber keineswegs zwingend optimale Lösungswege. Auch suboptimale historische Pfade haben langen Bestand, weil der Pfadwechsel wiederum kostspielig ist und von Sonderinteressengruppen behindert wird.

Erwachsenensozialisation ist also geprägt durch historische Pfade erfolgreicher Institutionen – und sie ist ein Beitrag zu Reduktion von Transaktionskosten.

Institutionen bleiben erhalten, gehen unter, werden immer aufs Neue geschaffen in Abhängigkeit von der Bewährung ihrer regulativen, normativen und kognitiven Leistungen, in Abhängigkeit von ihrer Gestaltungskraft (governance-structure)[24] zwischen Gesellschaft und individuellen Akteuren. Die beiden bereits genannten Logiken – einmal jene der Effizienz und Transaktionskostenreduktion, des Willens der Ausrichtung auf erwartete Zielsetzungen, zum anderen jene der kulturellen oder lebensweltlichen Leitidee und der Einhaltung bewährter Regeln – geraten leicht in ein Spannungsverhältnis untereinander. Dieses Spannungsverhältnis trifft Institutionen in unterschiedlicher Weise, abhängig davon, ob sie mehr der Repräsentanz von Leitideen dienen (so Bildungseinrichtungen, Theater) oder der Effizienz (so Industriebetriebe und technische Dienstleistungseinrichtungen). Das Spannungsverhält-

---

24 Genauer bei Scott (2001), S. 52 und S. 195.

nis sorgt für eine evolutionäre, aber inkrementelle und nicht zwangsläufig optimal effiziente Geschichte des Institutionswandels.[25]

Über die Reduzierung von Transaktionskosten und über die Vermittlung von Sinn strukturieren Institutionen das individuelle und kollektive Handeln. Sie tun dies nicht zuletzt durch Professionalisierung der beruflichen Tätigkeiten und durch die Sozialisation von Erwachsenen in diese Professionen hinein.[26] Auf diese Weise zeichnen sich Akteure durch bestimmte Wahrnehmungen, Präferenzen, persönliche Kompetenzen und sachliche Ressourcen aus, die in interaktiven Akteurskonstellationen innerhalb institutioneller Kontexte berechenbar eingesetzt werden.[27] Ohne Institutionen wären auch erwachsenen Akteure chronisch überfordert, wie würden in einer unstrukturierten und unkalkulierbaren Umwelt immer wieder scheitern. Innerhalb des institutionellen Rahmens aber können rationale Akteure ihren Interessen erfolgreich nachgehen als Wirtschaftsakteure, Wähler oder Privatpersonen. Daher geht die Rationalität von Institutionen mit der Rationalität der Lebensführung historisch evolutionär einher. Eine endgültige Form wird es nicht geben: „we should not expect the final institutional structure to converge to any specific form" (Knight u. Sened 1998, S. 13). So wie Institutionen keine endgültig optimale Form in der Geschichte finden, finden auch Muster der Lebensführung keine historisch endgültig optimale Form.

Erwachsenensozialisation wird hier als jener fortgesetzte Prozess definiert, der die historisch evolutionäre Formung von Institutionen mit der Fortentwicklung von Mustern der Lebensführung verbindet.

Sichtbar wird der Zusammenhang zwischen Geschichte der Institutionen und Geschichte der Muster der Lebensführung nicht nur in klassi-

---

25 March und Olsen (1998) unterscheiden zwischen „logic of expected consequences" und „logic of appropriateness". Zum Spannungsverhältnis zwischen Leitidee und Effizienz vgl. auch Meyer u. Rowan (1977), S. 353.

26 Professionen und die Sozialisation von Erwachsenen in Professionen hinein ist einer der drei Mechanismen ‚isomorphen' Wandels von Institutionen (DiMaggio u. Powell 1983).

27 Zum akteurszentrierten Institutionalismus vgl. Scharpf (2000), bes. S. 84ff.

schen Studien der historischen Soziologie[28] oder im historischen Blickwinkel der Ökonomie[29] und der Politikwissenschaft[30], sichtbar wird diese starke Dynamik des Zusammenwirkens institutionellen Wandels mit wandelbaren Mustern der Lebensführung auch beim Blick nach vorne. Mit dem Schlagwort Globalisierung wird in geradezu musterhafter Weise unterstellt, dass eine uns im Ausgang noch unbekannte historische Dynamik des institutionellen Wandels im Weltmaßstab mit einem tiefgehenden und die gesamte Menschheit umfassendem Wandel der Lebenslaufmuster einhergehe. Niemals wieder werde das Leben sein wie zuvor und Niemand entkomme der Wechselwirkung zwischen Globalisierung der Institutionen und den neuen Anforderungen an die persönliche Lebensführung.

Die Globalisierung ist daher ein exemplarischer Fall lohnender Beobachtung von Erwachsenensozialisation. Denn hier wird nicht – wie in herkömmlichen Sozialisationstheorien – die relativ einfache Frage gestellt, wie funktionstüchtige und stabile Institutionen die unablässige Flut Neugeborener verlässlich in die bestehenden institutionellen Strukturen hineinsozialisieren können, damit diese keinen Schaden nehmen und weiterhin wie gewohnt funktionieren. Die Kernantwort auf diese Frage war, dass Sozialisation die erfolgreiche Verinnerlichung der als universal angenommenen Kultur einer Gesellschaft sei. Erwachsenensozialisation war dann die Nachsozialisation der Erwachsenen bei abweichendem Verhalten, in Sondersituationen, und unter begrenzten, absehbaren Anforderungen von Statuspassagen im Leben wie Hochzeit, Elternschaft, Berufs- und Arbeitsplatzwechsels, Verrentung. Zwar gibt es dieses verlässliche und daher beruhigende Muster noch, jedoch gehen im Zuge der institutionellen Konsequenzen der Globalisierung die neuen Anforderungen an Erwachsenensozialisation weit über das Gewohnte hinaus.

---

28   Z. B. Elias (1939): Über den Prozess der Zivilisation; Elias (1989): Über die Deutschen; Weber (1904): Die protestantische Ethik und der Geist des Kapitalismus; Wuthnow (1989): Communities of Discourse. Ideology and Social Structure in the Reformation, the Enlightenment, and European Socialism.
29   Z. B. North (1990): Institutionen, institutioneller Wandel und Wirtschaftsleistung.
30   Z. B. March u. Olsen (1998): The Institutional Dynamics of International Orders.

Literatur: Lebensphase Erwachsenenalter

ABELS, HEINZ
2004   Einführung in die Soziologie. Wiesbaden: VS Verlag für Sozialwissenschaften, 3. Aufl. 2007
BARBLAN, ANDRIS; REICHERT, SYBILLE; SCHOTTE-KMOCH, MARTINA; TEICHLER, ULRICH
2000   Implementing European Policies in Higher Education Institutions. Kassel: University of Kassel
BECK, ULRICH; BRATER, MICHAEL; DAHEIM, HANSJÜRGEN
1980   Soziologie der Arbeit und der Berufe. Reinbek: Rowohlt
BECK-GERNSHEIM, ELISABETH
1976   Der geschlechtsspezifische Arbeitsmarkt. Frankfurt am Main: Aspekte
1980   Das halbierte Leben, Männerwelt Beruf, Frauenwelt Familie. Frankfurt am Main: Fischer
BECKER, GARY S.
1981   A Treatise on the Family. Cambridge, Mass.: Harvard University Press
BERGER, PETER; LUCKMANN, THOMAS
1969   Die gesellschaftliche Konstruktion der Wirklichkeit. Eine Theorie der Wissenssoziologie. Frankfurt am Main: Fischer, 16. Auflage 1999
BERGER, JOHANNES; OFFE, CLAUS
1982   Die Zukunft des Arbeitsmarktes. In: Kölner Zeitschrift für Soziologie und Sozialpsychologie. Sonderheft 24
BLOSSFELD, HANS-PETER
1989   Kohortendifferenzierung und Karriereprozess. Eine Längsschnittstudie über die Veränderung der Bildungs- und Berufschancen im Lebenslauf. Frankfurt am Main: Campus
1995   The New Role of Women. Family Formation in Modern Societies. Boulder: Westview Press
BOURDIEU, PIERRE
1979   Die feinen Unterschiede. Kritik der gesellschaftlichen Urteilskraft. Frankfurt am Main: Suhrkamp, 11. Auflage 1999
BOYER, ROBERT
1996   The Convergence Hypothesis Revisited: Globalization but Still the Century of Nations. In: Boyer & Drache (eds.) (1996): States against Markets. The Limits of globalization. London: Routledge

BRAUN, DIETMAR; MERRIEN, FRANCOIS-XAVIER
1999   Towards a New Model of Governance for Universities? London: Jessica Kingsley Publishers
BRIM, ORVILLE G.
1974   Sozialisation im Lebenslauf. In: Brim u. Wheeler (1974)
BRIM, ORVILLE G.; WHEELER, STANTON
1974   Erwachsenensozialisation. Stuttgart: Enke
BRINTON, MARY C.; NEE, VICTOR
1998   The New Institionalism in Sociology. New York: Russel Sage Foundation
BROSE, HANNS-GEORG
1982   Die Vermittlung von sozialen und biographischen Zeitstrukturen. In: Kölner Zeitschrift für Soziologie und Sozialpsychologie. Sonderheft 24
BROSE, HANNS-GEORG; WOHLRAB-SAHR, MONIKA; CORSTEN, MICHAEL
1993   Soziale Zeit und Biographie. Über die Gestaltung von Alltagszeit und Lebenszeit. Opladen: Westdeutscher Verlag
CARDINAL, MARIE
1979   Schattenmund. Roman einer Analyse. Reinbek: Rowohlt, 1994
COLEMAN, JAMES S.
1996   Bringing New Generations into the New Social Structure. In: Weymann u. Heinz (1996): Society and Biography. Interrelationships between Social Structure, Institutions and the Life Course. Weinheim: Deutscher Studien Verlag
COUSINS, CHRISTINE
1999   Society, Work and Welfare in Europe. London: Macmillan
CROUCH, COLIN; STREECK, WOLFGANG
1997   Political Economy of Modern Capitalism. Mapping Convergence and Diversity. London: SAGE
DAHEIM, HANSJÜRGEN
1982   Zu einer Zwischenbilanz der soziologischen Berufsforschung. In: Kölner Zeitschrift für Soziologie und Sozialpsychologie. Sonderheft 24
DANIEL, CLAUS
1981   Theorien der Subjektivität. Frankfurt am Main: Piper
DEUTSCHES PISA-KONSORTIUM
2001   PISA 2000. Basiskompetenzen von Schülerinnen und Schülern im internationalen Vergleich. Opladen: Leske + Budrich

DIMAGGIO, PAUL; POWELL, WALTER W.

1983 The Iron Cage Revisited: Institutional Isomorphism and Collective Rationality in Organizational Fields. In: ASR (48). (Dt. : Das ‚stahlharte Gehäuse' neu betrachtet: Institutioneller Isomorphismus und kollektive Rationalität in organisationalen Feldern. In: Müller, Hans-Peter u. Sigmund, Steffen (Hrsg) (2000): Zeitgenössische amerikanische Soziologie. Opladen: Leske + Budrich

DÖRRIE, DORIS

2000 Was machen wir jetzt? Zürich: Diogenes

DUX, GÜNTER

1982 Die Logik der Weltbilder. Sinnstrukturen im Wandel der Geschichte. Frankfurt am Main: Suhrkamp

ELIAS, NORBERT

1939 Über den Prozess der Zivilisation. Soziogenetische und psychogenetische Untersuchungen. (2 Bände). Frankfurt am Main: Suhrkamp, Neuausgabe 1997

1989 Studien über die Deutschen. Machtkämpfe und Habitusentwicklungen im 19. und 20. Jahrhundert. Frankfurt am Main: Suhrkamp

ENGELS, FRIEDRICH

1845 Die Lage der arbeitenden Klassen in England. In: Karl Marx, Friedrich Engels: Werke (MEW) Band 2. Berlin: Dietz, 1974

ESPING-ANDERSEN, GÖSTA

1999 Social Foundations of Postindustrial Economies. Oxford: Oxford University Press

ESSER, HARTMUT

1991 Alltagshandeln und Verstehen. Zum Verhältnis von erklärender und verstehender Soziologie am Beispiel von Alfred Schütz und „Rational Choice". Tübingen: Mohr (Paul Siebeck)

1993 Soziologie. Allgemeine Grundlagen. Frankfurt am Main: Campus

FALK, SUSANNE; WEYMANN, ANSGAR

2002 Social Change, the Life Course, and Socialization. Biographies of Labor Market Entrants after Unification. In: Settersten Jr. &. Owens (eds.) (2002): New Frontiers in Socialization. Advances in Lifecourse Research, Vol. 7. Amsterdam: Elsevier Science (JAI Press)

FINNEMORE, MARTHA

1996 Norms, Culture, and World Politics. Insights from Sociology's Institutionalism. In: International Organizations (50/2)

FISCHER, JOSCHKA

1999 Mein langer Lauf zu mir selbst. München: Knaur

FUCHS-HEINRITZ, WERNER; LAUTMANN, RÜDIGER; RAMMSTEDT, OTTHEIN;
    WIENOLD, HANNS (HRSG.)
2007   Lexikon zur Soziologie. Wiesbaden: VS Verlag für Sozialwissen-
        schaften, 4., grundlegend überarbeitete Aufl.
GEHLEN, ARNOLD
1961   Anthropologische Forschung. Zur Selbstbegegnung und Selbstentde-
        ckung des Menschen. Reinbek: Rowohlt
GIDDENS, ANTHONY
1990   The Consequences of Modernity. Oxford: Polity Press, Basil Black-
        well
GOEDEBUURE, LEO; KAISER, FRANS; MAASSEN, PETER; MEEK, LYNN; VAN
    VUGHT, FRANS; DE WEERT, EGBERT
1994   Higher Education Policy. An International Comparative Perspective.
        New York: Pergamon Press
GÖHLER, GERHARD
1997   Wie verändern sich Institutionen? Revolutionärer und schleichender
        Institutionenwandel. In: Leviathan (16)
GOLDMANN, MONIKA; MÜLLER, URSULA
1986   Junge Frauen im Verkaufsberuf. Berufliche Sozialisation, Arbeits-
        und Lebensperspektive. Stuttgart: Kohlhammer
GRIESE, HARTMUT M.
1976   Erwachsenensozialisation. München: Werner Raith
1979   Sozialisation im Erwachsenenalter. Weinheim: Beltz
HABERMAS, JÜRGEN
1981   Theorie des kommunikativen Handelns (2 Bände). Frankfurt am
        Main: Suhrkamp
HAYEK, FRIEDRICH A.
1960   Die Verfassung der Freiheit. Tübingen: Mohr (Paul Siebeck), 3. Aufl.
        1991 (engl. Orig. 1960: The Constitution of Liberty)
HEINEMANN, KLAUS
1982   Arbeitslosigkeit und Zeitbewusstsein. In: Soziale Welt 1982, H. 1
HEINZ, WALTER R.
1995   Arbeit, Beruf und Lebenslauf. Eine Einführung in die berufliche Sozi-
        alisation. Weinheim: Juventa
1999   From Education to Work. Cross National Perspectives. Cambridge:
        Cambridge University Press
HELLER, JOSEPH
1975   Was geschah mit Slocum? Frankfurt am Main: Fischer, Neuausgabe
        1995

HENKEL, MARY; LITTLE, BRENDA
1999   Changing Relationships between Higher Education and the State.
        London: Jessica Kingsley Publishers
HUMBOLDT, WILHELM VON
1792   Ideen zu einem Versuch, die Grenzen der Wirksamkeit des Staates zu
        bestimmen. Stuttgart: Reclam, 1967
JAHODA, MARIE U.A.
1933   Die Arbeitslosen von Marienthal. Frankfurt am Main: Suhrkamp, 13.
        Aufl. 1997
JAMES, HAROLD
2001   The End of Globalization. Lessons form the Great Depression. Cam-
        bridge, Mass.: Harvard University Press
KIESELBACH, THOMAS; OFFE, HEINZ (HRSG.)
1979   Arbeitslosigkeit. Individuelle Verarbeitung. Gesellschaftlicher Hin-
        tergrund. Darmstadt: Verlag D. Steinkopff
KINDLEBERGER, CHARLES P.
1996   World Economic Primacy: 1500 to 1990. Oxford: Oxford University
        Press
KNIGHT, JACK; SENED, ITAI
1998   Explaining Social Institutions. Ann Arbor: The University of Michi-
        gan Press
KOHLI, MARTIN
1981   Arbeit und Persönlichkeit im mittleren Erwachsenenalter. In: Nave-
        Herz (Hrsg.) (1981): Erwachsenen-Sozialisation. Weinheim: Beltz
1987   Erwachsenensozialisation. In: Eyferth, Otto, Thiersch (Hrsg.) (1987):
        Handbuch zur Sozialarbeit/Sozialpädagogik. Neuwied: Luchterhand
1995   Erwachsenensozialisation. In: Schmitz u. Tietgens (Hrsg.) (1995):
        Erwachsenenbildung (Band 11 der Enzyklopädie Erziehungswissen-
        schaft, hrsg. von Lenzen). Stuttgart: Klett-Cotta
LANGE, UTE U.A.
1999   Studienbuch berufliche Sozialisation. Theoretische Grundlagen und
        empirische Befunde zu Etappen der beruflichen Sozialisation. Bad
        Heilbrunn: Klinkhardt
LEIBFRIED, STEPHAN; PIERSON, PAUL
1995   European Social Policy. Between Fragmentation and Integration.
        Washington: Brookings
LEMPERT, WOLFGANG
1998   Berufliche Sozialisation oder Was Berufe aus Menschen machen.
        Eine Einführung. Hohengehren: Schneider

LEPSIUS, M. RAINER
1995   Institutionenanalyse und Institutionenpolitik. In: Nedelmann (Hrsg.)
        (1995): Politische Institutionen im Wandel. Opladen: Westdeutscher
        Verlag (Sonderheft 35 der Kölner Zeitschrift für Soziologie und Sozi-
        alpsychologie)
LEXIKON ZUR SOZIOLOGIE
        s. Fuchs-Heinritz u. a. (Hrsg.)
MARCH, JAMES G.; OLSEN, JOHANN P.
1998   The Institutional Dynamics of International Political Orders. In: Inter-
        national Organizations, 52, 4
MARSHALL, VICTOR W.; HEINZ, WALTER R.; KRÜGER, HELGA; VERMA, ANIL
2001   Restructuring Work and the Life Course. Toronto: Toronto University
        Press
MARX, KARL; ENGELS, FRIEDRICH
1848   Manifest der Komunistischen Parteil in Deutschland. Frankfurt am
        Main: Fischer, 1966
MEYER, JOHN W.; ROWAN, BRIAN
1977   Institutionalized Organization: Formal Structure as Myth and Cere-
        mony. In: American Journal of Sociology, Vol. 83
MIEGEL, MEINHARD
2002   Die deformierte Gesellschaft. Wie die Deutschen ihre Wirklichkeit
        verdrängen. Berlin und München: Propyläen
MIEGEL, MEINHARD; WAHL, STEFANIE
1993   Das Ende des Individualismus. Die Kultur des Westens zerstört sich
        selbst. Bonn: Verlag Bonn Aktuell
MILL, JOHN STUART
1859   Über die Freiheit. Stuttgart : Reclam, 1974
NAVE-HERZ, ROSEMARIE (HRSG.)
1981   Erwachsenensozialisation. Weinheim: Beltz
NORTH, DOUGLAS C.
1990   Institutionen, institutioneller Wandel und Wirtschaftsleistung. (engl.:
        Institutions, Institutional Change and Economic Performance) Tübin-
        gen: Mohr (Paul Siebeck), 1992
OFFE, CLAUS; HINRICHS, KARL; WIESENTHAL, HELMUT (HRSG.)
1982   Arbeitszeitpolitik. Formen und Folgen der Neuverteilung der Arbeits-
        zeit. Frankfurt am Main: Campus
OLSON, MANCUR
1982   Aufstieg und Niedergang von Nationen. Ökonomisches Wachstum,
        Stagflation und soziale Starrheit. Tübingen: Mohr, 1991 (engl.: The

Rise and Decline of Nations: Economic Growth, Stagflation and Social Rigidies)

1965   Die Logik des kollektiven Handelns. Kollektivgüter und die Theorie
der Gruppen. Tübingen: Mohr, 3. Aufl. 1992 (engl.: The Logic of
Collective Action: Public Goods and the Theory of Groups)

PARIS, RAINER

1998   Stachel und Speer, Machtstudien. Frankfurt am Main: Suhrkamp

PARSONS, TALCOTT

1966   Gesellschaften. Evolutionäre und komparative Perspektiven. Frankfurt am Main: Suhrkamp, 2. Aufl. 1986

1971   Das System moderner Gesellschaften. München: Juventa, 1972

1976   Zur Theorie sozialer Systeme. Herausgegeben und eingeleitet von
Stefan Jensen. Opladen: Westdeutscher Verlag

RONNEBERGER, FRANZ

1971   Sozialisation durch Massenkommunikation. Stuttgart: Enke

SACKMANN, REINHOLD

1998   Konkurrierende Generationen auf dem Arbeitsmarkt. Altersstrukturie-
rung in Arbeitsmarkt und Sozialpolitik. Opladen: Westdeutscher Verlag

SACKMANN, REINHOLD; WEYMANN, ANSGAR; WINGENS, MATTHIAS

2000   Die Generation der Wende. Berufs- und Lebensverläufe im sozialen
Wandel. Opladen: Westdeutscher Verlag

SCHARPF, FRITZ W.

2000   Interaktionsformen. Akteurszentrierter Institutionalismus in der Poli-
tikforschung. Opladen: Leske + Budrich

SCHÜTZ, ALFRED

1932   Der sinnhafte Aufbau der sozialen Welt. Eine Einleitung in die verstehende Soziologie. Frankfurt am Main: Suhrkamp, 1974

SCHÜTZ, ALFRED; LUCKMANN, THOMAS

1975   Strukturen der Lebenswelt. 1. Band. Neuwied: Luchterhand

SCHULTZ, THEODORE WILLIAM

1981   In Menschen investieren. Tübingen: Mohr, 1986 (engl.: Investing in
People)

SCHULZE, GERHARD

1992   Die Erlebnisgesellschaft. Kultursoziologie der Gegenwart. Frankfurt
am Main: Campus, 6. Aufl. 1996

SCOTT, RICHARD

2001   Institutions and Organizations. London: Sage

SMITH, ADAM
1776   Der Wohlstand der Nationen. München: Deutscher Taschenbuch Verlag, 1978 (engl. Orig. An Inquiry into the Nature and Causes of the Wealth of Nations)

SWAAN, ABRAM DE
1988   Der sorgende Staat. Wohlfahrt, Gesundheit und Bildung in Europa und den USA der Neuzeit. Frankfurt am Main: Campus, 1993 (engl.: In Care of the State. Health Care, Education and Welfare in Europe and the USA in the Modern Era.)

TÖNNIES, FERDINAND
1887   Gemeinschaft und Gesellschaft. (in der Fassung der 3. Aufl. 1935). Darmstadt: Wissenschaftliche Buchgesellschaft, 3. Aufl. 1991

VEITH, HERMANN
1996   Theorien der Sozialisation. Zur Rekonstruktion des modernen sozialisationstheoretischen Denkens. Frankfurt am Main: Campus

WACKER, ALI
1976   Arbeitslosigkeit. Soziale und psychische Voraussetzungen und Folgen. Frankfurt am Main: Europäische Verlagsanstalt

WACKER, ALI (HRSG.)
1978   Vom Schock zum Fatalismus? Soziale und psychische Auswirkungen der Arbeitslosigkeit. Frankfurt am Main: Campus, 2. Aufl. 1981

WAHLER, PETER
1997   Berufliche Sozialisation in der Leistungsgesellschaft. Pfaffenweiler: Centaurus

WEBER, MAX
1904   Die protestantische Ethik und der Geist des Kapitalismus. In: Max Weber, Gesammelte Aufsätze zur Religionssoziologie. Band I, Tübingen: Mohr (Paul Siebeck), 9. Aufl. 1988

WEYMANN, ANSGAR
1989   Handlungsspielräume. Untersuchungen zur Individualisierung und Institutionalisierung von Lebensläufen in der Moderne. Stuttgart: Enke

1995   Modernisierung, Generationsverhältnisse und die Ökonomie der Lebenszeit. Gesellschaftsformen und Generationen im ‚Polish Peasant'. In: Soziale Welt (46)

2003   Future of the Life Course. In: Mortimer u. Shanahan (eds.) (2003): Handbook of the Life Course. New York: Kluwer/Plenum

2004   Individuum – Institution – Gesellschaft. Erwachsenensozialisation im Lebenslauf. Wiesbaden: VS Verlag für Sozialwissenschaften

WILLIAMSON, OLIVER E.
1975 Markets and Hierarchies: Analysis and Antitrust Implications. New York: Free Press
1994 Transaction Cost Economics and Organization Theory. In: Smelser & Swedberg (eds.) (1994): The Handbook of Economic Sociology

WINDOLF, PAUL
1981 Berufliche Sozialisation. Stuttgart: Enke
1982 Die Neue Arbeitslosigkeit und die Grenzen der Sozialpolitik. In: Soziale Welt (33)

WITTPOTH, JÜRGEN
1994 Rahmungen und Spielräume des Selbst: ein Beitrag zur Erwachsenensozialisation im Anschluss an George H. Mead und Pierre Bourdieu. Frankfurt: Diesterweg

WUTHNOW, ROBERT
1989 Communities of Discourse. Ideology and Social Structure in the Reformation, the Enlightenment, and European Socialism. Cambridge, Mass. and London: Harvard University Press

Irmhild Saake: Lebensphase Alter

Definition, Inklusion, Individualisierung

Vorbemerkung

„Das Problem ist doch, dass alte Menschen keine Aufgabe mehr haben!" Diesen Satz kennt sicherlich jeder. So oder ähnlich, als Rollenverlust oder Funktionslosigkeit, wird häufig die Situation alter Menschen beschrieben. Man kann dann einfordern, dass es mehr Angebote für alte Menschen geben soll oder dass die Gesellschaft den alten Menschen eine Rolle zuweisen soll. Die Angebote, die man auf dieser Grundlage konzipiert, können aber zumeist nicht darüber hinwegtäuschen, dass sie für Menschen entwickelt worden sind, die man eigentlich nur beschäftigen möchte.

Wenn man nun die Gesellschaft dafür kritisiert, dass sie keine sinnvolleren Angebote für alte Menschen bereithält, müsste man sich aber zunächst fragen, wen man da eigentlich kritisiert: die Politiker oder uns alle? Zumeist ist diese Form der Kritik aber nur ein Weg, sich etwas Luft zu verschaffen und sich darüber zu ärgern, dass diese Gesellschaft so viele Probleme produziert, die als unlösbar erscheinen. Die Form dieser Art von Kritik trägt das Etikett ‚Modernitätskritik'. Den gesellschaftlichen Umgang mit dem Alter zu problematisieren, wäre dann nur einer von vielen Versuchen, sich mit dem ‚unvollendeten Projekt der Moderne' (Habermas) zu arrangieren.

Was Soziologen an dieser Art von Kritik irritieren sollte, ist der Befund, dass sich tatsächlich nichts zu ändern scheint. Es sieht so aus, als sei die Kritik ein Teil des Problems, insofern sie das Problem zwar anspricht, aber nicht weiß, an wen sie diese Kritik adressieren soll. Die Frage nach dem Adressaten ist eine Frage, mit der eine systemtheoretische Beobachtung dieses Phänomens beginnt. Um wen geht es eigentlich, wenn über das Alter geredet wird? Um alte Menschen, die nicht als alte Menschen angesprochen werden wollen? Um Politiker, die alte Menschen als Wähler gewinnen wollen? Um Ärzte, die ein gesünderes Altern und ein längeres Leben ermöglichen wollen? Um Wirtschaftsunternehmen, die zwar alte Arbeitnehmer entlassen wollen, aber die Finanzkraft alter Kunden schätzen? Oder gar um Wissenschaftler, die für ein besseres Altern kämpfen und sich wenig dafür interessieren, wie alte Menschen wirklich leben? Ohne Zweifel spielen alle diese Fragen eine Rolle.

Es lohnt sich unter diesen Bedingungen, sich grundsätzlicher dafür zu interessieren, wie eine Gesellschaft funktioniert, in der jedes Problem in verschiedene Facetten zerfällt und in der man niemanden benennen kann, der für alles verantwortlich ist. Die hier beschriebene Form von Multiperspektivität wird von der Systemtheorie als Resultat des Prozesses gesellschaftlicher Differenzierung verstanden.

Wenn man sich auf der Grundlage eines gesellschaftstheoretischen Blicks dem Thema ‚Alter' systematischer zuwendet, wird man herausfinden, wie sehr auch die Wahrnehmung eines problematischen Alters noch ein gesellschaftliches Produkt ist. Unübersehbar ist dann, wie sich die Bilder vom Alter ändern, wenn sich die Perspektive ändert, von der aus man sich dem Thema zuwendet. Was ist also überhaupt das Alter?

Wenn man das Zitat, mit dem dieses Kapitel beginnt, daraufhin systematischer untersucht, dann fällt auf, dass damit bereits drei Informationen vermittelt werden:

1. Es lassen sich allgemeine Aussagen über **das Alter** treffen.

2. Mit dem Alter ist eine **Problematik** verbunden.

3. Eine **Aufgabe** zu haben, ist für jeden Menschen wichtig.

→ Weil alte Menschen keine Aufgabe haben, ist ihr Leben problematisch.

Der Blickwinkel auf alte Menschen ist also in dreierlei Hinsicht eingeschränkt, wenn man sich so diesem Thema nähert. Man fasst zunächst alle alten Menschen zu einer Gruppe zusammen, unterstellt ihnen dann ein gemeinsames Problem und formuliert schließlich den Grund dafür.

Dass man vorab den Bereich einschränkt, für den man Aussagen treffen will, ist nicht ungewöhnlich. Indem man sich einem Thema zuwendet, richtet man seine Aufmerksamkeit auf einen spezifischen Ausschnitt und sieht beispielsweise kranke alte Menschen, unmodische alte Menschen oder auch alte Touristen. Entscheidend für den Alternsforscher ist also, mit welchen Prämissen, d.h. Vorannahmen sich jemand diesem Thema nähert. Im Alltagsgeschäft der Wissenschaft werden diese Prämissen meist nicht mehr erwähnt und werden so zu den vorausgesetzten Selbstverständlichkeiten des täglichen Lebens. Wenn man jedoch verschiedene Ansätze von Alternsforschern miteinander vergleicht, vergleicht man auch verschiedene Blickwinkel und kann dann auch mitverfolgen, was der eine oder die andere voraussetzt.

Auf den nächsten Seiten können Sie sich selbst darüber informieren, wie man zu einer inklusionstheoretischen Beschreibung des Altersproblems gelangt, bei der man danach fragt, welche gesellschaftlichen Möglichkeiten über Alter zu reden überhaupt zur Verfügung stehen. Gegenläufig zur Tradition einer Alternsforschung, die immer schon weiß, wann man alt ist und dass Alter problematisch ist, soll in diesem Artikel die Kategorie ‚Alter' selbst auf ihre Bedeutung überprüft werden. Ähnlich wie die Geschlechterforschung und die Ethnizitätsforschung muss sich auch die Alternsforschung die Frage stellen, ob ihre Grundlagen nicht vielleicht eher auf eine gesellschaftliche Praxis des Gebrauchs von Altersschablonen – es ginge dann um unterschiedliche Möglichkeiten der gesellschaftlichen Adressierung, also Inklusion (vgl. Kap. 4) – als auf anthropologische Konstanten verweisen. Ähnlich wie Frauen oder auch Ausländer nur unter bestimmten Bedingungen als Frauen und Ausländer auffallen, müsste man sich auch fragen, unter welchen Bedingungen Menschen als alt bezeichnet werden.

Wenn man die Thematisierung des Alters im Hinblick auf ihre (auch gerontologische) Genese und den gesellschaftlichen und individuellen Gebrauch überprüft, werden alternative Beschreibungsmöglichkeiten sichtbar. Die alltägliche Praxis des „doing age" wird über einen konstruktivistischen Theorierahmen plausibilisiert und als eine von vielen Möglichkeiten, Kontingenzen in erwartbare Muster zu überführen, dargestellt. Die dahinter liegende These lautet: *Die Eigenständigkeit der Kategorie „Alter" rechtfertigt sich einzig über eine in alltäglicher Praxis hergestellte Sichtbarkeit des Alter.* Oder andersherum: Alles, was sich im Leben alter Menschen nicht als Kennzeichen von Alter beschreiben lässt, ist unsichtbar. Eine Alternsforschung, die dies nicht berücksichtigt, setzt schlicht beim Produkt dieser Prozesse – dem schon sichtbaren Alter – an, ontologisiert die Kategorie und verhindert damit eine theoretische Reflexion des Produktionsprozesses selbst.

Die Argumentation dieses Textes folgt dominanten Theorietraditionen der Alternsforschung (Strukturfunktionalismus, Gesellschaftskritik,

Lebenslaufforschung), präsentiert ihre Produkte (Altersphase, Altersbild, Altersidentität) und klärt über die Prozesse der Produktion auf. Trotz aller Kritik an der klassischen Alternsforschung wird immer wieder deutlich, dass sich aus einer inklusionstheoretischen Perspektive neue Antworten auf die alten Fragestellungen geben lassen.

Konstruktivistisch ist diese Argumentation, insofern sie nicht nach überdauernden Wesenseigenschaften alter Menschen fragt, sondern sich dafür interessiert, wieso uns die Idee, Alter mache aus Menschen eine soziale Gruppe, so plausibel erscheint. Die Argumentationen der klassischen Alternsforschung stecken den Rahmen dessen ab, was in einer alternden Gesellschaft typischerweise gesagt wird, wenn es um alte Menschen geht. Diese typischen Sätze werden im Folgenden als Material verwendet und daraufhin überprüft, wie die bekannten Bilder vom Alter entstehen. Gleichzeitig dienen sie als Anhaltspunkt dafür, sich zu fragen, was alte Menschen machen, wenn sie nicht diesen Bildern entsprechen.

1 Der Funktionsansatz: Hat Alter einen Sinn?

Die Frage nach dem Sinn der Altersphase markiert den Beginn der modernen Alternsforschung. Das Phänomen der gesellschaftsstrukturellen Unterscheidung von Alten und Jungen erschien im Rahmen des für die 60er Jahre typischen Erklärungsmusters „Strukturfunktionalismus" als Indikator für eine Funktion, die Altersgruppen im gesamtgesellschaftlichen Gefüge übernähmen. Der bekannteste Text dieser Theoriephase stammt von SHMUEL N. EISENSTADT und untersucht unter dem Titel „Von Generation zu Generation" (1956) die Beschaffenheit von Altersgruppen in Abhängigkeit zu Gesellschaftsformen.

1.1 Parsons, Eisenstadt, Woll-Schumacher: Funktionen des Alters

„Um zu"- Formulierungen sind die vordringlichen Argumentationsfiguren dieser Epoche. Es gibt Jugendgruppen, um auf leistungsorientierte Spezialisierung vorzubereiten; es gibt alte Menschen, um gesellschaftliches Wissen an die Jugend zu transferieren; und Wissen wird tradiert, um die Gesellschaft zu erhalten. Die einseitige Betonung einer Eigenschaft auf der einen Seite (das Wissen alter Menschen) findet sich dabei aufgehoben in dem Vorhandensein des Antonyms auf der anderen Seite (das Unwissen junger Menschen): Spezialisierung einerseits wird durch Diffusität andererseits abgemildert, Universalität einerseits durch Partikularität andererseits aufgefangen. Die Unterscheidung selbst rechtfertigt sich im Hinblick auf ein erhaltenswertes Ganzes, die Gesellschaft.

Diese bekanntlich als *pattern variables* und „funktionale Beschreibung" entstandenen Begründungsmuster gelangen jedoch auf genau diesem Weg auch an ihre Grenzen. Lange vor Eisenstadts berühmter Studie war TALCOTT PARSONS mit einer eher essayistisch angelegten Auseinandersetzung zu Jugendgruppen („Age and Sex in the Social Structure of the United States", 1942) an seinem eigenen theoretischen Werkzeug gescheitert. Hohes Alter ließ sich nicht wie „zügellose Jugend / beherrschte Berufstätigkeit" oder „diffuse weibliche Rollen / spezialisierte männliche Rollen" in ein gepaartes Muster einfügen, sondern blieb sozusagen als Restmenge übrig. „In view of the very great significance of occupational status and its psychological correlates, retirement leaves the older man in a peculiarly functionless situation, cut off from participation in the most important interests and activities of the society." (Parsons 1942, S. 103)

Zwei Jahrzehnte später („The Aging in American Society", 1962) hat Parsons sich der gleichen Problematik noch einmal angenommen und entscheidend profitiert von einer Theorieanlage, die selbstähnliche Strukturen voraussetzt (AGIL-Schema[1]), und so Auffälligkeiten nicht mehr über ausgleichende Extrempositionen rechtfertigen muss. Nun

---

1   Zur Erläuteung der vier Systemfunktionen Anpassung, Zielerreichung, Integration und Mustererhalt und für einen allgemeinen Überblick vgl. Abels (2004), Bd. 1, Kap. 6.3 „Grundfunktionen der Strukturerhaltung (AGIL-Schema)".

gelingt es ihm, dem Alter positive Seiten abzugewinnen (geistige Kompetenzen), die jedoch – im Hinblick auf die Kombination capacities / opportunities – in der gegenwärtigen Gesellschaft noch nicht genutzt werden könnten, wohl aber in einer zukünftigen Gesellschaft Verwendung fänden. Optimistisch formuliert er: „Our broadest suggestion – we hope it doesn't smack too much of naïve harmonism – is that a society which has been increasing in its ‚production' of older people has at the same time been creating an increasing demand for their contributions." (Parsons 1962, S. 31f.) Die Temporalisierung des Problems ist zwar theoretisch elegant, für seine Plausibilität lässt sich aber bislang noch kein Anhaltspunkt finden.

Mit größerer Nähe zum Schwerpunkt Alternsforschung und mehr Abstand zu den theoretischen Grundlagen sind den Erben der Parsonianischen Theorie auch mehr Lösungen für diese Problematik eingefallen. SHMUEL N. EISENSTADT (1956) und IRENE WOLL-SCHUMACHER (1980) formulieren Imperative, die sie – im Gegensatz zu Parsons – nicht mehr aus den Strukturen ableiten, sondern aus einer vorgeschalteten Moralisierung des Altersproblems. *Weil* die alten Menschen sonst funktionslos sind, muss ein Tradition vermittelndes hohes Alter respektiert werden (Eisenstadt) bzw. muss eine Vielfalt an institutionalisierten Hilfen zur Persönlichkeitsentfaltung bereitgestellt werden (Woll-Schumacher). Keiner erreicht mehr die theoretische Brillanz des Parsonsschen Entwurfs, aber gemeinsam ist es ihnen gelungen, der nachfolgenden Alternsforschung als entscheidenden Baustein die Problemdefinition mit auf den Weg zu geben: *Alte Menschen sollten eine Aufgabe haben oder, theoretisch formuliert: Mit der gesellschaftsstrukturellen Entstehung der Altersphase muss doch auch eine Funktion verbunden sein.*

2 Perspektivenwechsel: Die Entstehung der Altersphase

Die Beobachtung der theoretischen Genese dieser im wissenschaftlichen und Alltagsgebrauch akzeptierten Diagnose der Funktionslosigkeit öffnet den Blick für eine ganz andere Fragestellung. Statt: Welche Funktion, welchen Sinn hat die Altersphase? könnte man nun fragen: Ist der Zugang zum Thema ‚Alter' über die theoretische Unterstellung einer Altersphase samt Funktion der einzig mögliche? Die Kritik an der normativen Beschränkung der Parsonsschen Analyse über die Rechtfertigung bestehender Strukturen wird von Niklas Luhmann als evolutionstheoretische Problematik gewendet. Nicht mehr „society as a ‚norm'" (Parsons 1951, S. 18) ist der Ausgangspunkt seiner theoretischen Analyse, sondern die Betrachtung evolutionärer *Variationen* als Antwort auf Problemstellungen. Nicht mehr die durch die Vermeidung von Problemen stabilisierte Gesellschaft steht nun im Vordergrund der Analyse, sondern die durch Probleme und dadurch stimulierte Lösungsmöglichkeiten sich verändernde Gesellschaft (vgl. Luhmann 1980). So lässt sich nun behaupten: *Die Altersphase existiert, weil sich mit ihr offensichtlich eine Antwort auf eine gesellschaftliche Problematik formulieren lässt.* Wohlgemerkt: Die Altersphase ist nicht die gesellschaftliche Problematik, sondern sie bedient eine gesellschaftliche Problematik. Sie bedarf keines neuen Sinns, sondern sie ist bereits aktualisierter Sinn. Von einer Altersphase zu reden, bewährt sich, weil damit Probleme gelöst werden können. Zu fragen wäre nun: Welche Probleme werden damit gelöst?

Im Zentrum des Interesses steht also folgerichtig die Frage nach den modernen Aktualisierungsmöglichkeiten von Sinn, die sich mit dem Thema ‚Alter', genauer gesagt: ‚Altersphase' verknüpfen lassen. Antworten darauf lassen sich am besten über einen Vergleich unterschiedlicher Gesellschaften formulieren. Eine (vergleichsweise grobe) Einteilung gesellschaftlicher Evolution ist von Niklas Luhmann geleistet worden, der drei Formen gesellschaftlicher Differenzierung unterscheidet: die segmentäre Gesellschaft, die stratifizierte Gesellschaft und die funktional differenzierte Gesellschaft. (Vgl. Luhmann 1997, S. 595ff) Mit Formen der gesellschaftlichen Differenzierung sind in diesem Fall Formen des Umgangs mit Unterschieden gemeint. Und zu fragen wäre dann, inwiefern die Behauptung eines funktionslosen Alters, das erst noch mit Sinn versorgt werden muss, eine charakteristische Behauptung der modernen Gesellschaft ist. Zunächst muss jedoch die moderne Gesellschaft von anderen Gesellschaftsformen unterschieden werden.

- Den Begriff einer *segmentär differenzierten Gesellschaft* verwendet man für Gesellschaften, in denen Unterschiede zentral sind, die zwischen Familien, Clans und Stämmen entstehen. Innerhalb dieser Segmente gibt es nur eine sehr begrenzte Anzahl von Rollen (Sakralrollen, Altersrollen, Geschlechtsrollen). Ansonsten kann eine weitgehende Transparenz und Reziprozität der Lebensvollzüge unterstellt werden.
- Innerhalb der Schichten (Strata) einer *stratifizierten Gesellschaft* gibt es eine ähnlich große Transparenz, die jedoch in starkem Kontrast zu der Erfahrung von hierarchisch über- oder untergeordneten Ständen steht. Unterschiede werden in diesem Fall über die Idee der Rangordnung sichtbar gemacht, die wiederum durch ihre Einbettung in einen religiösen Kosmos gerechtfertigt wird.
- Die *funktionale Differenzierung*, die als Charakteristikum der modernen Gesellschaft gilt, unterscheidet Funktionen (Wirtschaft, Politik, Religion, Wissenschaft, Familie, Medizin) und nicht mehr Personen. Die Gesellschaft zerfällt nun in Funktionssysteme und verliert das Zentrum, von dem aus sich alles als geordneter Zusammenhang beschreiben ließe. Gleichzeitig entsteht eine Vielzahl neuer Beschreibungen, die sich jeweils der Logik des jeweiligen Funktionssystems verdanken. Die Wirtschaft erklärt die Welt als Resultat mehr oder weniger effizienter finanzieller Transaktionen, die Wissenschaft erklärt die Welt als Resultat ihrer eigenen Unaufgeklärtheit, die Politik erklärt die Welt als Resultat undurchsichtiger Machtverhältnisse usw.

Ein differenzierungstheoretischer Zugang beginnt zumeist mit dem Hinweis auf Arbeitsteilung. Eine systemtheoretische Argumentation wie diese geht darüber hinaus, insofern sie sich nicht nur für die Aufteilung von Personen nach Schichten oder Berufsgruppen interessiert, sondern auch das Prinzip der Differenzierung von Personen als *ein* mögliches Differenzierungsprinzip unter anderen betrachtet. Differenziert werden kann in der modernen Gesellschaft nicht nur nach Personen, sondern auch nach Funktionen. Luhmann spricht in bezug darauf für die moderne Gesellschaft von einer *primären* Form der Differenzierung nach Funktionen, die andere Formen nicht ausschließt.

Der Gewinn dieser Theorieanlage besteht darin, dass man sich nun für zwei Phänomene interessieren kann, die ohne die Unterstellung von Funktionssystemen nur als eine ärgerliche Tatsache erscheinen: (1) Funktionssysteme erscheinen rücksichtslos, denn sie produzieren mit ihrer eigenen Logik kontinuierlich unberücksichtigte Lebensläufe. (2) Personen haben unablässig damit zu tun, sich selbst zu erklären, wer sie sind. AN einem Beispiel: Dass wirtschaftliche Operationen sich nur für Geld – und nicht in erster Linie für individuelle Schicksale – interessieren, erscheint aus dieser Perspektive nicht mehr als Defekt, sondern als Hinweis auf die Funktionsorientierung. Und dass der einzelne viele Antworten auf die Frage nach dem Sinn des Lebens erhält, erscheint nun als Hinweis auf die Begründungsbedürftigkeit und damit auf die prinzipielle Unbegründbarkeit von persönlichen Sinnfindungsbedürfnissen. Es gibt keinen Ort mehr, von dem aus sich alles erklären ließe und eben deshalb wird unablässig erklärt.

2.1 Segmentäre Gesellschaften: Die Grauhaarigen

Für die Analyse der *segmentär differenzierten Gesellschaft* steht zuverlässiges Datenmaterial kaum zur Verfügung. Eine Untersuchung der gesellschaftsstrukturellen Möglichkeiten setzt Wissen zu sozialstrukturellen Gegebenheiten und zu semantischen Besonderheiten voraus. Genau das Letztere ist aber in einfachen, sogenannten illiteralen Gesellschaften typischerweise nicht vorhanden. Mit diesem Merkmal eng verknüpft ist eine Beobachtung, die einer sekundäranalytischen Aufbereitung von ethnologischen und historischen Forschungen vorangeht: „Archaische Gesellschaften sind das große Experimentierfeld der gesellschaftlichen Evolution und entwickeln unabhängig voneinander, gleichsam versuchsweise, für eine begrenzte Zahl von Strukturproblemen eine Vielzahl verschiedenartiger funktional äquivalenter Lösungen." (Luhmann 1973, S. 137)

Möglich ist dies, weil segmentäre Differenzierung einzig eine Differenzierung in Familien, Stämme, Clans und ähnliches kennt, die sich jeweils als solche in einer als bedrohlich erlebten Umwelt bewegen und als Handlung alles vorsehen, was dem Ziel des Überlebens dient. Über diesen Rahmen ist zu erklären, dass in segmentären Gesellschaften die Anzahl der Handlungsoptionen – im Vergleich zur modernen Gesellschaft – begrenzt ist. Wie bereits erwähnt, existieren Unterschiede zwischen den Mitgliedern vor allem im Hinblick auf Sakralrollen, Alter und Geschlecht. Alte Menschen realisieren zumeist Kombinationen dieser drei Rollen. Die körperliche Auffälligkeit des hohen Alters (graue Haare!) erscheint in diesem Rahmen als eine Größe, die die Gefahren des täglichen Lebens erhöhen oder verringern kann.

Mehrere Variationen dieses Themas sind denkbar.

(1) Hilfebedürftige alte Menschen, die nicht mehr gehen können, können z.B. mit diesem Handicap in einer nomadisierenden Gesellschaft die Lebensgrundlage aller Gesellschaftsmitglieder bedrohen. Vor diesem Hintergrund begründen sich die vielen Berichte über Gebräuche der Altentötung. (Vgl. Simmons 1945, S. 232ff.)

(2) Werden diesen alten Menschen jedoch magische Fähigkeiten zugesprochen, verbietet sich die Vernachlässigung alter Menschen von selbst.

(3) Eine ähnlich charakteristische Reaktionsform auf Alternsprozesse stellt die Kompensation von Abbauprozessen dar. Alte Menschen, die nicht mehr jagen können, übernehmen stattdessen Tätigkeiten, die weniger Kraft und Mobilität verlangen wie z.B. Hausarbeit, Kleidung instand halten und Leder gerben. (Vgl. Simmons 1945, S. 83)

(4) Umgekehrt können alte Menschen aber auch als Verursacher von Gefahren ausgemacht werden, wenn sie nämlich „böse Geister beherbergen" und so das Leben ihrer Angehörigen gefährden. (Vgl. S. 147f.)

Wie alte Menschen in segmentären – ums Überleben kämpfenden – Gesellschaften leben, erklärt sich über die Potentiale eben dieser alten Menschen, sich in einer spezifischen Situation als Modulator von Gefahren zu verorten.

2.2   Stratifizierte Gesellschaften: Die Lebensaltersstufen

Stratifizierte Gesellschaften bieten ein einheitlicheres Bild zum Thema ‚Alter', da sie auf schriftlich fixierte Traditionen zurückblicken. Typisches Material für eine semantische Analyse stellen die Lebensaltersstufenmodelle dar.

Die Entstehung dieser Modelle erklärt sich über einen Dreischritt:

- Die Lebensgestaltung im hohen Alter folgt dem Prinzip der ständischen Differenzierung.
- In gebildeten Oberschichten entstehen normative Beschreibungen von Lebensläufen.
- Diese Beschreibungen wiederholen das gesellschaftliche Differenzierungsprinzip der Rangordnung in Modellen von ranggeordneten Lebensaltersstufen.

Damit sind für stratifizierte Gesellschaften typische Merkmale angesprochen. Mit dem Begriff Hochkulturen werden so unterschiedliche Gesellschaften wie die griechische und römische Antike und das europäische Mittelalter zusammengefasst. Die Organisation gesellschaftlicher Praxis über eine schichtabhängige Verortung (z.B. als Bauern, Ritter, Klerus und Adel) produziert nebeneinander mehrere Lebensentwürfe, die sich zueinander exklusiv verhalten und zu unhintergehbaren Perspektivendifferenzen führen. Eine Legitimation dieser Differenzen findet über eine die ganze Gesellschaft umfassende religiöse Grundsymbolik statt, die die Unterscheidung in oben und unten als verbindliches Modell für alle Lebensvollzüge festschreibt. Der auffälligste Unterschied zu segmentären Gesellschaften besteht in der Möglichkeit zur schriftlichen Fixierung von normativen Beschreibungen und damit vor allem in der *Möglichkeit zum Vergleich.*

Alte Menschen werden unter diesen Bedingungen nicht mehr schlicht in der Nähe der Ahnen platziert, sondern mit den jungen Menschen verglichen. Platon unterscheidet beispielsweise zwischen drei Altersgruppen: Jugend, Mannesalter und hohes Alter. Während die Jugend noch von Leidenschaft dominiert werde, kultiviere der Mann bereits Zuverlässigkeit. Erst der Greis erreiche jedoch Einsicht und Weitblick aufgrund seiner Erfahrung. (Vgl. Rosenmayr 1978, S. 38f.) Aristoteles bewertet entsprechend seiner Philosophie des Mittelmaßes das mittlere Alter als das bessere. Die Jugend stellt sich ihm als zu leichtsinnig dar, die Alten seien feige und nur das mittlere Alter verspreche Tapferkeit. (Vgl. Cole u. Winkler 1988, S. 39) Unter dem zunehmenden Einfluss der christlichen Heilsgeschichte lässt sich eine Entwertung der Position der alten Menschen beobachten und eine gleichzeitige Verschiebung der chronologischen Altersgrenze nach hinten. Mit ca. 50 Jahren folgt bei Augustinus und auch noch bei Isidor von Sevilla die Zeit der Reife auf die der Jugend. Dem hohen Alter – ähnlich wie der Jugend – werden nun zumeist mehrere Phasen gewidmet, die jedoch alle nicht positiv dargestellt werden. Diese unterschiedlichen, gleichzeitig nebeneinander existierenden Modelle des Lebenslaufs erfüllen unterschiedliche Funktionen.

Sie halten zunächst eine Vielfalt an unterschiedlichen Alternsverläufen präsent, nach denen z.B. alte Menschen weise, aber auch verwirrt sein können. Sie erklären Differenzen, plausibilisieren Ungleichheiten über gesamtgesellschaftliche Sinnbezüge und normalisieren so die Sichtbarkeit des hohen Alters.

Aus diesem hochkulturellen Zugang zur Kategorie ‚Alter' lässt sich jedoch auch eine weitere Beobachtung ableiten. Mit der Sichtbarmachung des hohen Alters über diese Modelle waren auch Ausweichmöglichkeiten verbunden: Wer nicht mit Hilfe der Etiketten als alt beschreibbar war, fiel vermutlich auch nicht in diese Kategorie.

Die dominante Orientierung am chronologischen Alter lässt sich erst im Übergang zur Neuzeit beobachten. PETER BORSCHEID (1987) hat in seinen brillanten Studien zur Geschichte des Alters auf eine Zäsur aufmerksam gemacht, die das Altersbild der frühen Neuzeit von dem der Zeit nach dem Dreißigjährigen Krieg abgrenzt. In diese letzte Phase des zunehmenden Interesses an humanistischen Standards fällt die Entstehung eines ganz neuen, positiven und relativ umfassenden Altersbildes, nämlich das des alten Menschen als Autorität.

Reinhart Koselleck diagnostiziert für diese „Sattelzeit" eine zunehmende Bedeutung politischer Semantik, unter deren Einfluss erstmalig vereinheitlichende Tendenzen eine gesamte Bevölkerung erfassen und den Blickwinkel auf eine gemeinsame Zukunft lenken. Es entstehen Kollektivsingulare: „aus den konkreten ‚Geschichten' wird die ‚Geschichte an sich', aus den sachbezogenen einzelnen Fortschritten wird der ‚Fortschritt selber', aus den Freiheiten ständischer Vorrechte wird die allen gemeinsame ‚Freiheit'" (Koselleck 1972, S. XVII). Auch die alten Menschen werden mit dem Gebrauch des Begriffs ‚Alter' über die generalisierte Unterstellung von Autorität in so einer „Leer- und Blindformel" (ebd.) eingeordnet. Doch schon bald verlieren sie ihren exzeptionellen Status als Vorbilder einer neuen Gesellschaft an die Jugend, die sich über den Lernbegriff neue Zukunftsperspektiven eröffnet.

2.3   Funktional differenzierte Gesellschaft: Alter hat Zukunft!

Beispielhaft lässt sich an dieser Beobachtung eines erstmalig vereinheitlichten Altersbildes der Übergang zu einer funktional differenzierten Gesellschaft mit vollziehen. Den entscheidenden Rahmen gesellschaftlicher Komplexität stellen zunehmend gesellschaftliche Teilsysteme bereit, über die einzelne Funktionen separiert und dauerhaft verfügbar gemacht werden (Politik, Wirtschaft, Recht, Wissenschaft ...). Nicht mehr der Einzelne entscheidet anhand seiner (ständischen) Verortung über die gesellschaftliche Praxis; dominant sind nun Kommunikationslogiken der Funktionssysteme, die von je individuellen Besonderheiten abstrahieren, und damit das moderne multiinkludierte Individuum ermöglichen. Es nimmt an allen Kommunikationslogiken teil, wird als Wähler oder als Käufer oder als Familienmitglied angesprochen, und weiß doch nicht, was das Gemeinsame dieser Erfahrungen sein soll. Hier bereitet sich vor, was uns als Individualisierung vertraut ist und über das Etikett ‚Sinnverlust' eine gesellschaftskritische Aufbereitung erfährt.

Wie oben bereits erwähnt, fällt in diese Epoche die Entstehung der vereinheitlichenden Kategorie ‚Alter'. An Bedeutung gewinnt dieser Befund jedoch erst im Verlauf des 19. Jahrhunderts mit dem Phänomen des demographischen Wandels. Diese für die moderne Gesellschaft charakteristische Entwicklung von einer pyramidalen Struktur der Bevölkerung zu einem Pilz und dann zu einer Urne hat Peter Laslett auf ihre Entstehungsbedingungen hin untersucht. Als entscheidenden Faktor benennt er die sinkende Geburtenrate, an die sich etwas später eine sinkende Sterberate anschloss. (Laslett 1987, S. 94)

Nun liegen bereits zwei entscheidende Bedingungen vor, um eine *Altersphase* entstehen zu sehen, wie wir sie kennen. Die noch fehlende dritte Bedingung mustert diese Phänomene in die moderne Gesellschaft des 20. Jahrhunderts ein und erhält so einen Zugriff auf die Kategorie ‚Alter', die nun geprägt ist von

- der neuzeitlichen Verwendung von Kollektivsingularen,
- dem sehr viel späteren demographischen Wandel und
- schließlich der modernen Trauer um verloren gegangene einheitliche Beschreibungen der Gesellschaft.

Die von Ulrich Klose verwendete Formulierung „Altern hat Zukunft" (1993) fasst diesen Zusammenhang ungewollt zusammen. Im Gegensatz zu den beschriebenen neuzeitlichen Umbruchphasen ist es jedoch heute unter Bedingungen einer ausdifferenzierten modernen Gesellschaft nicht mehr möglich, gesellschaftliche Wertvorstellungen für alle Funktionssysteme verbindlich zu erklären. Diese Möglichkeit hat sich dem 20. Jahrhundert nur noch als Ideal überliefert, mit dessen Hilfe eine vorausgesetzte Problematik, eben die des Sinnverlusts aufgrund von pluralisierten Lebensentwürfen, angegangen werden soll.

Die Sichtbarkeit der modernen Altersphase und ihre Thematisierung über den Sinnverlust stellt sich so als eine typisch moderne Reaktion auf eine besondere Form der gesellschaftlichen Differenzierung und damit verbundene Kommunikationsgrenzen dar.

Die Altersphase für diese Problematik zu benutzen bietet sich an, gerade weil mit dem demographischen Wandel auch eine überraschende Vielfalt an Alternsverläufen entstanden ist, die sich den bekannten Mechanismen der Individualisierung verdanken. Als heterogene Gruppe lassen sich alte Menschen zwar beobachten, aber nicht einheitlich über das gemeinsame Merkmal ‚Alter' beschreiben.

Die Beobachtbarkeit dieser Gruppe hängt natürlich auch mit der modernen Entstehung des Ruhestands zusammen, die jedoch eher auf die Entstehung der Altersphase reagiert hat, als diese zu bewirken. Noch bevor Ruhestandsregelungen greifen konnten, musste eine Vorstellung von einer allgemeinen Altersphase entwickelt werden. Christoph Conrad hat diesem Zusammenhang Rechnung getragen mit der Formulierung seines Buchtitels: „Der Titel ‚Vom Greis zum Rentner' bezeichnet in zugespitzter Form den Übergang von einer vorwiegend diskursiven und normativen Behandlung der Lebensalter zu der hauptsächlich sozialpolitischen und institutionellen Prägung, wie sie ihren Höhepunkt im modernen Wohlfahrtsstaat findet." (Conrad 1994, S. 16) Der eingangs beschriebene Befund, dass nach der Funktion, nach dem Sinn des Alters gefragt wird, lässt sich über diesen kurzen Abriss zur Geschichte des Alters neu einordnen.

Nicht die fehlende Antwort der Alternsforschung auf die Frage nach dem Sinn des Alters ist das Problem, sondern eine gesellschaftsstrukturelle Ausgangsposition, die eindeutige Antworten verhindert.

Wir können über ‚das Alter' in einer modernen Gesellschaft zunächst nicht mehr erfahren, als dass der kleinste gemeinsame Nenner der großen Gruppe alter Menschen die Problematik eines fehlenden gemeinsamen Sinnhorizonts ist. Erst jetzt – nach einem genaueren Blick auf die theoretische Konstruktion des ‚Altersproblems' – kann man sich fragen, ob denn eine solche Gemeinsamkeit ‚des Alters' überhaupt vorhanden sein muss.

Diese sich nun einer wissenschaftlichen Bearbeitung anbietende *Altersphase* wurde in den 70er Jahren mit einem neuen theoretischen Instrumentarium untersucht. Aus der Perspektive der Sozialpädagogik entstand eine Alterstheorie, die die systematische Ausgliederung, die Marginalisierung, aller alten Menschen behauptete und daraus auf ein negatives Altersbild schloss.

3 Der Definitionsansatz: Wird man alt gemacht?

Im Zuge der 68er Politisierung von nicht nur alltäglichen gesellschaftlichen Vollzügen, sondern auch – und vor allem – von Wissenschaft ist in der Sozialpädagogik ein neuer Zugang zur Thematik ‚Alter' profiliert worden. Er befragt die strukturfunktionale Beschreibung der Kategorie ‚Alter' im Hinblick auf dessen zugrunde gelegte normative Implikate und kommt zu dem Ergebnis, dass alte Menschen, eben weil sie keine Funktion mehr erfüllen, aus der Gesellschaft ausgegliedert würden.

3.1 Hohmeier: Alter wird definiert

JÜRGEN HOHMEIER hat diesen Ansatz unter dem Titel „Alter als Stigma" (Hohmeier 1978) eingeführt. Er beginnt seine Analyse mit einer Benennung der Kriterien, die eine Einordnung als ‚Randgruppe' rechtfertigen. Neben der eingeschränkten gesellschaftlichen Integration spielt demzufolge vor allem die Stereotypisierung und Diskriminierung alter Menschen eine Rolle. Zurückgeführt wird diese Beobachtung auf die Funktionsprinzipien der „Leistungsgesellschaft" (S. 16): „‚Alter', wie das Stereotyp es sieht, steht zu Werten wie Leistung, Erfolg, Flexibilität, Gesundheit, Genuss und Autonomie in einem Gegensatz." (ebd.)

Theoretisches Gerüst dieser Analyse ist der *labeling-approach*. Hohmeier beruft sich bei seinem Vorgehen auf vor allem zwei Forschungstraditionen der damaligen Soziologie: Die Kriminalsoziologie von Fritz Sack, die sich mit der Konstruktion von sogenannten Karrieren auseinandersetzt, und die Goffmanschen Interaktionsanalysen. Sowohl auf der Ebene der Organisation als auch auf der der Interaktion lässt sich nachzeichnen, wie diskriminierbare Eigenschaften als Anschluss für Folgeoperationen genutzt werden. Hohmeier ergänzt diese Befunde durch den übergeordneten Rahmen eines gesamtgesellschaftlichen Interesses an Ausgliederung und reagiert damit auf eine theorieimmanente Schwäche des *labeling-approach*: Ein Agent dieses diskriminierenden Handelns hatte sich bislang nicht finden lassen. Die Marginalisierung entspricht – folgt man Hohmeier – den „Interessen globaler gesellschaftlicher Institutionen" (Hohmeier 1978, S. 21). Auch diese typische

Semantik einer Epoche der Soziologiegeschichte hat der Alternsforschung ein Fazit mit auf den Weg gegeben:

Die Problematisierung des hohen Alters verdankt sich dem gesamtgesellschaftlichen Motiv, dem Leistungsparadigma nicht entsprechende Gruppen abzulehnen.

Ein negatives Altersbild wird – so Hohmeier – von der Gesellschaft zunächst vorgegeben und dann vom Einzelnen übernommen.

Dieser Prozess der Sichtbarmachung eines verallgemeinerbaren Altersbildes steht im Mittelpunkt der folgenden Analyse, in der ich die von Hohmeier verwendeten Kategorien Interaktion, Organisation und Gesellschaft auf ihren theoretischen Standort und Möglichkeiten einer Generalisierung überprüfen werde. Auch wenn es bereits üblich ist, von unterschiedlichen Alternsverläufen auszugehen, geht dieser Beobachtung doch immer noch die Vermutung voraus, es müsse ein Gemeinsames dieser großen Gruppe von Menschen geben, mit dem diese dann eben unterschiedlich umgehen. Wenn ich den Faden meiner bisherigen Theoriekritik weiterspinne, lässt sich jedoch auch behaupten, dass nicht so sehr eine vorausgesetzte anthropologische Konstante ‚Alter' nach gesellschaftlicher Bestimmung verlangt. Stattdessen werde ich zeigen, dass vielmehr gesellschaftliche, z. T. sicherlich vor allem wissenschaftliche Semantiken eine Befragung der alten Menschen initiieren, die – eben weil der sichtbar gemachten Altersphase keine altersgruppenbezogene Bedeutung innewohnt – ergebnislos und damit immer nur negativ erscheint.

Hohmeier führt unterschiedliche theoretische Konstrukte zusammen. Er beginnt zunächst mit einer Diagnose der Situation alter Menschen: Ähnlich wie Arbeitslosigkeit und Armut führe hohes Alter zur Randständigkeit. (Vgl. Hohmeier 1978, S. 10) Die Beschreibung von alten Menschen als Randgruppe entwirft ein neues Bild der Gesellschaft. Während Parsons eine hierarchische, nach Status gestufte Gesellschaft annimmt, deren Ungleichheiten durch Leistung legitimiert werden, prägt nun das Modell einer Gesellschaft mit einem Zentrum und einer Peripherie die soziologische Diskussion. Desintegration ist nicht mehr eine Möglichkeit, sondern wird zum Normalfall. Die gleichen Strukturen, von denen die meisten Mitglieder der Gesellschaft profitieren, stellen für einige Wenige, eben Randgruppen, nahezu unüberwindbare Hindernisse dar. Die Ursache für die Benachteiligung wird in individuellen und gesellschaftlichen Funktionen vermutet.

Die Soziologie der 70er Jahre ersetzt die strukturfunktionale Begründung gesellschaftlicher Einheit von Parsons durch eine gesellschaftskritische: Gesellschaftliche Strukturen werden demzufolge durch Herrschaft aufrechterhalten. ‚Systemstabilisierung', ‚Leistungsgesellschaft' und die ‚Schichtvariable' spannen in ihrer negativen Akzentuierung einen neuen Bedeutungshorizont auf, der zur Problematisierung von Ungleichheit führt. Aufgabe der Soziologie ist nun nicht mehr die Beschreibung, sondern die Veränderung der Gesellschaft: „An die Stelle des Sollzustandes eines selbstgeregelten Systems tritt der antizipierte Endzustand eines Bildungsprozesses." (Habermas 1967, S. 193)

Neben dieser von den Begrifflichkeiten ‚Macht' und ‚Herrschaft' geprägten makrotheoretischen Ebene greift der Stigmatisierungsansatz auch auf eine eher mikrotheoretische Ebene zurück: Devianz wird über Definitionsprozesse erklärt, die in Interaktionen entstehen. Der Stigma-Begriff von ERVING Goffman stand Pate für den Hohmeierschen Ansatz, der Goffmans Beschreibung um den *prozessualen Ablauf der Stigmatisierung* ergänzt. Hohmeier hat sich damit für eine Variante des Symbolischen Interaktionismus entschieden, die die individualistische Handlungskonzeption um strukturelle Variablen ergänzt. Die Benennung der Organisation als Rahmen von Interaktion ermöglicht Goffman einen Nachweis asymmetrisierender Handlungen auf der konkreten Ebene von *face to face*-Beziehungen. Immer dann, wenn zwei Menschen ihre Erwartungen aufeinander abstimmen, werde im *gegebenen Rahmen* eine Definition erzeugt. Ordnung resultiert demzufolge aus der Notwendigkeit, individuelle Identität herzustellen. (Vgl. Bohnsack 1992, S. 41f.)

Hohmeier verknüpft diese beiden Theorieanteile, das gesellschaftskritische Marginalisierungstheorem (Makroebene) und das interaktionistische Stigmatisierungsmodell (Mikroebene), auf der Mesoebene, der Ebene der Organisation. Dem Definitionsansatz stehen demzufolge drei Analyseebenen zur Verfügung: Gesellschaft, Interaktion und Organisation.

In Organisationen lassen sich am eindeutigsten asymmetrische Etikettierungsprozesse nachweisen. Die interaktionistisch geprägte Kriminalsoziologie nutzt z.B. Aktenmaterial, um Karrieren devianten Verhaltens nachzuzeichnen. (Vgl. Sack 1968) Hilfe-Organisationen produzieren demzufolge genau das, was sie eigentlich beseitigen sollen. In gesellschaftskritischer Attitüde wird dieses Phänomen der ‚Leistungsgesellschaft' zugerechnet: Als verlängerter Arm des Zentrums kontrollieren Organisationen Randgruppen und legitimieren deren abweichenden Status. (Vgl. Offe 1972, S. 130)

Hohmeier identifiziert den Zugriff durch Organisationen als Entstehungsort von Abweichung und begründet das Phänomen funktional im Hinblick auf individuelle und gesellschaftliche Motive. Problematisch an diesem Erklärungsmodell ist die Vermittlung zwischen den beiden Theorieanteilen ‚Gesellschaftskritik' und ‚Symbolischer Interaktionismus':

- Folgen soziale Prozesse allgemeinen strukturellen Bedingungen (dem Ziel der Systemstabilisierung) oder
- werden die entscheidenden Weichen in der Interaktion gestellt?
- Auf welche Weise wird das Ziel, Kontrolle auszuüben, in die konkrete Hilfeleistung übersetzt?

Diese Fragen können von devianzsoziologischen Ansätzen nicht beantwortet werden. Auch Hohmeier spricht von Klärungsbedarf in dieser Hinsicht. (Vgl. Hohmeier 1975, S. 20f.; Albrecht 1975, S. 92; Karstedt 1975, S. 190)

Die Vorzüge der Stigma-Theorie zur Erklärung des 'problematischen' Alters liegen sicherlich im Nachvollzug interaktionistischer Definitionsprozesse. Auch die Einbettung dieses Phänomens in den Rahmen der Organisation ermöglicht als Limitierung eine neue Perspektive. Der Rückbezug dieser beiden Ebenen, Interaktion und Organisation, auf ein Gesellschaftsbild mit Zentrum und Peripherie schränkt jedoch diesen Gewinn wieder ein, weil damit die Argumentation sehr allgemein und ungenau wird.

4 Perspektivenwechsel: Die Entstehung von Altersbildern

Während die Gesellschaftskritik Hohmeiers auf dem Zusammenfallen der drei Ebenen Gesellschaft, Organisation und Interaktion bestehen musste, isoliert die Systemtheorie Luhmanns sie als unterschiedliche Systemebenen der gesellschaftlichen Praxis. Kommunikationen als Letztelemente der Sozialtheorie erhalten je nach Systemebene ein anderes Aussehen und eine andere Bedeutung.

Die Systemdifferenzierung der modernen Gesellschaft bezieht sich nicht nur auf die Unterscheidung von Funktionssystemen, die sich als Funktionssysteme gleichen und in ihrer speziellen Funktionsorientierung unterscheiden. Den Verlauf gesellschaftlicher Evolution begleitet auch die Entstehung unterschiedlicher Typen sozialer Systeme. Als Systemebenen treten mit der Umstellung der Form primärer Differenzierung zunächst Gesellschaft und Interaktion auseinander, gefolgt von der Entstehung der frühen Organisationen des Mittelalters, die in der modernen Gesellschaft schließlich von so herausragender Bedeutung sind, dass sie das Etikett Organisationsgesellschaft rechtfertigen (vgl. Schimank 1994).

Wenn NIKLAS LUHMANN Systemebenen gesellschaftstheoretisch unterscheidet, trägt er damit der Beobachtung Rechnung, *dass Erwartungen ein unterschiedliches Ausmaß an Stabilisierung aufweisen können.* Dies lässt sich sehr schön am Beispiel der Bedeutung von Werten wie z.B. Menschenrechten bestimmen. Während in einer politischen Argumentation (Funktionssystem Politik) noch klar ist, dass alte Menschen nicht diskriminiert werden sollen, ist auf der Ebene der Organisation schon nicht mehr zu erkennen, wie sich dieser abstrakte Wert dort zeigen soll – eventuell durch Schutz von älteren Arbeitnehmern? In der konkreten Interaktion ist es dann vollends unmöglich, diesen allgemeinen Wert zu kontrollieren, weil mit jeder neuen Begegnung immer wieder auch die Möglichkeit zur Wahrnehmung von Altersdifferenzen entsteht und sich unzählige Anlässe bieten würden, um auf Ungleichbehandlung hinzuweisen.

Mit der Benennung von Charakteristika der einzelnen Systemebenen nähere ich mich einer konkreteren Bestimmung dieses Unterschieds an.

- Sozialsysteme werden als *Interaktionen* beschrieben, wenn sie auf der Anwesenheit von Personen beruhen.
- Von *Organisationen* kann man sprechen, wenn Mitgliedschaftsbedingungen und Entscheidungstechniken identifiziert werden können.
- Als *Gesellschaft* wird das Insgesamt aller sinnhaften Kommunikationen bezeichnet. (Vgl. Kneer u. Nassehi 1993, S. 111ff.)

Während Interaktionen als Episoden eine zeitliche Begrenzung aufweisen, stellen Organisationen soziale, sachliche und zeitliche Verweisungsmöglichkeiten auf Dauer, indem sie sie als Entscheidungen begreifen. Den Hintergrund für diese unterschiedlichen Formen der Konkretisierung von Erwartungen stellt die Gesellschaft bereit, innerhalb derer Interaktionen und Organisationen als gesellschaftliches Geschehen anschlussfähig sind.

Kommunikationen führen also immer wieder zurück auf denjenigen, der beobachtet: z.B. ein Funktionssystem, das hohem Alter Finanzkraft zuschreibt, Organisationen, die kranken alten Menschen helfen wollen, oder Interaktionen, die auf alte Menschen Rücksicht nehmen.

Was kommunikabel ist – um bei der Ebene der *Gesellschaft* zu beginnen –, entscheidet sich in der modernen Gesellschaft nicht mehr über die Zugehörigkeit des einzelnen zu Stämmen oder Familien oder auch Schichten, sondern in konkreten Kontexten. Zahlungsfähigkeit, Rechtsfähigkeit, Mitbestimmung, (wissenschaftliche) Wahrheitsfindung usw. sind in der modernen Gesellschaft unabhängig von personalen Verortungen möglich. Die Kriterien für die Qualität der Beteiligung (arm oder reich, schuldig oder unschuldig, Opposition oder Regierung, wahr oder falsch usw.) ergeben sich primär über symbolisch generalisierte Kommunikationsmedien (Geld, Recht, Macht, Wahrheit), die die Anschlussfähigkeit einer spezialisierten Kommunikation ermöglichen.

Auf wissenschaftliche Fragen nach der Wahrheit einer Aussage kann man nur wissenschaftliche Antworten geben. Ebenso lassen sich wirtschaftliche Operationen nur mit wirtschaftlichen Operationen weiterführen. Und auch wenn die Politik auf wirtschaftliche und wissenschaftliche Operationen Einfluss nehmen will, ist es doch nicht möglich, dies als politische Kommunikation zu tun. Man kann eben nicht sagen: Als Wissenschaftler stehe ich für diesen Satz ein, weil die Politik es so will. Die wissenschaftliche Begründung kann nur eine wissenschaftliche sein.

Daraus resultiert für die alterssoziologische Analyse die Voraussetzung eines theoretischen Rahmens, in dem nebeneinander „Weltzentren" entstanden sind, die sich nur noch über ihre je eigene Perspektive rechtfertigen. Für die Frage nach dem generalisierten Altersbild bedeutet dies, dass man Kommunikationen zum Thema ‚Alter' auf ihre Anschlussfähigkeit im Hinblick auf diese gesellschaftlichen Teilsysteme überprüfen muss. Man erhält im Anschluss an dieses Vorgehen jedoch nicht mehr *ein* Altersbild, sondern *plurale Altersbilder*. Wirtschaft, Recht, Politik und Wissenschaft greifen ganz unterschiedlich auf dieses Thema zurück.

Die Ablösung des Bildes von gesellschaftlicher Einheit durch eine multizentrische Perspektive verdankt sich der Verselbständigung der modernen Funktionssysteme. Funktionssysteme wie Wirtschaft, Politik, Recht, Medizin, Wissenschaft und Erziehung erfüllen jeweils Funktionen, die nicht füreinander substituierbar sind, also nicht in ein hierarchisches Verhältnis zueinander gestellt werden können. Ihre spezifische Orientierung an Zahlungsfähigkeit (Wirtschaftssystem), Macht (politisches System), Recht (Rechtssystem), Krankheit (Medizinsystem), Wahrheit (Wissenschaftssystem) und Karrierechancen (Erziehungssystem) verweist auf ihre Konstruktion über binäre Codes, die über die genannten Positivwerte und ihre Korrelate (Zahlungsfähigkeit / Zahlungsunfähigkeit, Macht / Ohnmacht, Recht / Unrecht, Krankheit / Gesundheit, Wahrheit / Unwahrheit und Karrierechance / „schlechte Noten") eine eigene Welt aufspannen. Armin Nassehi weist darauf hin, „dass diese Differenzierungen die Gesellschaft nicht in Seins*bereiche*, nicht in ontische Regionen einteilen. Vielmehr geht es hier nur um distinkte, nicht aufeinander abbildbare *Beobachtungsverhältnisse*." (Nassehi 1993, S. 325) Diese systemtheoretische Theorieanlage folgt einem konstruktivistischen Paradigma, demzufolge Systeme erst durch Unterscheidungen entstehen. Binäre Codes benennen beide Seiten einer Unterscheidung und etablieren so einen rekursiven Kommunikationszu-sammenhang, der über die Codereferenz seine Grenzen bestimmt und seine Geschlossenheit als System erhält.

Erklären kann man hiermit, dass sich Wirtschaft nur für wirtschaftliche Operationen interessiert, also für Geld. Erklären kann man hiermit, dass sich Politik nur für den Erhalt von Macht interessiert, also für Wähler-stimmen. Erklären kann man hiermit, dass man sich überall in Kontex-ten bewegt, die jeweils einer eigenen Logik folgen und nicht mit be-denken können, was in einem anderen Kontext relevant ist. Während ein Arzt jeden behandeln möchte, der krank ist, interessiert sich ein Politiker dafür, mit gesundheitspolitischen Aussagen keine Wähler-stimmen zu verlieren und sucht nun nach einer Möglichkeit, den medi-zinischen Wunsch nach Behandlung in legitimierbarer Weise einzu-schränken.

Mit dem jeweiligen Code eines Systems entsteht eine Zuordnungsregel für Kommunikationen, die im System entweder anschlussfähig sind oder nicht. Geht es um die Unterscheidung von krank oder gesund, dann folgt die Kommunikation einer medizinischen Logik. Geht es um die Unterscheidung von Zahlungsvorgängen (zahlen / nicht-zahlen), dann folgt die Kommunikation einer wirtschaftlichen Logik.

Was wir über die Welt erfahren, erfahren wir demzufolge jeweils über die beobachtungsleitende Perspektive eines Funktionssystems.

Diese Perspektiven entwerfen Altersschablonen, anhand derer der Ein-zelne temporär in eine spezifische gesellschaftliche Praxis einbezogen wird und sich so auf einmal als reicher Senior angesprochen sieht oder als habgieriger Rentner oder als Student im Alter. Die Konsequenzen dieser Art der gesellschaftlichen Inklusion beschreibt Luhmann: „Der Begriff der Inklusion meint die Einbeziehung der Gesamtbevölkerung in die Leistungen der einzelnen gesellschaftlichen Funktionssysteme. Er betrifft einerseits *Zugang* zu diesen Leistungen, andererseits *Abhän-gigkeit* der individuellen Lebensführung von ihnen. In dem Maße, als Inklusion verwirklicht wird, verschwinden Gruppen, die am gesell-schaftlichen Leben nicht oder nur marginal teilhaben." (Luhmann 1981, S. 25)

Deutlich wird nun, warum dieser theoretische Zugang zur Untersuchung von Alternsprozessen in der modernen Gesellschaft ein inklusionstheoretischer ist. Während in segmentär und stratifikatorisch differenzierten Gesellschaften ganze Personen jeweils einem Segment oder einer Schicht zugeordnet wurden, entsteht in der modernen Gesellschaft das Problem der Individualisierung. ULRICH BECK formuliert dazu, „dass wir Augenzeugen eines Gesellschaftswandels innerhalb der Moderne sind, in dessen Verlauf die Menschen aus den Sozialformen der industriellen Gesellschaft – Klasse, Schicht, Familie, Geschlechtslagen von Männern und Frauen – *freigesetzt* werden, ähnlich wie sie im Laufe der Reformation aus der weltlichen Herrschaft der Kirche in die Gesellschaft ,*entlassen*' wurden." (Beck 1986, S. 115)

Besser ließe sich dieser Wandel als Wandel der Inklusionsformen erklären, wobei nun eine Form der biographisierten Inklusion diagnostiziert werden müsste, bei der der einzelne nur noch temporär in einzelne Funktionssysteme inkludiert wird und sich deshalb selbst auf eine eigene – biographische – Selbstbeschreibung festlegen muss. Die Erfahrung der Multiinklusion erzeugt auf der Seite des Einzelnen das Problem einer fehlenden zusammenhängenden Beschreibung, die typischerweise in die Form einer auf Besonderheiten und Einzigartigkeit abstellenden Identifikation mündet.

Zu fragen wäre im Folgenden, ob auch die „Sozialform" des Alters abgelegt wird. Verbunden damit wären sowohl Vor- als auch Nachteile. Beck betont, dass „die Lebensläufe mit der Individualisierung vielfältiger, gegensätzlicher, brüchiger, unsicherer, auch für katastrophale Einbrüche anfälliger, aber auch bunter, umfassender, widersprüchlicher werden" (Beck 1986, S. 149). Die Sicherheit der Vergangenheit besteht aus dieser Perspektive darin, zwar extremen Formen der Ungleichheit ausgesetzt zu sein, dies aber immerhin als Sicherheit der persönlichen Selbstverortung erleben zu können. Die Unsicherheit der Gegenwart besteht darin, die Ungleichheit von temporären Inklusionserfahrungen nur noch in der eigenen Selbstbeschreibung – der Biographie – bearbeitbar machen zu können.

Inklusionserfahrungen sind nun alle Situationen, in denen jemand kommunikativ adressiert wird. Damit ist nicht gemeint, dass jemand angesprochen wird, sondern grundsätzlicher: dass die Kommunikation Etiketten, so genannte Personschablonen enthält, über die jemand angesprochen werden *kann*. In den Mittelpunkt rücken nun die verschiedenen *Möglichkeiten*, jemanden adressierbar zu machen, z.B. über den konkreten Namen („Herr Meyer") oder über die Identifikation einer Gruppenzugehörigkeit („die Frauen", „die Arbeiter") oder über die abstrakte Ansprache als Mensch („Menschenrechte"). Und als Alternsforscher muss man sich nun fragen, ob alte Menschen auch anders als über ihr Alter angesprochen werden können.

Von Inklusion zu sprechen bedeutet außerdem, mit zu berücksichtigen, dass mit dem Muster der Individualisierung nicht eine spezielle Form der Selbstbeschreibung gemeint ist – also z. B. möglichst individuell –, sondern ganz grundsätzlich das Problem der Selbstbeschreibung markiert wird. (Vgl. Luhmann 1997, S. 618ff.) Individualisiert ist diese Form der Inklusion, weil sie sich die Frage nach der Verortung des einzelnen nur im Rekurs auf die eigene Biographie beantworten kann. Auf dieser Grundlage können dann auch Selbstbeschreibungen entstehen, die sich explizit nicht als individualistisch identifizieren, sondern beispielsweise als fundamentalistisch religiös oder national oder ethnisch gebunden.

Aber auch diese Selbstbeschreibungen lassen sich nur verstehen, wenn man sie als Lösungen des Problems einer gesellschaftlichen Verortung begreift, die nicht mehr über Personen funktioniert, sondern diese Stelle unbestimmt lässt, weil sich gesellschaftliche Kommunikationen zunächst an Funktionen orientieren.

4.1 Altersbilder der Gesellschaft

Umso spannender ist es nun, sich genauer anzuschauen, wie die verschiedenen Funktionssysteme mit dem Etikett ‚Alter' umgehen. Wofür interessieren sich Funktionssysteme, wenn sie von Alter reden? Wie sieht eine funktionssystemspezifische Kommunikationslogik aus, in der es um Alter geht? Detaillierte Untersuchungen dazu, wie sich funktionssystemspezifische Altersbilder ausbilden, stehen noch aus. Doch Einiges kann man schon jetzt dazu sagen.

Am Beispiel des *Politiksystems* kann man erkennen, wie stark die jeweilige Inanspruchnahme des Etiketts ‚Alter' mit dem Kontext zu tun hat, und wie wenig es dabei um den Alltag von alten Menschen geht. Im Anschluss an die moderne Bestimmung des hohen Alters als Altersphase ist ein politischer Kommunikationszusammenhang entstanden, der auf zwei Themen zurückgreift:

• Alte Menschen repräsentieren eine große Wählergruppe,
• der ‚Generationenvertrag' ist asymmetrisch zugunsten der Älteren.

Während die erste Beobachtung eindeutig die Frage nach der Macht einer gesellschaftlichen Gruppe stellt, spricht die zweite politische Möglichkeiten der rechtlichen Regulierung der Altersabsicherung an. Nimmt man beides zusammen, entsteht das Bild einer dominanten Gruppe von älteren Menschen, die politische Entscheidungen in ihrem eigenen Interesse instrumentalisieren. Vor genau diesem Hintergrund ist Heidi Schüllers Kritik am Generationenvertrag entstanden. (Vgl. Schüller 1995) Demzufolge „laufen (wir) Gefahr, die Zukunft unserer Jugend auf dem Altar einer unrealistischen Altenpolitik zu opfern" (Schüller 1995, S. 74). Ihr Plädoyer für eine Öffnung des Wahlalters in die (mündige) Jugendphase und eine Schließung gegenüber der (unmündigen) Altersphase soll eine Orientierung politischer Entscheidungen an der großen Zahl der unproduktiven, aber anspruchsvollen alten Menschen verhindern. (Vgl. S. 179f.)

Die Rolle der alten Menschen in diesem Diskurs über Macht und Ohnmacht ist von GERD GÖCKENJAN (1993) als politische Kommunikation zur Beschaffung von Handlungsressourcen analysiert worden. Die Inanspruchnahme von Generationensolidarität, bei der so unscharfe Gruppen wie Jung und Alt in einen sinnhaften Zusammenhang gebracht werden, verweist demzufolge auf die Leistungsfähigkeit emotionalisierter Etikettierungen von „bösen gierigen" oder „guten bedürftigen" alten Menschen.

Alte Menschen erscheinen so, je nach dem, wer mit wem verglichen wird, als bedürftig und überversorgt gleichzeitig. Der demographische Hintergrund addiert zu diesem Phänomen die Dimension von Gefährlichkeit und stimuliert zu emotionalisierten „Generationskonflikten".

Göckenjan schreibt zum Diskurs über den Generationenkonflikt:

> „Auf der einen Seite variieren also die Argumente zwischen der
> alten Armuts- und Defizit-Assoziation und der Rentenerwartung
> als einem grundgesetzlich geschützten Eigentumsrecht. Auf der
> anderen Seite werden Rentnerberge, Altenluxus und um die Zu-
> kunft betrogene Jugend bemüht, vor dem Hintergrund, Kürzun-
> gen durchzusetzen." (Göckenjan 1993, S. 10)

Das Spannende an dem Altersbild des politischen Systems ist seine
zwar oberflächlich betrachtet negative, eigentlich jedoch positive Akzentuierung. Nicht gesellschaftliche Ausgrenzung, nicht biologischer
Abbau, sondern politische Macht charakterisiert das hohe Alter, folgt
man der Kommunikationslogik des politischen Systems.

Eine ähnlich positive Akzentuierung lässt sich aus *wirtschaftlicher Perspektive* beobachten. Anhand des Codes Zahlung / Nichtzahlung ordnen
sich Kommunikationen einem Funktionssystem zu, das sich mit Hilfe
des Mediums Geld, speziell dem Preis, von Informationen wie Alter
unabhängig gemacht hat. Natürlich gehen mit unterschiedlichen Personschablonen ausgestattete Menschen mit dem ihnen zur Verfügung
stehenden Geld unterschiedlich um. Dieser Unterschied liegt aber nicht
in der Geldförmigkeit dieses Mediums begründet, sondern umgekehrt:
Das Desinteresse des Mediums Geld gegenüber Personenmerkmalen
macht solche Unterschiede sichtbar.

Luhmann schreibt über das Wirtschaftssystem:

> „Preise regulieren nicht nur die Zahlungen, die erfolgen, sondern
> auch die Zahlungen, die nicht erfolgen. Preise halten vom Kaufen
> ab. Sie tun dies nicht durch Disqualifizierung des Käufers, nicht
> im Anschluss an dessen Merkmale als Arbeiter, Bürger, Haus-
> frau, Schauspieler, Henker. Alle strukturellen Kombinationen von
> Personenmerkmalen und Zugangsbahnen zur Wirtschaft, wie sie
> in Europa bis zur Französischen Revolution üblich waren, sind
> aufgehoben." (Luhmann 1994, S. 19)

Die Inklusion erfolgt stattdessen über die Semantik von 'Bedürfnissen';
wohl gemerkt, nicht über „tatsächliche" oder „wahre" Bedürfnisse,
sondern über schlicht alles, was als Bedürfnis kommunizierbar ist. Die

Inklusion von alten Menschen verläuft demzufolge genauso wie die jüngerer Menschen. Unterschiede werden nur gemacht, wenn der Reflexionswert ‚Nichtzahlung' spezielle Potentiale vermutet wie z.b. bei finanzschwachen, aber reiselustigen „Senioren", die mit Seniorentellern, Seniorenpreisen und Seniorenfahrten versorgt werden wollen, oder bei besonders finanzkräftigen, aber sparsamen alten Menschen, die gesondert angesprochen werden wollen, bevor sie ihr Geld ausgeben. Entscheidend ist, dass hohes Alter für funktionssystemspezifische Kommunikationen, d.h. hier Zahlungen, zunächst überhaupt keine Rolle spielt: Wer mit 20 Jahren Brötchen oder ein Sofa kauft, kann dies genauso noch mit 60 oder 80 Jahren tun. Eine Spezialisierung auf Seniorenangebote setzt erst ein, wenn Nichtzahlungen registriert werden, sei es wegen Armut oder wegen Sparsamkeit. Wirtschaftliche Operationen schöpfen so einen zusätzlichen Anteil an realisierten Kommunikationen ab, verbessern also die Inklusion.

Das Altersbild des mit mehr oder weniger Geld ausgestatteten Seniors bzw. der Seniorin stellt sich ähnlich einseitig und zugleich generalisierend dar wie alle anderen semantischen Zugriffe auf das Attribut ‚hohes Alter'. Mit dem Ziel einer Erweiterung der Inklusion wird die Kategorie ‚Alter' auf ihre Potentiale, hier: Kaufkraft, abgeklopft und – ähnlich wie in politischen Kommunikationen – positiv genutzt.

Im Hinblick auf die grundsätzlichere Frage nach der Genese von Altersbildern lässt sich hier schon zusammenfassen: *In dem Maße, in dem der Zugang alter Menschen zu gesellschaftlichen Leistungen über das Thema ‚Alter' ermöglicht wird, entstehen spezialisierte Alterssemantiken, die zusätzliche Inklusionen vorbereiten.*

Alte Menschen werden nun nicht mehr schlicht als Käufer oder als Wähler angesprochen, sondern erhalten darüber hinaus (als alte Käufer oder als alte Wähler) die Chance auf vermehrte Kommunikation, was – wie z.B. im Falle der Politik („habgierige Rentner") – nicht immer positiv sein muss. Es geht diesen spezialisierten Kommunikationen nicht um die je spezifische Situation eines alten Menschen, sondern um die evolutionäre Erweiterung ihrer Kommunikation über den je eigenen Code. Resultat sind viele verschiedene Altersbilder, die als Abstraktion vom jeweiligen alten Menschen immer auch als Diskriminierung empfunden werden und so auf die Zweischneidigkeit der modernen Forderung nach mehr Integration verweisen. Je mehr alte Menschen als alte Menschen angesprochen werden, desto stärker fällt auch die Unangemessenheit dieser Ansprache im einzelnen Fall auf.

4.2   Altersbilder in Organisationen

Altersbilder entstehen auch auf der Ebene der *Organisationen*, erklären sich jedoch – im Unterschied zur allgemeinen gesellschaftlichen Ebene – nun nicht mehr nur über allgemeine Codes, sondern über die jeweilige Perspektive der Organisation. Am Beispiel der Altenpflege lässt sich zeigen, dass Altenheime und Sozialstationen weit mehr von ihren jeweiligen Organisationsformen geprägt sind als von der Berücksichtigung individueller Bedürfnisse alter Menschen. Die Kritik an diesem Phänomen blickt mittlerweile auf eine lange Tradition organisationssoziologischer Forschung zurück, auf die auch Hohmeier verwiesen hat. ERVING GOFFMAN (1961) und FRITZ SACK (1968) haben den Rahmen der Organisation für die Entstehung von sogenannten „Karrieren" verantwortlich gemacht, konnten sich jedoch – siehe oben – nicht so recht über die Genese solcher Phänomene einig werden. Luhmann konkretisiert die Operationsweise von Organisationen über Mitgliedschaft und die Orientierung an Entscheidungen als Letztelementen. (Vgl. Luhmann 1988)

Eine eigene Untersuchung zu Altersbildern von Pflegekräften (Saake 1998) kann verdeutlichen, was damit gemeint ist, wenn organisationsinterne Entscheidungen den Rahmen dessen formen, worüber geredet werden kann. Deutlich wird dabei, dass interessanterweise nicht so sehr programmatische Überlegungen zum Alter, ganz zu schweigen von biographischen Besonderheiten des einzelnen im Vordergrund stehen, sondern konkrete Bedingungen der jeweiligen Organisation, die nur zwischen unterschiedlichen Formen von Pflegebedürftigkeit unterscheidet.

Als Ergebnis dieser Studie lässt sich für den *stationären Bereich* zusammenfassen, dass hier Altersbilder entstehen, die Pflegebedürftigkeit nicht als Resultat des Gesundheitszustandes verstehen. Schwerste Pflegefälle, also Menschen, die kaum noch eigene Bedürfnisse formulieren können, sind im stationären Alltag viel unproblematischer als körperlich und geistig völlig gesunde, aber anspruchsvolle Bewohner, die eine ständige Beaufsichtigung erwarten.

Im Gegensatz dazu wird im *ambulanten Bereich* nach anderen Kriterien unterschieden. Das Ausmaß der Hilfebedürftigkeit ergibt sich dabei nach einer Bestandsaufnahme, die solche Faktoren wie familiäre Situation, Aktivität und Kooperativität überprüft und zu einem Begriff von Selbständigkeit zusammenzieht. Das Altersbild ergibt sich im *ambulanten Bereich* im Anschluss an eine Bestimmung des Ausmaßes der Fähigkeit zur selbständigen Lebensführung (familiäre Hilfen werden dabei mitberücksichtigt) und eben nicht – wie im stationären Bereich – als Unterscheidung von ‚schwierigen', weil Zeit beanspruchenden und ‚unproblematischen', weil anspruchslosen Menschen.

Weitere Unterschiede ergeben sich hinsichtlich der zeitlichen Organisation der Pflege. Die Dominanz institutioneller Einflüsse in Altenheimen wird an einer Bedürfnisse chronologisierenden Ausrichtung des Arbeitsablaufs deutlich. Die stationär beschäftigten Pflegemitarbeiter orientieren ihre Arbeitsplanung vordringlich an den engen zeitlichen Vorgaben, so dass für sie, unter dem Druck von gleichzeitigen und permanenten Erwartungen der Bewohner, der Umgang mit knappen Zeitressourcen im Vordergrund steht. Erfüllbar sind dabei nur Ansprüche, deren Priorität sich durch ihre Dringlichkeit ergibt. Wer eine Frage beantwortet haben möchte oder umgelagert werden soll, konkurriert mit anderen Bewohnern, die zur Toilette wollen oder gerade gestürzt sind. Resultat pflegerischer Handlungen ist eine Organisationsform, deren zentrales Kennzeichen die Trennung von pflegerischen und betreuenden Elementen ist, worunter sowohl die Bewohner als auch die Pflegefachkräfte leiden.

Auch in den Sozialstationen müssen Termine eingehalten werden. Die Zeitvorgaben beziehen sich jedoch immer nur auf jeweils *eine* Person und sind in den Grenzen des Arbeitstages variabel. Damit tritt die zeitliche Strukturierung in den Sozialstationen in den Hintergrund und eröffnet den Blickwinkel auf die konkrete Situation des Patienten. Mit dieser Personorientierung sind zwei Konsequenzen verbunden. Ambulant Beschäftigte erleben den Patienten in seinem individuellen Umfeld. Die Identifikation anhand des Lebensstils, der Wohnung, des Verhältnisses zu den Angehörigen plausibilisiert das Verhalten des alten Menschen, lässt die Pflegesituation aber auch zu einer komplexen Aufgabe werden.

Interessant an diesem Vergleich von stationärer und ambulanter Organisation der Pflege ist der Befund, dass die jeweiligen Altersbilder eher auf die unterschiedlichen Organisationsformen zurückzuführen sind als auf die konkreten Verhaltensweisen der alten Menschen selbst. Was unter Bedingung von stationärer Pflege als problematisch erscheint, findet sich in der ambulanten Pflege unter einem ganz anderen Etikett wieder.

Organisatorische Altersbilder entstehen im Verlauf von Entscheidungen über Arbeitsinhalte, Arbeitsabläufe und professionelle Selbstbeschreibungen. Als Resultat von formellen und informellen Regelungen darüber, was zu geschehen hat, wann es zu geschehen hat und wer es tut, entstehen Kommunikationsstrukturen, die mehr über die Organisation als über alte Menschen aussagen.

Entscheidend bei dieser Beobachtung ist, dass diese Kommunikationen zunächst nur zu Schablonen führen, deren manchmal unangenehmer Schematisierung jeder von uns immer wieder neu unterworfen ist. Gegenstrategien lenken auch hier wieder den Blick auf die Frage, ob es in diesem Zusammenhang tatsächlich sinnvoll ist, die Anzahl der altersspezifischen Kommunikationen zu erhöhen oder ob man nicht damit die Tür für einen noch umfassenderen und intensiveren diskriminierenden Zugriff auf alte Menschen öffnet. Anstatt „ganzheitlichere" Konzepte zu fordern, könnte man sich auch dafür stark machen, alte hilfebedürftige Menschen nicht nur als alte hilfebedürftige Menschen anzusprechen.

4.3 Altersbilder in Interaktionen

In *Interaktionen* gerät ein zusätzliches Phänomen in den Mittelpunkt: die (nun nicht mehr nur qua Kommunikation hergestellte) visuelle Sichtbarkeit des Alters. Die Gegenständlichkeit und damit vermeintliche Objektivität der interaktionsnahen Analyse wird von Phänomenologen, Interaktionstheoretikern und Ethnomethodologen gleichermaßen zum Ausgangspunkt für die Bestimmung gesellschaftlicher Praxis gemacht. JABER F. GUBRIUM (für die Alternsforschung) und STEFAN HIRSCHAUER (für die Geschlechterforschung) haben jeweils unterschiedliche Wege gewählt, um diesem Phänomen auf die Spur zu kommen. Gubrium rückt in seinen ethnomethodologischen Analysen die Gebundenheit der Forschung an die situative und zeitliche Einheit der Handlung in den Mittelpunkt. Die Forschungsperspektive fokussiert ein Subjekt, das situations- und zeitabhängig anhand von Bedeutungen konstruiert wird, für die das Subjekt wiederum selbst konstitutiv ist. Die Erforschung von Alternstheorien versteht sich aus dieser Perspektive als Programm zur Erforschung von subjektorientierten Alltagstheorien über das Altern.

Über diese an Alfred Schütz orientierte Diagnose hinaus postuliert Gubrium als Methode die Ethnographie. Nur wenn man Zeit mit dem Beforschten verbringe, verstehe man den Prozess situativer Erzeugung von Sinn und die Widersprüchlichkeiten, die in dessen Verlauf notgedrungen entstehen müssten. (Vgl. Gubrium 1993, S. 178)

Ganz anders geht Stefan Hirschauer vor. Nicht ein Gesamt der Geschlecht markierenden Zeichen will er erfassen, sondern stattdessen die Bedingungen untersuchen, unter denen solche Zeichen entstehen. Im Gegensatz zu Gubrium, der das Subjekt als Produzenten von Sinn versteht, rückt Hirschauer die Interaktion in den Vordergrund. In Abhängigkeit von ihrer „Bildförmigkeit" (Hirschauer 1989, S. 104) seien reflexive Wahrnehmungssituationen für die Entstehung von z.B. geschlechtlichen Zeichen verantwortlich zu machen. Der Körper selbst fungiere hierbei als Medium geschlechtlicher Repräsentation, das heißt, er stimuliere zur geschlechtlichen Identifikation und verändere sich mit ihr. Hirschauer spricht deshalb von Sexuierung. Die Momente, in denen sich dieser Zusammenhang beobachten lässt, sind Situationen, in denen – so Hirschauer – sich jemand darstellt: „Von ‚Darstellung' zu sprechen, heißt weiter, die Bedeutungsdimension sozialen Verhaltens nicht in einem ‚subjektiv gemeinten Sinn', sondern in sozialen Situationen zu lokalisieren." (ebd.)

Mit Hirschauer ließe sich also alterssoziologisch formulieren: *Nicht der Einzelne selbst erzeugt die Essenz Alter, sondern die Vielfalt kultureller Zugriffe auf den Körper erzeugt die Notwendigkeit, auf z.B. altersbezogene Klassifikationen zurückzugreifen.*

Die Vielfalt selbst verweist dabei auf die Möglichkeit, potentiell alles als „Werkzeug" der – so könnte man hier für die Alternsforschung formulieren – Senuierung zu benutzen.

Dieses Phänomen der Senuierung lässt sich jedoch noch genauer fassen. Rückt man die Interaktion als eigenständige sozialtheoretische Kategorie in den Vordergrund und befreit sie von der Notwendigkeit, gesamtgesellschaftliche Logiken zu begründen („Es gibt eine Altersphase." „Alte Menschen werden diskriminiert."), rücken die Besonderheiten eines interaktionsnahen Umgangs mit dem Thema in den Blick. Zu fragen wäre dann, welche Anschlussmöglichkeiten die Kategorie ‚Alter' bereithält, wenn Bedeutung unter der Bedingung von Anwesenheit transportiert wird. (Vgl. Luhmann 1997, S. 812ff.) Damit zeigt sich neben der gesellschaftlichen und der organisatorischen eine dritte Ebene, die aufgrund eigener Limitierungen und Möglichkeiten eigenständig Sinn konstituiert.

Im Unterschied zu Hirschauers Argumentation ist in diesem Zusammenhang jedoch nicht nur eine kulturelle Vielfalt vorauszusetzen, aus der ausgewählt werden *kann*, sondern vielmehr eine Notwendigkeit, aus vielen Möglichkeiten auszuwählen zu *müssen*. Es muss schnellstmöglich eine Anrede gewählt werden und selbst wenn mittlerweile die Anrede als „Fräulein" nicht mehr zur Auswahl steht, bleiben noch viele andere Zwänge zu berücksichtigen, die nur entstehen, wenn man sieht, dass der andere sieht, dass man ihn sieht. Alles, was mit dem anderen assoziiert werden kann, kann nun zum Thema werden.

Bezogen auf Alter bedeutet dies, dass man den vielfältigen Möglichkeiten nachgehen muss, die Alter in eine Interaktion einführen können.

Da ist zunächst das Aussehen selbst zu nennen, aber auch die Thematisierungskompetenz des einzelnen und die Rollenverteilung in der Situation. Was man daraus macht, hängt davon ab, was man daraus innerhalb begrenzter Zeitvorgaben machen kann. Wenn man sich in Interaktionen begegnet, weiß man immer schon, dass es Alter gibt, und man weiß zumeist auch, dass als alt identifizierte Menschen fürchten, als alt angesprochen zu werden. In vielen Fällen wird man sich für eine Nicht-Thematisierung entscheiden, und zwar nicht deshalb, weil man selbst Alter als negativ empfindet, sondern weil man weiß, dass der andere weiß, dass man selbst weiß, dass Alter als negativ empfunden wird. Nicht die eigene Intention, sondern die Erwartungsstrukturen selbst bilden einen Kontext, innerhalb dessen kommuniziert werden muss.

Diese alltägliche Vermeidungspraxis in Bezug auf die Kategorie ‚Alter' ähnelt in vielem dem Umgang mit Signifikanten ethnischer Zugehörigkeit, läuft in diesem Fall jedoch doppelt ins Leere, da auf Seiten der alten Interaktionspartner aufgrund des kontinuierlichen Charakters dieser Kategorie keine Muster für eine identifizierende Selbstbeschreibung bereitstehen. Während ein Türke sich positiv auf eine türkische Herkunft beziehen kann und sich damit die Eindeutigkeit biographischer Selbstbeschreibung sichert, können alte Menschen nur vage Informationen aus der Alterszuordnung ziehen. Zumeist verläuft diese Zuordnung ja perspektivisch, das heißt, der eine ist älter, der andere jünger und wer schon einmal zwei über 80jährige über ihr Alter hat reden hören, weiß, wie viel Differenz auch auf zwei Jahren Altersunterschied aufgebaut werden kann.

Eine altersbezogene Selbstidentifikation erfolgt also immer vermittelt: Zunächst über einen Vergleich der Interaktionspartner und dann über eine Organisation der biographischen Selbstbeschreibung im Hinblick auf diese Information. Im Unterschied zu Geschlecht und Ethnizität variiert die Schablone ‚Alter' nicht nur sachliche und soziale Informationen (Was zeichnet eine Frau aus? Wer wird als Deutscher anerkannt?), sondern perpetuiert diese Unterscheidungspraxis durch den kontinuierlichen Charakter temporalisierter Zuordnungen. Man ist immer schon beides: alt und jung, eben jünger oder älter als der andere.

Auch aufgrund der Flüssigkeit dieser Kategorie versagen gesellschaftliche Sinnangebote. Was wir gerne benennen möchten, wenn wir Alternsforschung betreiben, zerrinnt uns unter den Fingern, weil die nächste Erfahrung mit alten Menschen etwas anderes in den Vordergrund rückt.

Damit sind entscheidende Konsequenzen für die nun in den Mittelpunkt rückende klassische Frage der Alternssoziologie nach einer „Altersidentität" verbunden. Zuvor soll jedoch noch zusammengefasst werden:

Altersbilder entstehen als Resultat selbstreferentieller Zusammenhänge in Funktionssystemen, Organisationen und Interaktionen und lassen sich nicht generalisieren.

Anstatt nach dem richtigen Bild zu suchen, sollten sich Alternsforscher dafür interessieren, unter welchen Bedingungen welche Altersbilder entstehen. Was auf den einzelnen Ebenen gesellschaftlicher Praxis geschieht, beschreibt eine Vielfalt von Altersthematisierungen, deren Konstruktionsbedingungen jedoch nur sichtbar werden, wenn man sie auf ihren Entstehungsort hin befragt.

Die Altersproblematik hängt aber nun trotzdem – ob man will oder nicht – dem Einzelnen an. Aber wem genau? Mit Hilfe des Instruments des Lebenslaufs hat sich die Alternsforschung auch dieser Frage gestellt, konnte ihr Versprechen, dem temporalen Charakter dieser Kategorie gerecht zu werden, aber nicht einlösen.

5 Der Identitätsansatz: Wann ist man alt?

Nachdem die Alternsforschung die Altersphase etabliert hatte (60er Jahre) und diese in einem zweiten Schritt unter dem Etikett Marginalisierung eindeutig negativ bewertet worden war (70er Jahre), rückte der Einzelne und dessen Auseinandersetzung mit dem Altern in den Mittelpunkt (80er Jahre). Prominent wird diese Forschungsrichtung von zwei Alternsforschern vertreten, mit denen eigentlich innerhalb der gerontologischen Disziplin konträre Standpunkte verbunden werden. Die nächsten Seiten werden zu zeigen versuchen, dass beide, URSULA LEHR und MARTIN KOHLI, den gleichen Fokus benutzen, auch wenn Sie von gegenüberliegenden Positionen aus beobachten.

5.1 Kohli, Lehr: Die Identität des Alters

MARTIN KOHLI vertritt als Soziologe das Interesse der Sozialwissenschaftler an einer Altersbeschreibung, die gesamtgesellschaftliche Analysen zum Ausgangspunkt nimmt. Er entwickelt sein Bild einer „sozialen Identität im Alter" über drei Ebenen: An die Diagnose einer Arbeitsgesellschaft schließt sich die moderne Bedeutung des Lebenslaufs an, aus der schließlich biographische Perspektiven auf das Alter abgeleitet werden. Parallel zu diesem Dreischritt entstehen normative Vorgaben, die auf der Ebene der Gesellschaft, des Lebenslaufs und der biographischen Perspektiven eine qualitative Bestimmung erlauben. Es geht – wie Kohli zu zeigen versucht – in der modernen Gesellschaft um die Herstellung einer moralökonomischen Ordnung (Gesellschaft), die Ermöglichung von Engagement (Lebenslauf) und die Entwicklung von Lebenssinn (Biographie).

Die Moralökonomie (zum Begriff vgl. Thompson 1979, S. 13ff.) steht deshalb am Anfang von Kohlis Analyse, weil sie das Verhältnis von Gesellschaft und Individuen klärt. Demzufolge setzen die ‚objektiven Strukturen' den Rahmen für ‚subjektive Handlungsmöglichkeiten' auf der Basis von „gemeinsam geteilten grundlegenden moralischen Selbstverständlichkeiten" (Kohli 1987, S. 395). Das Thema ‚Alter' wird unter diesen Bedingungen zunächst als Problematik eingeführt, da die Entfernung aus dem Arbeitsleben einem „»Herausfallen« aus der Gesellschaft" (Kohli 1993, S. 22) gleichkomme. Das Wechselspiel innerhalb der Argumentationsfigur von objektiven und subjektiven Bedingungen ermöglicht jedoch den oben schon angeführten normativen Ausweg: Es gilt, dem Einzelnen auch im Alter weiterhin Engagement zu ermöglichen. „Der Begriff »Engagement« verweist auf den Doppelsinn, in dem wir den Vergesellschaftungsbegriff verstehen: wie die Tätigkeitsformen die Teilnehmer engagieren und wie letztere sich selber darin engagieren" (Freter u. Kohli 1993, S. 275).

Kohli kann sich – angesichts von empirischen Untersuchungen zum Ruhestand (Kohli u. a. 1993) – nicht so recht entscheiden, wie er den Ruhestand einschätzen soll. Einerseits führe er zur „strukturellen Marginalisierung" (Kohli 1993, S. 22), andererseits empfänden Menschen den Ruhestand als Lohn für ein langes Arbeitsleben (vgl. S. 27). Der

Begriff des Lebenslaufs löst diese Spannung auf: „Der Lebenslauf kann als ein Regelsystem aufgefasst werden, das die zeitliche Dimension des individuellen Lebens ordnet. Dieses System ist heute eine der wesentlichen Vermittlungsinstanzen zwischen Gesellschaft und Individuum." (Kohli 1986, S. 183) Objektive Strukturen formen demzufolge einen in Vorbereitungs-, Erwerbs- und Ruhestandsphase geteilten Lebenslauf, dessen jeweilige Ausprägung vom Einzelnen in einen Zusammenhang gestellt wird. Ob also der Ruhestand eine gute oder schlechte Einrichtung ist, lässt sich nur über die lebenslaufbezogenen Optionen beschreiben.

Damit ist auch schon der Blick auf das Thema ‚biographische Verarbeitung' gelenkt. Wie eingangs bereits erwähnt, setzt Kohli eine Orientierung des Einzelnen am „Lebenssinn" voraus und unterscheidet über diese Norm problematische von unproblematischen Alternsverläufen. Wo kein Engagement mehr möglich ist, also die „Beteiligung der Älteren am zentralen gesellschaftlichen Projekt" (Kohli 1993, S. 23) fehlt, sind – der theoretischen Anlage entsprechend – die entscheidenden Voraussetzungen für eine sinnhafte Auseinandersetzung mit der Umwelt nicht gegeben. An deren Stelle rückt Kohli nun eine Option, die dieses Auseinanderklaffen von gesellschaftlichen und individuellen Erwartungen überbrückt: den Lebensrückblick oder „Vergesellschaftung über Erinnerung" (Kohli 1990, S. 402).

Festzuhalten bleibt zunächst: Als Vakuum stellt der Ruhestand – laut Kohli – nur noch den Raum für eine unbestimmte Identität im Alter zur Verfügung.

Diese Diagnose ist aus heutiger Perspektive umso überraschender, als sie mit den männlichen Rentnern nur einen kleinen Teil der Altenpopulation zum Maßstab aller erklärt. Die theoretische Orientierung am Konzept der Biographie ermöglicht, widersprüchliche empirische Daten einzuordnen (Unzufriedenheit aber auch Zufriedenheit mit dem Ruhestand), gilt jedoch nur für eine bestimmte Gruppe (zumeist männliche Rentner) und verallgemeinert die Annahme, dass die Werte einer Arbeitsgesellschaft zentrale Werte darstellen.

In der gleichen Problematik gefangen ist die Analyse von URSULA LEHR. Ihre Beschreibung einer „personalen Identität im Alter" fokussiert zwar stärker das Individuum und den weiblichen Lebenslauf, gewinnt ihre Einsichten aber genauso über die Annahme einer subjektiven Verarbeitung von objektiven Strukturen. Ihr Ausgangspunkt ist die Beobachtung, „dass objektiv vergleichbare Situationen ... subjektiv unterschiedlich erlebt werden – bzw. eine unterschiedliche kognitive Repräsentanz erfahren, je nach bisheriger Entwicklung, je nach der jeweiligen Konstellation gegenwärtiger situativer Bedingungen und je nach den persönlichen Zukunftserwartungen – und auch dementsprechend unterschiedliche Formen der Auseinandersetzung erkennen lassen." (Lehr 1987, S. 24) Als Forschungsaufgabe ergibt sich daraus folgerichtig herauszufinden, unter welchen konkreten Bedingungen Altern problematisch bzw. erfolgreich verläuft.

Das theoretische Instrumentarium bildet ein befragbares Individuum und eine objektiv beschreibbare Situation. Diese Kombination hat z.B. zu der bekannten Unterscheidung von Einsamkeit und Isolation geführt, der zu folge sich auch Menschen mit vielen Kontakten einsam fühlen können. (Vgl. Lehr 1978, S. 20)

Wichtig ist diese Differenzierung jedoch nicht für die Negation verallgemeinerbarer Situationswahrnehmungen, sondern vor allem im Hinblick auf Interventionsmöglichkeiten, die am Ende der Entwicklung zum alten Menschen platziert sind.

Mit dem Programm des „Erfolgreichen Alterns" (Baltes u. Baltes 1989) trifft dieses Interesse auf ein passendes Ziel. Unter dem Titel „Geroprophylaxe" entwickelte Lehr ein Trainingsprogramm für alte Menschen, das Anpassung, Aktivität und Lebenszufriedenheit produzieren sollte.

Lehr schreibt zur Therapie des Alters:

> „Im Rahmen der Erörterung möglicher therapeutischer Maßnahmen wurde herausgestellt, wie sehr die richtige (sic!) Sicht der Gegenwart und die Verarbeitung der Gegenwart dazu beitragen können, das Leben in jeder Situation zu akzeptieren." (Lehr 1977, S. 298)

Die einzelnen Bestandteile der Lehrschen Interventionsgerontologie (Optimierung, Geroprophylaxe, Rehabilitation usw.) sind bereits zum festen Bestandteil jeder Altenpflegeausbildung geworden und platzieren auf der Seite des gelungenen Alternsprozesses den zufriedenen aktiven Senior. Die Bestimmung der Altersphase nach Lehr beginnt mit der Voraussetzung eines (biologischen) Abbaus, der dann im weiteren bekämpft werden muss.

Beiden Alternsforschern, Kohli und Lehr, ist gemeinsam, dass sie in dem vorausgesetzten theoretischen Rahmen zu normativen Alternsbeschreibungen gelangen, die die prinzipiell vorhandenen Möglichkeiten zu einer individualisierenden Beschreibung weit hinter sich lassen. Wo zu Beginn noch unterschiedliche Lebensverläufe vorhanden waren und unterschiedliche *coping-styles* zum Tragen kamen, bleiben zum Schluss nur noch „Engagement" und „Erfolgreiches Altern". Im Verhältnis von subjektiven Möglichkeiten und objektiven Strukturen stellt sich das hohe Alter als Mangelsituation dar, die – gesellschaftlich oder individuell – ausgeglichen werden muss. Die theoretische Problematik manifestiert sich in dem zugrunde gelegten Biographie-Begriff, mit dessen Hilfe eine unbestimmte oder gar negativ gefärbte Identität im Alter erklärt werden soll. Welchen Weg die Argumentation auch wählt, die Alternsforschung schließt zumeist an diesem Befund einer eher problematischen Identität im Alter an und sucht nach Kompensationsmöglichkeiten.

6   Perspektivenwechsel: Die Entstehung von Alternssemantiken

Mit dem gerontologischen Wissen um die Existenz einer negativ gefärbten Altersphase eng verknüpft ist das Interesse am subjektiven Erleben dieser Situation. Ein forschungsstrategisches Vorgehen, bei dem man alte Menschen schlicht danach befragt, was sie erleben, kann jedoch nur wenig Erhellendes zutage fördern. Denn – wie zu erwarten ist – alte Menschen wissen bereits, dass man ihre Situation für defizitär hält, und können nun entweder dem etwas entgegen setzen oder sich in ihr vermeintliches Schicksal fügen.

Aus inklusionstheoretischer Perspektive lässt sich an dieser Stelle kritisieren, dass in den lebenslauftheoretischen Untersuchungen von Kohli und Lehr zwei typische Fehler begangen werden:

- Kommunikationen alter Menschen werden für Kommunikationen über Alter gehalten. Da alte Menschen über die Kategorie ‚Alter' als sozial positioniert gelten, erscheint es aus dieser Perspektive gerechtfertigt, ihre Äußerungen als personale Reflexion dieser Kategorie zu interpretieren.

- Kommunikationen über Alter werden als Indiz einer anthropologischen Konstante ‚Alter' genommen. Die Verwendung des Themas ‚Alter' wird ontologisierend als Hinweis auf die subjektive Verwendung einer objektiven Essenz gelesen.

Subjektive und objektive Determinanten auseinander zu halten, soziale und personale Identitäten zu formulieren, gehört zum klassischen Programm soziologischer und psychologischer Analysen zum Altern, abstrahiert jedoch von der Uneindeutigkeit dieser Positionen im Verhältnis zueinander. Wer nach Alter fragt, erhält auf jeden Fall Antworten, in denen Alter vorkommt. Und noch grundsätzlicher: Es gibt keine Möglichkeit zu einer altersuninformierten Kommunikation! Man müsste aus dieser Gesellschaft heraustreten, um jenseits der bereits vorhandenen Erwartungsstrukturen über das Thema ‚Alter' reden zu können. Welchen Stellenwert haben aber dann noch Kommunikationen über Alter als empirisches Datum?

Mit Hilfe der biographietheoretischen Arbeiten Armin Nassehis soll diese Problematik hier wieder aufgegriffen werden. Aufbauend auf der systemtheoretischen Unterscheidung von einerseits sozialen und andererseits psychischen Systemen, deren Selbstreferentialität durch unterschiedliche Basiselemente ermöglicht wird (einerseits Kommunikationen und andererseits Gedanken), lässt sich der Status von Biographien als eindeutig soziales und eben nicht psychisches Geschehen verorten. (Vgl. Nassehi 1995, S. 62)

Im Unterschied zur klassischen Biographieforschung analysiert Nassehi den Zusammenhang von Thema (Lebenslaufdaten) und (biographischer) Bearbeitung nicht als den zwischen einer vorausgesetzten psychischen Substanz und deren mehr oder weniger adäquater Reproduktion, sondern als *Konstruktion qua Kommunikation*. Worauf die Biographie Bezug nimmt, liegt nur als kommunikatives Datum vor, und verweist somit wieder auf den jeweiligen situativen Rahmen als Beobachtungsstandpunkt der biographischen Kommunikation. Ob darüber hinaus sogenannte „harte" Daten vorliegen, ist in diesem Zusammenhang irrelevant, weil biographische Kommunikation immer Selektion ist und nur die Selektion selbst erforscht werden kann, nicht jedoch die wahre oder falsche, vollständige oder unvollständige Reproduktion. Es gibt keinen Ort, an dem die „wahren" bzw. „vollständigen" Daten zusammengestellt werden könnten.

Wenn die Alternsforschung also versucht, mit Hilfe des Instruments ‚Biographie' die Kategorie ‚Alter' zu konkretisieren, sieht sie sich mit diesem Ansinnen auf der Grundlage von Nassehis Analysen scheitern.

Was man in biographischen Kommunikationen alter Menschen erhält, sind kommunikativ erzeugte individuelle Alternssemantiken, d.h. Beschreibungen der eigenen Person, in denen das Thema ‚Alter' aufgegriffen wird.

Wie dies geschieht, entspricht zumeist den ausgetretenen Pfaden der (teilsystemspezifischen, organisationsbezogenen und interaktionsnahen) Altersbilder, aber auch individuellen Selektionen, in denen die Unterscheidung alt/jung oder älter/jünger Antworten ermöglicht und Plausibilitäten erwirtschaftet.

Dass sich alte Menschen als Gesamt ihrer Vergangenheit beschreiben, ist eine sehr moderne Semantik, die mit eben den temporalisierenden Instrumenten, die die soziologische Lebenslaufanalyse und die Entwicklungspsychologie eingeführt haben, sichtbar wird. Denkbar sind auch andere Gebrauchsformen der Kategorie ‚Alter' wie z.B. die Assoziation mit abruptem Statusverlust (wie z.B. in Jäger- und Sammler-Gesellschaften mit dem Verlust der körperlichen Beweglichkeit) oder der Übergang in eine neue Phase weiser Einsicht (wie in Hochkulturen möglich mit dem Erwerb von grauem Haar).

Es erscheint unter diesen Bedingungen nicht möglich, die schlichte Thematisierung von Alter als Indiz einer Essenz ‚Alter', die im Lebenslauf eines jeden Mensch ihren anthropologischen Ort habe, zu behandeln. Vielmehr verweist gerade die biographische Kommunikation auf die kommunikative Erzeugung des Themas. Wer als alter Mensch angesprochen wird, hat gar keine Chance, sich diesem Thema zu entziehen. Wer danach gefragt wird, wie er als alter Mensch dies oder jenes empfindet, muss sich als alter Mensch beschreiben.

Wer nur nach Alter fragt, kann nicht sehen, wie wenig die meisten Kommunikationen im Leben eines alten Menschen mit dem Thema ‚Alter' zu tun haben.

7   Zusammenfassung: Ein inklusionstheoretischer Zugang zur Alternsforschung

Die Formung der Gruppe ‚alte Menschen' lässt sich auf eine konkrete Perspektive, nämlich das Interesse der Alternsforschung am Alter zurückführen. Den alten Menschen selbst ist damit kein großer Dienst getan. Wie zu zeigen war, existiert bereits eine längere Tradition der Alternsforschung, in der nach und nach das Thema ‚Alter' über die Behauptung einer Altersproblematik sichtbar gemacht wird. Sichtbar wird allerdings nur, wonach vorher gefragt worden ist. Die Funktionslosigkeit alter Menschen kann man sehen, wenn man Strukturen über Funktionen erklärt; ihre Ausgrenzung sieht man, wenn man ein Zentrum (Leistungsfähigkeit) zugrunde legt; ihre problematische Identität wird deutlich, wenn man ein alterndes Subjekt einer objektiven Mangelsituation gegenüber platziert.

Dieses Spiel lässt sich unendlich fortsetzen. Mit jeder neuen Perspektive entstehen neue Altersbilder, über deren Gültigkeit man sich dann endlos streiten kann. Eine Essenz ‚Alter' wird man auf diesem Wege nicht finden und – so meine These – sie existiert auch gar nicht. Das Phänomen Alter lebt zunächst schlicht von der Kommunikabilität des Themas ‚Alter'. Die Plausibilität, die sich in Biographien und (funktions-)systemspezifischen Kontakten mit der Kategorie ‚Alter' erwirtschaften lässt, rechtfertigt ihren Gebrauch und stimuliert immer wieder zu neuen Kontextualisierungen. Gerade die Unspezifizität der Kategorie ,Alter' prädestiniert sie für weit ausholende Selbstbeschreibungen, aber auch für allgemeine Gesellschaftsdiagnosen. Der Alternsforschung selbst wird damit immer nur sichtbar, was ihre jeweilige Perspektive ihr ermöglicht.

Was bleibt vom Alter übrig, wenn man eine konstruktivistische Theorieanlage zugrunde legt? Wo vorher die Problematik so deutlich sichtbar wurde, die Klientel so scharf umrissen war und es natürlich auch nicht zu leugnen ist, dass es hilfebedürftige alte Menschen gibt, bleibt jetzt nur noch das Wissen um die Standortabhängigkeit der eigenen Beobachtung. Auf der Grundlage einer inklusionstheoretischen Fragestellung ergeben sich neue Forschungsperspektiven, die nur deshalb zunächst so undeutlich erscheinen, weil sie vom vorausgesetzten Bild eines hilfebedürftigen Alters abweichen.

Die eigentlich spannenden Fragen in Bezug auf das Thema ,Alter' sind bislang, aufgrund von vorschnellen Essentialisierungen, unbeantwortet geblieben. Zum Beispiel verbleibt noch zu erforschen, was im Leben alter Menschen passiert, wenn sie gerade mal nicht den Rollenklischees des (hilfebedürftigen oder auch aktiven) alten Menschen entsprechen. Sind sie immer alt oder gibt es auch Situationen, in denen alte Menschen genau das tun, was junge Menschen oder gesunde Menschen oder „gesellschaftlich integrierte" Menschen auch tun? Und welchen Stellenwert hat dann diese Alterslosigkeit für den einzelnen? Welche Parallelen gibt es zwischen den alten Menschen der Alternsforschung mit ihren „klassischen Problemen" (Funktionslosigkeit, Ausgrenzung, unklare Identität) und anderen im Arbeitsmarkt systematisch nicht inkludierten Personengruppen (Jugendlichen, Arbeitslosen, Hausfrauen)?

Am Anfang solcher und ähnlicher Überlegungen steht jedoch immer die grundsätzliche Auseinandersetzung mit der Frage: Auf welche Weise verwendet man (nicht nur die alten Menschen) das Thema ,Alter' in seinem Leben? Eine biographietheoretische Forschung, die nicht nach Alter fragt, sondern induktiv aus dem Material ableitet, wann Menschen auf die Kategorie ,Alter' zurückgreifen, steht noch aus. Sie würde darüber informieren, welche Unterscheidungen mit dem Gebrauch der Kategorie ,Alter' getroffen werden und was man mit diesen Unterscheidungen sehen kann. Biographische Selbstbeschreibungen lassen sich aus dieser Perspektive als Erzählformen, Strukturen und Anwendungen identifizieren, in denen zeitliche Unterscheidungen hergestellt und genutzt werden. Um Alter sehen zu können, braucht man Vergleichskategorien, weswegen es sich lohnen würde, Alter als Thema mit anderen Themen zu vergleichen.

Eine Analyse dieser Mechanismen der Herstellung von Alter verspricht auch gleichzeitig einen Einblick in die gesellschaftliche Praxis der altersrelevanten Berufsgesellschaft und der altersirrelevanten Wissensgesellschaft. Vermutlich ist eine Wissensgesellschaft viel weniger an einer diskriminierenden Unterscheidung von alten und jungen Arbeitnehmern interessiert, als es zunächst aussieht. Im Zentrum einer sich für kognitive Potentiale interessierenden Gesellschaft müsste eigentlich vor allem die kognitive Leistungsfähigkeit stehen und auffallen müsste dann auch, dass Alter nicht mit kognitiven Einbußen gleichgesetzt werden kann. Sehen kann man dies jedoch nur, wenn man Arbeitnehmer ab einem bestimmten Alter nicht als alte Arbeitnehmer einordnet. Und sicherlich wird hierbei auch eine Rolle spielen, ob alte Menschen für sich den Schonraum der Altersrolle in Anspruch nehmen, um sich neuen Anforderungen verweigern zu können.

Der Alternsforschung eröffnen sich neue Forschungsperspektiven, wenn sie nicht schon immer weiß, dass Alter ein anderes Wort für Probleme ist.

Literatur: Lebensphase Alter

ALBRECHT, GÜNTER
1975   Obdachlose als Objekte von Stigmatisierungsprozessen. In: Brusten, M.; Hohmeier, J. (Hrsg.) (1975): Stigmatisierung 1. Zur Produktion gesellschaftlicher Randgruppen. Neuwied: Luchterhand, S. 79-108

BALTES, PAUL B.; BALTES, MARGRET M.
1989   Optimierung durch Selektion und Kompensation. Ein psychologisches Modell erfolgreichen Alterns. In: Zeitschrift für Pädagogik, Jg. 35, 1, S. 85-107

BECK, ULRICH
1986   Risikogesellschaft. Auf dem Weg in eine andere Moderne. Frankfurt am Main: Suhrkamp

BORSCHEID, PETER
1987   Geschichte des Alters. Vom Spätmittelalter zum 18. Jahrhundert. München: Deutscher Taschenbuchverlag, 1989

BOHNSACK, RALF
1992   Interaktion und Kommunikation. In: Korte, H.; Schäfers, B. (Hrsg.) (1992): Einführung in Hauptbegriffe der Soziologie. Opladen: Leske + Budrich, S. 35-58.

COLE, THOMAS R.; WINKLER, MARY G.
1988   „Unsere Tage zählen". Ein historischer Überblick über Konzepte des Alterns in der westlichen Kultur. In: Göckenjan, G.; von Kondrato-witz; H. - J. (Hrsg.) (1988): Alter und Alltag, Frankfurt am Main: Suhrkamp, S. 35-66.

CONRAD, CHRISTOPH
1994   Vom Greis zum Rentner. Der Strukturwandel des Alters in Deutschland zwischen 1830 und 1930. Göttingen: Vandenhoeck & Ruprecht

EISENSTADT, SHMUEL N.
1956   Von Generation zu Generation. Altersgruppen und Sozialstruktur. München: Juventa, 1966

FRETER, HANS-JÜRGEN; KOHLI, MARTIN
1993   Engagement im Ruhestand. Ein zusammenfassender Vergleich. In: Kohli, M.; u. a. (1993): Engagement im Ruhestand. Opladen: Leske + Budrich, S. 275-292.

GÖCKENJAN, GERD
1993   Alter – Ruhestand – Generationenvertrag? Zum Altersdiskurs aus historisch-struktureller Perspektive. In: Aus Politik und Zeitgeschichte 17, S. 3-10

2000   Das Alter würdigen. Altersbilder und Bedeutungswandel des Alters. Frankfurt am Main: Suhrkamp

GOFFMAN, ERVING
1961   Asyle. Über die soziale Situation psychiatrischer Patienten und anderer Insassen. Frankfurt am Main: Suhrkamp, 1973

GUBRIUM, JABER F.
1993   Speaking of Life: Horizons of Meaning for Nursing Home Residents. New York: Transaction Publishers

HABERMAS, JÜRGEN
1967   Zur Logik der Sozialwissenschaften. Philosophische Rundschau. Sonderheft. Beiheft 5. Tübingen: Mohr

HIRSCHAUER, STEFAN
1989   Die interaktive Konstruktion von Geschlechtszugehörigkeit. In: Zeitschrift für Soziologie, 18. Jg., S. 100-118

HOHMEIER, JÜRGEN
1975   Stigmatisierung als sozialer Definitionsprozess. In: Brusten, M.; Hohmeier, J. (Hrsg.) (1975): Stigmatisierung 1. Zur Produktion gesellschaftlicher Randgruppen. Neuwied: Luchterhand, S. 5-24
1978   Alter als Stigma. In: Hohmeier, J.; Pohl, H.-J. (Hrsg.) (1978): Alter als Stigma oder Wie man alt gemacht wird. Frankfurt am Main: Suhrkamp, S. 10-30

KARSTEDT, SUSANNE
1975   Soziale Randgruppen und soziologischen Theorie. In: Brusten, M.; Hohmeier, J. (Hrsg.) (1975): Stigmatisierung 1. Neuwied: Luchterhand, S. 169-204

KLOSE, HANS-ULRICH (HRSG.)
1993   Altern hat Zukunft. Bevölkerungsentwicklung und dynamische Wirtschaft. Opladen: Westdeutscher Verlag

KNEER, GEORG; NASSEHI, ARMIN
1993   Niklas Luhmanns Theorie sozialer Systeme: Eine Einführung. München: Fink

KOHLI, MARTIN
1986   Gesellschaftszeit und Lebenszeit. Der Lebenslauf im Strukturwandel der Moderne. In: Berger, J. (Hrsg.) (1986): Die Moderne – Kontinuitäten und Zäsuren. Soziale Welt, Sonderband 4. Göttingen: Schwartz, S. 183-208
1987   Ruhestand und Moralökonomie. Eine historische Skizze. In: Heinemann, H. (Hrsg.) (1987): Soziologie wirtschaftlichen Handelns. Sonderheft der Kölner Zeitschrift für Soziologie und Sozialpsychologie. Opladen: Westdeutscher Verlag, S. 391-416

1990   Das Alter als Herausforderung für die Theorie sozialer Ungleichheit. In: Berger, P.; Hradil, S. (Hrsg.) (1990): Lebenslagen, Lebensläufe, Lebensstile. Soziale Welt, Sonderband 7. Göttingen: Schwartz, S. 387-406

1993   Fragestellungen und theoretische Grundlagen. In: Kohli, M.; u. a. (1993): Engagement im Ruhestand. Opladen: Leske + Budrich, S. 13-44

KOSELLECK, REINHART

1972   Einleitung. In: O. Brunner; O.; Conze, W.; Koselleck, R. (Hrsg.) (1972): Geschichtliche Grundbegriffe. Historisches Lexikon zur politisch-sozialen Sprache in Deutschland. Stuttgart: Klett-Cotta, S. XIII-XXVII

LASLETT, PETER

1987   Das Dritte Alter. Historische Soziologie des Alterns. Weinheim und München: Juventa, 1995

LEHR, URSULA

1977   Psychologie des Alterns. Heidelberg: Quelle & Meyer, 3. durchgesehene und erweiterte Aufl., 9. Aufl. 2000

1978   Die Situation der älteren Frau – psychologische und soziale Aspekte. In: Lehr, U. (Hrsg.) (1978): Seniorinnen. Zur Situation der älteren Frau. Darmstadt: Steinkopf, S. 6-26

1987   Zur Situation der älterwerdenden Frau. Bestandsaufnahmen und Perspektiven bis zum Jahre 2000. (Perspektiven und Orientierungen. Schriftenreihe des Bundeskanzleramtes, Band 3). München

LUHMANN, NIKLAS

1973   Formen des Helfens im Wandel gesellschaftlicher Bedingungen. In: Luhmann, N. (1975): Soziologische Aufklärung 2. Aufsätze zur Theorie der Gesellschaft. Opladen: Westdeutscher Verlag, S. 134-149

1975   Interaktion, Organisation, Gesellschaft. In: Luhmann, N. (1975): Soziologische Aufklärung 2. Aufsätze zur Theorie der Gesellschaft. Opladen: Westdeutscher Verlag, S. 9-20

1980   Gesellschaftliche Struktur und semantische Tradition. In: Luhmann, N. (1980): Gesellschaftsstruktur und Semantik: Studien zur Wissenssoziologie der modernen Gesellschaft. Band 1. Frankfurt am Main: Suhrkamp, S. 9-71

1981   Politische Theorie im Wohlfahrtsstaat. München, Wien: Olzog

1984   Soziale Systeme. Grundriss einer allgemeinen Theorie. Frankfurt am Main: Suhrkamp

1988   Organisation. In: Küpper, W.; Ortmann, G. (Hrsg.) (1992): Mikropolitik. Rationalität, Macht und Spiele in Organisationen. Opladen: Westdeutscher Verlag, S. 165-187
1994   Die Wirtschaft der Gesellschaft. Frankfurt am Main: Suhrkamp
1997   Die Gesellschaft der Gesellschaft. Frankfurt am Main: Suhrkamp

NASSEHI, ARMIN
1993   Die Zeit der Gesellschaft. Auf dem Weg zu einer soziologischen Theorie der Zeit. Opladen: Westdeutscher Verlag
1995   Die Deportation als biographisches Ereignis. Eine biographieanalytische Untersuchung. In: Weber, G.; u. a. (1996): Die Deportation von Siebenbürger Sachsen in die Sowjetunion 1945-1949. Köln, Weimar, Wien: Böhlau, S. 5-412

OFFE, CLAUS
1972   Strukturprobleme des kapitalistischen Staates. Aufsätze zur politischen Soziologie. Frankfurt am Main: Suhrkamp,1992

PARSONS, TALCOTT
1942   Age and Sex in the Social Structure of the United States. In: Parsons (1954): Essays in Sociological Theory, Revised Edition, New York, 1964, S. 89-103
1951   The Social System. New York: The Free Press, 1964
1962   The Aging in American Society. In: Law and Contemporary Problems 27, S. 22-35

ROSENMAYR, LEOPOLD
1978   Die menschlichen Lebensalter in Deutungsversuchen der europäischen Kulturgeschichte. In: Rosenmayr (Hrsg.) (1978): Die menschlichen Lebensalter. Kontinuität und Krisen. München, Zürich: Piper, S. 23-79

SAAKE, IRMHILD
1996   Alternde Migranten. Eine neue Zielgruppe der Altenhilfe? In: Nassehi, A. (Hrsg.) (1997): Nation, Ethnie, Minderheit. Beiträge zur Aktualität ethnischer Konflikte. Köln, Weimar, Wien: Böhlau, S. 133-152
1998   Theorien über das Alter. Perspektiven einer konstruktivistischen Alternsforschung. Opladen: Westdeutscher Verlag
2006   Die Konstruktion des Alters. Eine gesellschaftstheoretische Einführung in die Alternsforschung. Wiesbaden: VS Verlag für Sozialwissenschaften

SACK, FRITZ
1968   Neue Perspektiven in der Kriminologie. In: Sack, F.; König, R. (Hrsg.) (1968): Kriminalsoziologie. Frankfurt am Main: Akademische Verlagsgesellschaft, 2. Aufl. 1974, S. 431-476

SCHIMANK, UWE
1994   Organisationssoziologie. In: Kerber, H.; Schmieder, A. (Hrsg.)
       (1994): Spezielle Soziologien. Reinbek bei Hamburg: Rowohlt, S.
       240-254
SCHÜLLER, HEIDI
1995   Die Alterslüge. Für einen neuen Generationenvertrag. Reinbek bei
       Hamburg: Rowohlt, 1996
SIMMONS, LEO W.
1945   The Role of the Aged in Primitive Society. Hamden, Conn.: Archor
       Books, 1970
THOMPSON, EDWARD
1979   Die ‚sittliche Ökonomie' der englischen Unterschichten im 18. Jahr-
       hundert. In: Puls, D. (Hrsg.) (1979): Wahrnehmungsformen und Pro-
       testverhalten. Studie zur Lage der Unterschichten im 18. und 19. Jahr-
       hundert. Frankfurt am Main: Suhrkamp, S. 13-80
WOLL-SCHUMACHER, IRENE
1980   Desozialisation im Alter. Stuttgart: Enke

MIX
Papier aus verantwortungsvollen Quellen
Paper from responsible sources
FSC® C105338

If you have any concerns about our products,
you can contact us on
ProductSafety@springernature.com

In case Publisher is established outside the EU,
the EU authorized representative is:
Springer Nature Customer Service Center GmbH
Europaplatz 3, 69115 Heidelberg, Germany

Printed by Libri Plureos GmbH
in Hamburg, Germany